杜威的实验观念论研究

基于对康德先验观念论的批判

肖根牛 著

江苏人民出版社

图书在版编目（CIP）数据

杜威的实验观念论研究：基于对康德先验观念论的
批判 / 肖根牛著. —南京：江苏人民出版社，2023.11
ISBN 978 - 7 - 214 - 28408 - 2

Ⅰ.①杜… Ⅱ.①肖… Ⅲ.①杜威(Dewey，John
1859 - 1952)—哲学思想—研究②康德(Kant，Immanuel
1724 - 1804)—哲学思想—研究 Ⅳ.①B712.51②B516.31

中国国家版本馆 CIP 数据核字（2023）第 185657 号

书　　　名	杜威的实验观念论研究:基于对康德先验观念论的批判
著　　　者	肖根牛
责 任 编 辑	李　旭
装 帧 设 计	许文菲
责 任 监 制	王　娟
出 版 发 行	江苏人民出版社
地　　　址	南京市湖南路 1 号 A 楼,邮编:210009
照　　　排	南京紫藤制版印务中心
印　　　刷	江苏凤凰扬州鑫华印刷有限公司
开　　　本	652 毫米×960 毫米　1/16
印　　　张	17.5
字　　　数	227 千字
版　　　次	2023 年 11 月第 1 版
印　　　次	2023 年 11 月第 1 次印刷
标 准 书 号	ISBN 978 - 7 - 214 - 28408 - 2
定　　　价	88.00 元

（江苏人民出版社图书凡印装错误可向承印厂调换）

目　录

引 言

对很多人来说,杜威这个名字或许不会太陌生,毕竟杜威在20世纪上半叶的中国思想界中留下了一点点印记,但是对此很难形成一致的看法,因为杜威的思想体系太过于庞大,思想领域太过于广泛,思想主题太过于多元,不同的学科领域对杜威的看法可能完全不同。不过,有一点可能大家都不会有太多的争议,那就是杜威属于实用主义哲学阵营。但是,由于特殊的历史背景和对概念的望文生义,实用主义一词容易遭到误解或者肤浅的理解,实用主义哲学曾经一度遭到轻视和排挤,这也导致杜威哲学所蕴藏的价值未得到充分发掘和彰显。杜威哲学曾经在他本人在世时引起了较大的影响,而且对美国哲学的发展起到了重要作用,但是随着实证主义和分析哲学的兴起,杜威哲学的影响逐渐式微。新实用主义对杜威哲学的挖掘很快引起了西方哲学界对杜威哲学的重视,并且随着这波思想运动的兴起,杜威哲学在哲学领域及其他领域产生越来越大的影响,关于杜威思想的各个方面都有研究成果陆续出现,包括杜威的政治哲学、教育哲学、宗教哲学、伦理学、美学、科学哲学、环境哲学、历史哲学、认识论等各方面。这些研究成果的出现不仅仅是因为杜威哲学本身所具有的价值,更重要的因素是他的思想是这个时代所需要的,杜威一直都非常强调哲学和思想不能脱离它本来所处的时代环境,回应时代中的问题正是他的基本立场。

假如我们只看到了杜威哲学在涉及各个领域的价值和洞见而忽视

了他对西方哲学最核心问题的追问和回应，那杜威至多只是广博的哲学家，而很难把他置于整个两千多年西方哲学传统中的关键性哲学家。当罗蒂把杜威与海德格尔、维特根斯坦并称为20世纪最伟大的三个哲学英雄的时候，他并不仅仅是在深度和广度的意义上称赞三位哲学家，更加是想突出三位哲学家在面对整个西方哲学因出现危机而面临转折的时候，三者各自做出了既不同又相似的诊断；并且在某种意义上来说，三者对整个西方哲学在当代的发展方向上起到了引导性的作用。所以杜威哲学首要的革命意义不仅仅是它对时代中的各种现实问题的回应，更有他对西方传统哲学的危机诊断和转向发展的影响，这在以《确定性的寻求》《哲学的改造》为代表的后期思想中尤为明显。正如海德格尔所说的那样，西方文明所出现的危机说到底是西方哲学的危机，形而上学的危机，若要对西方社会以及由西方塑造的现代世界所出现的危机做出诊断，还必须回到西方哲学中的基本问题上来。杜威虽然没有直接说出这样的话来，但是他一辈子对各种分裂的厌恶和对统一性的追求使得他不得不在存在论问题层面进行探讨，他对各种新兴科学的吸收和思想资源的接纳，都是为了帮助他在对核心的哲学问题上的思考，即统一性规范的权威应该建立在何处。这个问题可以有不同的表达方式，规范的必然性、确定性、合法性和统一性等问题，但应该说是整个西方哲学的核心问题之一，每个时代的哲学家都根据自身所处的时代做出了不同的回应。尤其启蒙运动以来，过去所倚赖的上帝逐步从作为权威性来源的领域退却，建立起规范的必然性变得尤为迫切，从这也可以窥视出近代哲学为何出现了认识论的转向了。

所以杜威要对这个问题进行探讨，首先就不得不先诊断传统哲学家在这个议题上的问题所在，只有把前人的问题指明出来，才能突显出杜威所做工作的价值和意义何在。杜威所处的时代是奠基在启蒙运动之上的，包括现代科学、工业化、资本主义、现代政治和现代文化等。但是时代所面临的问题也是直接源于启蒙时代以来的哲学传统，包括从培根到黑格尔的整个近代哲学,其中以康德对启蒙精神的诊断和继承最为彻底和突出,他自觉地面对近代经验论和唯理论的危机给启蒙精神所带来的威胁。前康德哲学的危机既是理性的危机也是确定性的危机,康德通过走上先验哲学的道路来挽救启蒙运动的成果,这一先验路径让康德既成为传统哲学的集大成者,也是现代哲学的开创者,他对西方哲学的走向起到了蓄水池式的作用。这一蓄水池式的地位也使得康德之后的很多问题不得不追溯到康德身上,可以说康德所走的先验主义道路并不是一劳永逸地解决了寻求确定性的危机,继承康德哲学的成果并承接它所带来的问题是后康德哲学家们共同的志业。杜威要诊断传统哲学家在追求确定性这个议题上,必然绕不开康德在这个问题上的立场和成果,所以本文的研究路线是从杜威对康德哲学的诊断开始的,以此来引出杜威在此问题上的思考方向。

当然,杜威并不赞同康德的先验主义道路是解决确定性危机这一问题的合适方式,甚至认为世界本身并不存在传统哲学所追求的确定性,所以杜威认为康德对我们所生活的这个世界的看法是成问题的。我们所生活的这个世界是生机勃勃、五彩缤纷、变动不居和稍纵即逝的有机经验世界,而不是牛顿力学意义上的绝对时空的机械世界。经验世界本身并不是因为被主体整理后才变得井然有序的,而是它本身在人与自然交互的进程中形成有秩序的意义系统。人与世界都处于变化过程之中,都不能为康德所追求的确定性提供不变的支点,康德所预设的先天心灵结构是不存在的,所以确定性的根基不在人与世界两者的任何一方,而在我们与世界交互的生存经验过程中,这一经验是我们与世界打交道的中介和产物,确定性的建立也只是为了让这种打交道变得更为顺利。所以从生存论上来讲,对确定性追求的终极目的本身并不是为了把握先天实在,而是为了给人类的生存提供向导,或者说给行动提供指导。认知是为了行动而服务的,虽然认知表面上是为了追求世界的确定性,实质上是为了建立起统一的规范性,为行动和生活提供方向。两千年的西方哲学对确定性的迷思让它遗忘了它本来的目的，由此使得反思性的认知比外在行动在追求确定性的议题上更具优先性，认为认知可以通过理性直接面对不变的先天实在，而行动领域则是不稳定的经验领域，由此导致行动与认知的关系错位，行动让位于理性认知。为了说明这种非实际发生的知行关系，传统哲学的认知理论脱离于现实的科学认识，近代以来的哲学也不得不预设各种二元分离的立场来弥合这种脱节，由此带来的问题也层出不穷。

真正的认知本身是一种行动，是一种建立在方法程序和操作过程基础上的实践，而不仅仅是理性内部的反思过程，所以对世界的确定性追求不能建立在心灵内部，而应建立在基于内外并举知行合一的交互行动过程中。这种交互行动并非由康德意义上的先天概念结构所决定的，而是试探性的和实验性的，这种实验性特征既有生存论基础同时又有方法论的要求，现代实验科学只是这种实验性的交互行动在方法论上的呈现，所以确定性的寻求过程实际上只是基于方法论前提下对变化世界的控制行动，确定性变成了有根据的可断言性，或者情境中的规范性。当然这种控制行动依然是需要观念的中介作用，但是这种观念已不是康德哲学中的先天观念，而是经验意义上的假设和行动计划，需要通过操作行动来赋予观念以内容和意义，而不是通过理性的思辨活动。所以杜威把如何在固定世界中寻求确定性的问题转变为如何在变化世界中寻求统一规范基础的问题，杜威正是在此意义上力图超越康德的先验观念论，而走上实验观念论。

实验观念论并非传统意义上的观念论，因为杜威所理解的观念已经不是近代经验论所理解的直接经验或者实在影像，也不是唯心主义者所认为的先天观念或者心灵形式，而是一种意义和对意义的操作行动，所以杜威并不是传统意义上的观念论者，传统的观念论主要是一种认知主义和静观主义基础上的反思活动，这是杜威所要反对的。杜威的先验观念论是一种立足于实践基础上的操作活动，与其说它是观念论不如说是行动论,只是为了说明这种行动在认知领域形成认知规范时的知行合一过程才称之为实验观念论,它不是为了获得认知领域的确定性,而是为了当下情境中的可断言性,这种可断言性也是为了情境中问题的解决和探究连续性的恢复,所以情境主义的维度是实验观念论的重要特征。由此也说明广义相对论的成功并不说明牛顿力学是错误的,而只是情境范围的改变带来条件序列和参照体系的改变,也说明广义相对论并不必然是永恒真理的,它也是在某种情境下才有效,不过它们都在实验观念论的解释之下,而康德的先验观念论则只能满足牛顿力学所描述的世界。所以杜威的实验观念论对康德先验哲学的超越在于面对这个不断生成着的世界的前提下消除一切对永恒确定性的臆想,而在"生存于世界之中"的前提下建立起对生活有效的规范基础。

第一章　实验观念论的问题与背景

理解杜威的实验观念论必须从双重背景来进行，一重是从杜威自己的思想历程来理解。杜威在其漫长的思想生涯中涉足了众多的思想领域和哲学主题，看似杜威的这些不同的哲学立场存在差异甚至断裂，但是如果仔细去了解杜威思想背后的问题旨趣的话，就能发现他在不同哲学立场之间转换，都是为了实现他的理想，那就是对统一性的追求，这是杜威一生都在思想的问题。正如斯蒂文·洛克菲勒所说："年轻的杜威对于统一的渴望，是一种对于他后来描述为自我与世界之间的深刻而持久的适应性的追求，关涉到人格的完整，令人愉悦的社会适应和对于一个更大的整体的归属感。"[①]所以，假如不了解杜威一以贯之关注的核心问题，就很容易被杜威提出的各种思想所迷惑，甚至有些早期的思想被中晚期的杜威所抛弃，但不能因此而否定他曾经为思考他追问的哲学问题所做的努力，只是说明他的思考和追问越来越成熟和完整。

理解杜威实验观念论的另一重背景则是西方哲学史，杜威虽然属于美国本土哲学家，实用主义哲学也是第一个由美国本土产生的哲学流派，但是它依然属于西方哲学发展脉络中的一员，杜威也是一位典型

---

① ［美］斯蒂文·洛克菲勒：《杜威：宗教信仰与民主人本主义》，赵秀福译，北京大学出版社，2010年，第44页。

的现代西方哲学家,而且对西方哲学的发展问题充满自觉意识,正因此才可以理解罗蒂为何把杜威称为现代西方哲学发展中的三大英雄之一。所以杜威的实验观念论不仅仅是为了解决他自己的思想困惑,更重要的是杜威要基于此来解决西方哲学的危机。这一危机不是某个哲学家或哲学流派的危机,而是传统西方哲学的整体性危机,所以现代西方哲学集体性地走上对传统西方哲学的反叛和革命。杜威也是在这样的一种意义上来提出他的改造哲学计划,在他眼中,传统西方哲学所倚赖的基础不但未能为现代人带来统一的世界,反而制造了各种规范性权威分裂的问题,导致人们认知的知识和行动的规范之间没有统一性。杜威的实验观念论就是为了解决传统西方哲学基于理智主义基础之上的各种二元对立问题,试图为认知和行动提供统一的规范性权威。

第一节　传统观念论与实验观念论比较

如果对杜威的整个哲学生涯有过了解,就会发现杜威的哲学发展经历过多种立场的转变。伯恩斯坦认为可以简单地把杜威的思想分为早中晚三期,其思想在这个阶段的特征分别为:观念论阶段、实验主义阶段和自然主义阶段。可以看出,杜威在其早期思想发展中认同观念论的立场,除了跟他在佛蒙特大学和约翰·霍普金斯大学的求学经历直接相关外,更为重要的是他在观念论中看到了他所欣赏的精神能动性和整体性思想,这时的观念论主要指德国观念论,尤其是黑格尔的观念论。但是,杜威对观念论立场的认可并未持续很长时间,在他接触了詹姆斯心理学和生机论思想之后立马放弃了观念论的立场,而且观念论成为杜威所要批判的对象,因为他这时在传统观念论中看到的主要是一些负面的东西,尤其杜威认为传统哲学的危机跟持有观念论的路线有着密切关系,所以杜威在其思想成熟之后都是以传统观念论的批判者自居的。

杜威批判了传统哲学中各种形式的观念论,无论是近代的观念论还是德国观念论。杜威认为这些观念论者都没有真正地认识到观念的本性,而是把观念当作心灵能力掌控经验世界的中介,观念是独立于经验世界而存在的,这种来源于心灵世界的观念是经验世界得以变得有序的根据,所以传统观念论者基本上是一种主体中心主义的立场。更确切地讲,传统观念论(idealism)更应该理解为一种唯心主义(ideal-ism),杜威也是在这一意义上反对德国观念论的,虽然杜威反对康德的先验观念论而某种程度上更欣赏黑格尔的观念论,但是在杜威眼里他们都是唯心主义,因为他们都没有揭示经验世界的发生历程,而是站在一种精神的角度来谈论外部世界的统一,无论这种精神是康德的先验范畴还是黑格尔的绝对观念。但是,是否可以说杜威反对一切的观念论呢?答案是否定的,杜威反对的是传统哲学把观念当作脱离经验世界并对经验世界进行钳制的观念论,拒斥的是基于哲学反思和抽象思维基础上的观念论,批判的是追求终极实在和世界绝对确定性的观念论。但是用杜威自己的话来讲,他并不反对某种负责任的观念论,因为我们跟世界打交道离不开某种观念的指导,不过这种观念不是心灵凭空创造的,而是在经验过程中形成的,它既不是固定不变的,存在的意义也不是为了其本身,而是为了促进我们对情境的掌握和行动的自由,如果把观念从人的生存实践中抽离出来就很容易看不清观念的真实意义,唯心主义的立场就很难避免。所以,实验观念论正是杜威拒斥传统观念论之后所尝试建立的一种基于生存世界之上的观念论。

一、杜威反传统观念论

对于如何定义观念论一词,不同的人站在不同的角度有不同的看法,因为它有广义和狭义之分。广义的观念论就是认为我们必须通过观念来与世界打交道,世界在我们脑海中的呈现是以观念的形式呈现的,至于观念如何产生的,这既有外部经验材料的作用,更与人体大脑的某些生物机能有关,所以从这一角度来讲没有人会否认我们都是观念论者,这一观念就是关于对象的印象、记忆、意识、想象等各种呈现方式。如果从狭义角度来理解观念论,它特指西方哲学史中的某种哲学立场,它不仅认为观念是我们与世界打交道的方式,而且认为观念是我们把握和掌控世界的方式,观念是心灵能力和精神的表现,与经验世界是互相独立的。如果从词源学来追溯观念论一词,基本上可以说它是源于柏拉图的"理念"(Idee)一词。柏拉图认为经验世界只不过是理念的摹写,理念才是最真实的,把握最真实的世界不是去经验世界中寻找,而是去把握理念世界中的观念,是观念才使得经验世界成为可能。柏拉图的这一观念既独立于自然世界,也独立于人,它是单独存在于超自然领域的理念世界,只有通过理性才能通往这一世界。柏拉图主义的观念论对之后的西方哲学的发展产生了深远影响。近代哲学虽然不再认为经验世界之外还有一个更高的世界,观念是直接应用于经验世界的,但是基本上还是坚持认为观念的产生跟经验世界无关,是心灵能力的产物,心灵通过观念来赋予经验世界以秩序和价值,这以德国观念论为典型。所以西方哲学中的观念论传统基本坚持心灵与世界的二分,观念是心灵统治经验世界的工具,也是心灵绝对主动性的展现。这一特定的观念论传统基本上可以把观念论理解为唯心主义,是以心灵中心论为基础的。

如果把观念论理解为传统西方哲学史中的观念论,杜威是持反对立场的,因为它对经验的理解是有问题的,为此杜威把传统观念论者分成了三个时期。第一个时期是古典柏拉图主义,认为经验世界是充满流变和不确定的,理性对待这个世界是以一种美学的方式来进行,所追求的真理知识不在经验之中,而在理性之中,是通过理性直接的领会和自我显示获得,或者说理性是直接在存在中来获取真知识的,观念是真知识的源泉。① 第二个时期是近代唯理论者,他们不会直接地否定经验世界的价值,真理的知识一定要展现在经验世界中,但是经验本身是凌乱的杂多,自身不能提供联结和统一的力量,必须通过理性的参与,但是"经验不能把自身转换为真正的知识。这只能由内在的概念来完成"。② 观念在唯理论者那里充当着真知识的保障,不过一直面临感官经验和观念之间的联结问题,无论笛卡尔、洛克、斯宾诺莎还是皮尔士和詹姆斯。第三个时期就是以康德的先验观念论为代表,康德为了解决经验和观念之间的鸿沟问题,直接把经验主观化了,经验不再是外部世界的自然产物,而是被观念综合之后的结果,虽然先验观念论解决了观念和经验之间结合的问题,但是它的前提是把自然世界分裂了,因为把经验主观化的结果就是把自然世界的客观方面排除在外,实在变成了相对于心灵而言的存在,这无疑又是对经验的曲解。

杜威早期作为黑格尔主义者对德国观念论表示过好感,主要是因为他在黑格尔哲学中看到了一种彻底统一的力量,这让杜威长期追求的统一世界获得一种解放感,他也承认黑格尔在他的思想中留下了持久不灭的影响。但是,杜威在中后期明确地反对观念论,因为他认为德国观念论的机械体系桎梏了经验和自然的生命力,不能真正地呈现自然的活力。杜威在达尔文和现代科学那里找到了有机体的思想,他认为有机体的思想更能反映真实的存在,所以他明确地表示反对德国观念论。他说:"当我离开德国唯心论之后,我变成一个那样的哲学家——如果我可以把这个词应用于我自己的话——这个哲学家在很大程度上是我目前仍然是的那个自我,很大程度上仍然处于变化之中,以

---

① John Dewey, *The Middle Works*, 1899 - 1924, Vol.3, edited by Jo Ann Boydston, Carbondale: Southern Illinois University Press, 1977, p. 129.

② [美]亚历山大·托马斯:《杜威的艺术、经验与自然》,谷红岩译,北京大学出版社,2010年,第54页。

致难于把它记录下来。"①杜威认为德国观念论的基石是绝对自我意识,但是站在观念论者的立场是无法说清楚绝对自我意识的,它只会变成一种把控经验世界的神秘力量,它必须体现为具体人的具体的精神生活。杜威曾经受詹姆斯的心理学影响,认为心理学方法可以成为真正的哲学方法,因为只有通过心理学才能研究经验个体的具体精神生活。德国观念论者在终极实在和经验流变之间划下了一条不可逾越的鸿沟,而这是杜威所无法接受的,在他看来实在和流变是不可分离的,不能以一者来贬抑另一者,只有呈现流变才能真正地理解经验和生命,后来杜威直接以自然的经验主义一词来表达他这一立场。

虽然杜威明确地表示他反对德国观念论,但是他在发展自己的经验自然主义立场时经常会被人指责为观念论者。其中最为知名批评者之一就是麦基拉雷(McGilary),他认为杜威关于对象的看法就是观念论者的典型,因为杜威认为对象只有在被经验到之后才能成为对象。麦基拉雷认为杜威的这一立场含有康德先验观念论的影子,康德也是把对象当作是被主体知性形式综合后的结果,只不过杜威把被主体综合换成了被主体经验到而已。麦基拉雷说:"在被经验到之前所存在的对象并不是实在,这一存在只是实在的条件之一,并不足以产生实在。只有当实现对象的经验作为补充之时才能使得被经验之前的对象成为实在……没有思想家就没有思想对象;没有时空中的经验,就没有任何时空中有意义的实在。这些论点就是杜威教授所主张的。"②很明显,麦基拉雷认为杜威把对象当成了实体和事物,对象必须依靠被主体经验到才能变成对象,按此逻辑的确和康德的先验观念论相差不远。但是,杜威从未把对象当成独立的实体,对象之所以成为对象是因为主体

---

① [美]杜威:《杜威文选》,涂纪亮编译,社会科学文献出版社,2006年,第30页。
② Raymond D. Boisvert, *Dewey's Metaphysics*, Fordham University Press, New York, 1988, p.57.

在与环境打交道的过程中因遇到问题时，某个素材因指示出问题而成为探究的对象。这一对象并不是因自身而成为对象，也不是因被主体经验到而成为对象，而是因为它突显出了探究过程中的问题，而不是因为它本身的实在特性。被经验到只是对象的一个必要条件，而不是充分条件；而且被经验到也不是主体性的呈现，而是主体与环境和周围所形成的经验场域（horizon）所决定的。

所以说，把观念论限定在传统哲学的范围内的话，杜威肯定不是一个观念论者，因为他要追求的是一个统一的世界，而不是心灵与世界二分基础上的表象世界。但是，如果把观念论理解为我们与世界打交道过程中的一种媒介，一种我们把握情境和指导行动的工具的话，杜威毫无疑问是一名观念论者，观念在杜威眼里不是心灵产生的，而是在经验过程中出现的，它的出现是为了处理问题情境，指导行动方向，让感知经验经过观念的操作之后成为感觉的对象，观念对感觉对象的形成至关重要。所以杜威说："可感知的经验是盲目的、晦暗的、零散的、意义贫乏的，而感觉的对象则满足、酬谢和供养智慧的对象，而从前者过渡到后者则需要经过具有实验性质和操作性质的观念。"[①]观念既是在经验中产生，也是为了经验的形成而产生，或者说为了经验对象的形成，观念也是形成知识的基础，因为观念是关于对象意义的操作，获得对象的观念也就是获得它的意义和知识，对象也是在这种获取知识的过程中成为对象的。正如舒克（John Shook）所讲："杜威从来没有拒绝观念论的两条核心原则：一是从哲学上来讲经验是绝对的；二是知识把经验转变为产生出它的对象。"[②]本书所研究的杜威的实验观念论也是从这一意义上来讲的，是在一种认知领域的规范形成过程的意义上来讲观念是不可或缺的一环，它是认知规范形成的中介，我们不可能离开观念

---

① ［美］杜威：《确定性的寻求》，傅统先译，上海人民出版社，2004年，第168页。
② John Shook, *Dewey's Empirical Theory of Knowledge and Reality*, Vanderbilt University Press, Nashville, 2000, p. 20.

论来谈论经验世界,只能通过观念来进行。

二、实验观念论的概念辨析

杜威在他思想的后期倡导一种实验观念论,以此来表明对传统观念论尤其是康德先验观念论的超越,因为他认为康德的先验观念论并没有实现康德所追求的统一世界和统一理性,而是把世界进行不断区分的前提下再通过自我意识对其进行联结,由此带来一系列的困难。在杜威看来,康德的先验观念论依然属于希腊传统的思维方式,试图在超越经验的领域寻找某种东西来实现对经验世界的统一,但是所有的超自然领域都是人为设想的,其根源还是自然的,而且经验世界也不是那种杂乱无章并等待被统一的杂多领域。并且,康德先验观念论依然没有走出希腊哲学以来所倡导的思辨路径,试图通过思维的行动就能把握到经验事实,这既是对科学实情的误读,也是对日常认知程序的遗忘。因为对感觉对象的把握不可能仅仅通过静观来实现,苹果的甜味永远不可能通过直观获取,它必须依赖于对它的操作和行动,而这种行动又是在观念指导下进行的,并且这种行动又不是无缘无故生发的,而是在一个更大的人与对象的交互过程中出现的。这个交互过程是人的生存活动的展现,无论是观念的获取,还是观念指导的行动,都是为了促进这种生存实践的顺利进行,脱离这种生存论的观念论只是一种思维的抽象。

杜威为了区别于传统的观念论,把自己所倡导的观念论称为实验观念论,这是杜威在他思想成熟时期的代表著作《确定性的寻求》中提出的。实验观念论这一概念不是首次被杜威提出,他早期的著作《伦理学大纲》中已经明确地提出这一概念。他当时提出这一概念是为了表达对传统观念论的批判,他说:"抽象的观念论没有看到把自我还原为理性或思想,这只会把自我置于真空中,而没有个体化的价值。其中的每一个成员都会轻视对立的原则,或者把它还原为达到自己目标的工具而已。而实验观念论理论由于它承认活动是最初始的实在,所以它能够给予他们应得的思想和情感。它不会为了活动的某种目的去尝试不可能的任务,或者追求在自身之外的某种完美理性的情感状态。"①这是为了说明传统观念论把自我当作是已经完成的而不是当作是一种动态的自我实现。后来杜威又用实验观念论一词来指他的工具论逻辑,他认为经验主义的逻辑就是实验观念论,实验性的过程不同于经验过程,它能够建立起统一并由此控制经验的过程。但是实验性的过程不是一个固定的东西,而是组织经验过程的一种预设,而且杜威认为实验观念论作为一种方法其实一直潜藏在经验主义和工具主义思想之中,真正的逻辑是实验观念论的逻辑,所以它是一种工具论思想的表达。②

　　杜威在早期使用实验观念论一词还没有在认知的意义上使用,因为他当时认为心理学是真正的哲学方法,只有把自我意识的经验和实践维度说清楚,传统观念论的很多对立和鸿沟都不成问题。但是随着杜威完善他的经验自然主义立场之后,发现心理学方法还是在传统认识论的意义上来谈论问题,而没有跳脱出它的问题域。杜威认识实用主义的智慧是一种创造性的智慧,它是面向未来的可能性,而且通过行动来确定未来经验的性质,它不是关注当下眼前的事物,即使对当下事物的确定,也是为了对未来事物可能性的实现和确定。而传统认识论都是立足于对当下事物的确定,而没有看到事物是朝向未来的,当下事物的性质也是为了未来可能性的实现,这种实现不是任事物自发地完成,而是在智慧的操作之下,所以不存在固定不变的先天范畴,否则事

---

① John Dewey, *The Early Works*, *1893 - 1894*, Vol.4, edited by Jo Ann Boydston, Carbondale: Southern Illinois University Press, 1971, p. 264.

② John Dewey, *Principles of Instrumental Logic*: *John Dewey's Lectures in Ethics and Political Ethics*, *1895 - 1896*, edited by Donald F. Koch, Southern Illinois University Press, Carbondale, 1998, p. 73.

物的可能性变成了当下必然性,所以杜威不认同康德的先验观念论。但是他也不认同经验主义的主观观念论,因为他们把观念作为一种习惯和惯例之后,实际上也是在为未来的智慧设置一种固定规则,它依然是先验主义的体现。为此,杜威在 1917 年的《必须矫正哲学》一文中提出了一种实践观念论的思想,他说:"我们主张一种实践的观念论,我们对那些尚未得到实现的可能性怀有一种强烈的、易于鼓舞的信念,愿意为使这些可能性得到实现而做出牺牲。"①

杜威经过对经验问题的重新理解之后,认为经验本身具有一种实验性质的,它既是对活动的忍受,同时也会对活动施加影响,而这种影响的方式是一种实验的状态,它通过试验和检验的方式来使不稳定的环境获得平衡。正是经验这样的一种实验性特征,同时也是心灵的特征,心灵作为一个意义系统也是通过与环境的调节和平衡来获得意义,并且生命的生存活动也是实验性的,有机体通过与环境的试探和调节来使得周围的环境能够为自己的生存提供有利调节,正是这样的一种实验特征使得杜威不再把实验看作是科学研究的专属特征。另外,传统哲学都热衷于拿科学作为认知程序的范例,试图通过科学的范例来证明自己立场的正确性。杜威对传统观念论关于现代科学的看法的诊断中,发现传统哲学完全没有看到现代科学为什么会产生如此大的成功和收获,康德的先验观念论认为近代科学之所以成功是因为它的命题是建立在先天综合判断的基础之上,或者说都是先验范畴对经验材料进行先天综合为前提的结果。而在杜威看来这只是从哲学角度思考的结果,而没有站在实际的科学研究过程角度来思考。杜威认为现代物理学走上科学之路的关键是因为它坚持基于行动之上的实验主义认知方法,它是通过事实的行动来观察理智控制之下的变化,不是追求对象的固有实在,而是寻求对象在一番操作和改造之后的性质特征,杜威

---

① ［美］杜威:《杜威文选》,涂纪亮编译,社会科学文献出版社,2006 年,第 104 页。

认为这正是实验认知方法的典型例证。为了说明实验主义认知方法在认知过程中形成认知规范的观念论特征,杜威在《确定性的寻求》中重新使用了实验观念论一词,它的含义已不同于早期使用这一词时的含义,而是赋予了它更多的认识论含义。杜威说:"经验的进程是思维影响下所产生的结果,而这种经验的进程中我们所知觉、所利用和所享有的对象也把思维的结果当作是它们自己的意义;于是它们的意义便愈来愈丰富。这一点便构成了实验观念论哲学的最后意义。观念指导着操作,而在操作所产生的结果中观念不再是抽象的、单纯的观念,而成为规定感觉对象的东西了。"①实验观念论无疑是直接反对康德先验观念论所预设的表象世界,世界是一个不断变化发展的生存世界,观念所确定的对象不是一种钳制,而是一种规划,是为了促进有机体生存活动的进行,不难发现这一思想包含着黑格尔哲学的影子,所以有学者说"直到经典的实用主义著作《确定性的寻求》面世时依然可以发现黑格尔的影响,在此书中杜威把他的立场称之为'实验观念论哲学'。"②

实验观念论和当代兴起的实验哲学(experimental philosophy)之间存在着本质区别的,实验哲学试图通过人们的日常直觉来对哲学中的命题进行实验,以便研究在这种实验状态中人们对哲学命题的直观感受和判断,这是为了形成一种不同于传统形而上学的理解,这种理解是一种人们的日常理解,通过这种日常理解来重新诠释传统哲学命题的含义。实验哲学融合了多种学科的成果,包括哲学、心理学、社会学、语言学、脑神经科学和认知科学等,这是为了探究人们对哲学命题的日常理解背后所蕴含的心理模式和认知机制,它的目的不是为了研究哲学命题本身,而是研究人们对哲学命题反应的心理状态,它其实是把哲

①　[美]杜威:《确定性的寻求》,傅统先译,上海人民出版社,2004 年,第 168 页。
②　William Egginton and Mike Sandbothe edited, *The Pragmatic Turn in Philosophy*：*Contemporary Engagements between Analytic and Continental Thought*, State University of New York Press, New York, 2004, p.48.

学研究放入普通人的日常行为中,以此来发现哲学的价值。[①] 而杜威的实验观念论是基于人类的生存活动之上,因为生命是一种试探性的方式在与环境打交道,科林伍德说:"生命的历史被看成一部无尽头的不断实验史,在自然的部分中创造出来越来越强壮有力的生命机体。"[②]生命的这种实验性既展现为经验的实验性,同时也表现在心灵的实验性,人类正是以这样的一种实验特性来面向未来的可能性,这便是探究作为人类活动的基本特征。探究的方法论特征便是实验主义,实验主义是人类与环境打交道的根本特征,打交道的领域包括认知、道德、审美和政治等,当实验主义在认知领域为人类活动提供指导时,它就以实验观念论的方式呈现,它不是为了获得经验对象本身的确定性,而是为了获得认知的规范性,这种规范性是对当下认知情境的确定,而不是永恒规定。所以,实验观念论是人类在与经验世界打交道过程中以获得认知规范的方式展现。

第二节　实验观念论的使命

杜威的哲学立场虽然经历过多次转变,但这些哲学立场只是他探讨问题的方式,在他看来他当时所采取的哲学立场能够解决他所面临的哲学困惑。可以说杜威一生都厌恶形形色色的二元论,因为二元论的立场不仅未能彻底解决哲学中的问题,反而带来更多的问题,尤其表现为现代社会的各种分裂和对立。杜威认为这些二元论的立场都和最初的知行分离的问题相关,因为两千年的西方哲学的核心是理智主义的传统,这种传统是建立在主知主义的基础之上的,简单说来就是认为

---

① 张学义:《实验哲学:一场新的哲学变革》,载《哲学动态》2011年第11期。
② [英]科林伍德:《自然的观念》,吴国盛译,北京大学出版社,2006年,第168页。

认知优先于行动,认知能够解决固定实在,而行动无法达到,所以确定性的建立变成了认知的任务。这也就说明了认知不是在世界之内的事情,而是站在世界之外对世界的静观,这就为理智主义埋下伏笔,因为不需要通过与对世界本身打交道就能获得关于世界本身的确定性,西方哲学误以为这样通过心灵的内在性就能为外在性设定秩序,所以心灵与世界之间的二元,主客体之间的对立等问题都不言而喻了。杜威认为这种基于心灵内在性的主知主义也承认心灵和世界之间的互相独立,观念就成为他们之间的桥梁,观念论是理智主义传统的基本表现,其实质是唯心主义,因为它把世界的确定性建立在内在性之上,毫无疑问是有问题的。而且唯心主义的观念论不能呈现现实的认知活动,因为静观主义的立场使得传统观念论只能通过事后反思的方式来解释现实的认知活动的形成,而不能参与认知活动的过程,实际上导致哲学与现实认知活动包括科学活动都是脱节的。杜威认为这种脱节实际带来的是规范基础的脆弱,因为认知的规范和行动的规范不统一,传统哲学问题行动的规范是有认知活动来赋予的,行动服从于认知,但实际上行动拥有自己的规范,而且同时为认知奠定基础,认知的目的是为了行动而服务的,认知只是行动的工具而已,如果不能彻底批判传统哲学对知行关系的错误理解,就无法从根子上消除传统哲学中的二元论,也不能确立起统一规范的基础。

一、追求确定性背景下的知行二分

杜威很敏锐地抓住了两千多年的西方哲学的主题之一就是追求确定性,无论前苏格拉底的自然哲学还是苏格拉底之后的理智哲学,都是为了寻找世界不变的本源,杜威认为这种追求确定性的想法只是人类生活于自然之中寻找安全感的想法在哲学上的表现,因为人类在变幻莫测的自然之中只有抓住确定性的东西才能确立起安全的条件。但是为什么关于世界确定性的追求会转变为思维中的事情,杜威认为这与人类社会早期实践工具不发达有关系,因为仅仅通过低水平地使用工具不能满足人类对安全感的需求,因为行动所执行的领域是变动不居的,这种变化对人类来说就是一种不安全感的来源。虽然人类认为这个变动不居的世界背后存在固定的先天实在,但是行动的方式是不可能达到的,而这只可能通过理性认知的方式来进行,因为认知不需要通过与外在世界的直接接触,而可以通过对先天实在的直接领会来把握实在。不过随着理性与实在之间的界限明晰起来,两者之间需要某种中介,观念便承担起了这种作用,由此也发展出来各种形式的观念论,但是它们的共同基础都是理性主义的,本质是唯心主义的,因为观念的来源不是外在世界,而是来源于理性自身。虽然近代经验主义挑战了这种唯心主义的观念论,把观念直接等同于印象,但是这种直接性的经验观念并没有否定直观性的认知主义是把握世界的唯一方式。

正是因为认知对于把握最终实在的优先性,所以西方形而上学传统基本上是以认知为基础的,无论本体论、存在论还是认识论,而这种认知方式是排除行动基础的,或者说它是思维内部的事情。思维和外部世界之间的明显界限使得心灵和世界之间存在如何过渡的问题,心灵和世界或者精神和物质之间的二元成为传统哲学的基本问题之一。前近代哲学与近代哲学之间为何存在一种认识论的转向,在杜威看来,这首先是因为传统哲学对世界的观察还属于一种审美式的,由于缺乏工具性操作的介入,这使得传统哲学只能基于一种直接性的感官经验,和谐、对称和匀称等特征则成为传统哲学对世界确定性追求的重要目标,"逻各斯"也是此背景下的产物。正是因为直接性的材料不能提供这些目标,所以只能通过理性来修正这些外在材料的不足,理性的思辨工作承担了主要任务,这也说明为什么存在论成为传统哲学的主要特征。而到了近代之后,现代实验科学的兴起让哲学家们看到了认知经验不仅仅具有美感性质,而且可以充当建构科学知识的任务,呈现经验世界的原貌是哲学的首要工作,对世界确定性的追求不再主要靠理性对终极实在的思辨来完成,而是通过理性参与整理经验世界来确立起外在世界的秩序。但是因为近代哲学依然认为认知和行动是分离的,认知主要是心灵内部的事情,所以为了要获得经验世界的材料而必须设定经验世界是静止不动的,它是有待于被认知形式整理的,直观主义成为静态认知的基本要求。

认知与行动的分离以及认知的优先地位使得静观主义成为近代哲学的基本立场,认知主体依然是作为一个旁观者来注视着整个经验世界,经验世界源源不断地提供感觉材料给认知主体的感官,正是这种被给予论为近代认知论提供了实在论的基础,以此来避免走向怀疑主义或相对主义。但是如果这种被给予的结果就是对世界在意识中的呈现,那心灵就变成了一面镜子,世界成为镜像性的存在。而认知的事实告诉我们心灵并不是被动的反映者,而是具有主动性的,经验世界在头脑中的印象实际上是被心灵改造过的,但是这种改造只限于在心灵内部对印象的改造,而不是对实在对象的改造,这种对印象的改造实际上就是表象,表象主义成为近代认识论的必然结果。在杜威看来,康德的先验观念论把主知主义的路线贯彻到底,由此带来的一系列问题也在康德哲学中表现得最为明显,康德虽然意识到了理性能力的局限性,它不能站在无限理性者的视角来制定世界的制度,人作为有限理性者只能认知现象领域,也就是表象世界。不过康德认为经验世界的秩序依然是源自理性自身的,主知主义的路径依然是康德的立场,它不得不预设表象的世界和普遍的心灵结构,整个世界在康德的先验观念论中失去了运动的维度和历史的维度,毫无疑问这是有问题的。

传统哲学的这种主知主义的立场带来的直接后果就是哲学变成反思性的,哲学不再向前近代哲学那样成为最高的学科,而是为其他学科奠基的学问,这便是康德先验哲学所要致力于的事业。这带来的一个直接影响便是哲学只是科学知识的前提和基础,知识何以可能的问题,但实际上科学的发展和作用从来不依赖哲学的理论,近代哲学虽然致力于使哲学走向科学的道路,但实际上哲学并没有理解科学的实际发生过程,而是站在一种主知主义的立场来进行解读,使得哲学和科学的距离越来越远。而且,主知主义的立场使得人类行动的规范和认知的规范之间是断裂的,两种规范的来源是不一样的,这样的结果会使得人类在生活中变得无所适从。所以知行关系的扭曲会带来不但会有损哲学在现代社会的积极角色,而且会阻碍人类在日常生活中的自由行动。

二、可靠认识的基础问题

杜威本人并不是反对认识论,而是反对传统西方哲学对认知的错误认识,因为传统西方哲学的认识论和现实的认知过程是脱节的,或者说传统西方哲学并没有真实地反映现实的认知过程是怎么样的,而是因为追求确定性的需要而把认知变成了思维内部的事情。这种思维内部的认知活动是脱离外在行动的,它力图通过思维自身的能力就能把握住外在世界的先天实在,所以认知的规范基础在于理性。不过这一理性的内涵在近代之前和近代之后是不一样的,近代之前的理性主要是一种大写的理性,或者叫宇宙理性,人的理性只是这一理性的分有或复写,所以认知的基础在于宇宙论。而到了近代之后,理性变成了人的理性,理性的宇宙论和神学维度都被去除了,认知规范的基础在理性之上也就是在主体性之中,这就是近代主体性哲学兴起的背景。主体与世界之间中介是观念,或者说认知的基础是观念的形成,而必然性认知的规范在康德之前都未能诠释清楚,虽然认知的基础离不开主体性的作用,但是什么东西保证了具有必然性的认知呢?经验论和唯理论都没有很好地解决这一问题。

康德的先验观念论比较成功地解决了认知规范的基础问题,虽然认知的基础是观念,但是假如观念只是近代哲学所认为的简单印象或简单观念的话,那它并不能形成是认知成为必然认识的机制,或者说规范不能是简单观念,而必须是超越个人范围而成为普遍有效的规则,在这一点上康德的贡献是巨大的。康德把观念提升为概念,或者范畴,范畴成为认知的规范,它的使用是有它的先天规则的,这便是先验逻辑所起的作用。正是因为范畴作为任何认知活动先天必须遵守的规则,所以它超越了任何私人或个人的立场,由此来保证认识的普遍必然性。而范畴形成的基础则在于先天的心灵结构,可以看出康德依然是把规范的基础立于主体自身,但是这一主体不是任何个人意义上的主体,而是人类普遍的认知结构,形象地说,它是人类先天携带的一副有色眼镜,只要人类睁眼看经验世界,那这副眼镜就已经事先规定了可看到的颜色,而且规定了人类看到的都是一样。可以说,康德的先验哲学的立场是主知主义路径对认知规范基础问题比较成功的解决,或者说是主体主义路线对认知规范基础比较牢靠的奠基。

但这康德的先验路径毕竟建立在知行分离的基础之上,或者说康德所做的工作并没有反映真实的认知活动,真实的认知活动是基于知行合一基础之上的,或者说认知活动从来就不只是思维内部的事情,而是基于行动或者实践基础之上的心灵内外同时起作用的行动过程。在这一过程中并没有不变的世界,也没有不变的心灵结构,而且认知主体也不是站在认知行动之外的旁观者,它本身就处于这一认知行动过程之中,所以不可能存在绝对不变的支点来为认知结果提供确定性的保证。认知活动本来就是人类与世界交互过程的一种方式,它是整理经验的一种有效的方式,所以认知经验只是经验整体的一部分,而不是像康德所认为的那样认知经验就是全部经验的代名词。而经验本身是人与世界交互的产物,这种交互过程是随着人类生存实践活动的延伸而不断向前的,所以不存在固定不变的经验世界,实际的经验是生生不息的有机统一体,而心灵作为一套意义系统它自身也是处于演进过程之中,不存在固定的心灵,所以传统哲学为认知规范的基础所寻求的支点都是不存在的。

通过杜威的解构和发生学的还原，发现传统哲学所寻求的确定性在世界本身中是不存在的，它只是人类为了寻求一种安全感的产物。但是这并代表认知的规范就失去了根基，认知活动变成相对主义的。杜威认为认知的过程依然需要观念的中介作用，但是观念已不能是传统意义上作为结果的印象或者作为先天形式的范畴，而是一种基于操作程序和方法之上的操作结果。观念代表着一种行动计划，所以认知的过程不再是心灵内部的事情，而是处于行动过程之中的事情，它的目的不是为了寻求先天实在的确定性，而是为了在人类与世界的交互过程中寻求有效的指导，所以它是为了建立一种规范性。这种规范性不是超越时空的，而是处于情境之中的东西，它必须依据情境中的问题和条件所作的判断，所以认知规范的基础不是立于主体与世界的任何一方，而是在于认知性的交互过程中，由交互结果的检验来奠定规范的有效性，所以整个规范的建立过程都是一种实验性的，这便是实验观念论所要解决的问题。

第三节　实验观念论的思想背景

实验观念论虽然是杜威的晚期思想，但是它的提出是建立在杜威长期对一系列思想资源的吸收和批判基础之上的。最初让杜威对哲学产生兴趣的是赫胥黎的《基础生理学教程》，因为杜威在他的思想中感受到了一种相互依赖和相互联系的统一性，这与他自己从小生活的环境所强调的自我与世界的分离、心灵与肉体的分离和自然与上帝的分离完全不同，使杜威看到了一种希望。不过，真正让杜威开始进入哲学研究的阶段是他进入约翰·霍普金斯大学作为一名研究生，他开始接触到德国观念论的思想，康德和黑格尔的哲学思想对杜威整个哲学生涯都产生了不可磨灭的影响，无论对他们是继承或者批判的态度。当杜威阅读完皮尔士和詹姆斯的实用主义作品之后，杜威放弃了原先追随的观念论立场，认为实用主义所采取的功能主义立场更能有效地进入现实生活，并且在现实生活中解决哲学史上的一些难题。这无疑会促使杜威开始重新思考经验的内涵。传统西方哲学对经验的思考都没有真正地揭示经验的特征，而只是思维的抽象构造，经验应该是有机体与环境互动的产物，是川流不息、栩栩如生的有机整体，人既处于经验中，也是通过经验与世界互动，认知经验只是经验的一种而已，杜威的这些思考受到达尔文进化论的影响。既然经验是生命体与环境互动的产物，那这种互动必定是一种面向未来的探究，它具有一种实验性质，所以经验的实在性是杜威思考实验观念论的生存论基础，而杜威所处时代的实验科学的成果从客观上印证了杜威对实验观念论的思考，让杜威能够更加有信心把实验观念论的有效性推广至认知、道德、审美乃至宗教领域。所以，厘清实验观念论的思想渊源对于理解杜威的构想有着不可或缺的作用。

一、北美的德国观念论

虽然杜威在佛蒙特大学研习的康德哲学给自己很大的启发，但是杜威对康德哲学并非完全满意，尤其是康德所采取的二元分立的方法带来了其他的分裂问题。当杜威进入约翰·霍普金斯大学之后，莫里斯教授让杜威接触到了黑格尔的哲学，这让杜威有一种如获至宝的感觉，因为黑格尔的哲学路径使杜威看到了逻辑学的解决方式比康德的认识论道路更加彻底地解决了近代哲学所遗留下来的问题，所以杜威重新站在黑格尔哲学的立场上来批判康德哲学，并因此写就了他的《康德的心理学》一书。杜威基于黑格尔主义的立场，"并不承认固定的二元论，认为意识具有动态的运动，而不认同康德提出的心灵所具有的十二对普遍性的范畴，从不设定自我与世界的分离，而是认同自我与环境之间的有机互动,拒绝对心灵进行一种功能主义心理学的解释"。① 很明显看出,杜威十分欣赏黑格尔动态的辩证法,并以此来衬托出康德哲学结构的固化和机械性。杜威最早接触的赫胥黎的有机论思想为杜威接受黑格尔哲学埋下了伏笔,"赫胥黎的基础生理学课程给杜威揭示了一种有机统一体的类型,它提供了一种类似于自然和社会情境的范例,同时指引着他思考通过给予一种任何领域的质料都应该遵从的模式"。② 在杜威看来,赫胥黎有机统一体的思想与黑格尔的存在逻辑结构在某种程度上不谋而合,所以黑格尔的绝对观念论才是消除传统哲学中各种对立的正确之路。

杜威认同黑格尔主义的立场,不仅仅是因为他更有效地解决了哲学中的二元对立的问题,更加是因为黑格尔理解二元论的视角与深度契合杜威心中长期的思考。"像黑格尔一样,杜威从来不把二元论视为哲学家们的机械的或逻辑的问题,而是把它当作现代人与社会、自然和最高理想异化的展现。"③当黑格尔的辩证法把运动引入概念的时候,杜威认为这不仅是西方哲学困境的转机,而且也是哲学进入现实世界的切实途径,只有把整个世界视为辩证双方不断运动的生成结果和有机统一体,二元对立的问题就不会是固化的,而是暂时的和阶段性的,所有的内容都是这个有机统一体的部分,包括心灵。当杜威把黑格尔的绝对观念论自然化之后,这个有机统一体就是自然,自我就是自然和社会的一部分。而且黑格尔的绝对观念论对杜威的实验观念论产生了深远影响,黑格尔所强调世界的运动和心灵的主动性的思想直接否定了传统认知论哲学中的反映论和静观论的错误,"杜威强调黑格尔拒绝

①　James Scott Johnston, "Dewey's Critique of Kant", *TRANSACTIONS OF THE CHARLES S. PEIRCE SOCIETY*, Vol. 42, No. 4, 2006, p.520.

②　Raymond D. Boisvert, *Dewey's Metaphysics*, Fordham University, 1996, p.21.

③　James Allan Good, *A Search For Unity In Diversity: The "Permanent Hegelian Deposit" in the Philosophy of John Dewey*, Bell & Howell Information and Learning Company, Houston, 2001, p. 11.

心灵模式作为被动的观察者,而是突出'强烈的精神力量'在求知时的重要性"。① 从中不难发现后来杜威对经验、自然、自我、认知、观念、交互、探究和规范的思考,无不体现着黑格尔哲学的影子。

　　虽然从整个杜威哲学生涯来看他并没有长期坚持黑格尔绝对观念论的立场,但是黑格尔哲学对杜威的影响基本贯彻了他的一生,杜威也曾经说过在他的成熟思想中存在着永久性的黑格尔哲学遗迹。杜威的研究者一般都认为杜威受詹姆斯的《心理学原理》影响之后就放弃了黑格尔主义的立场,从杜威的文本中来看这种论断是站得住脚的,但是放弃了黑格尔主义的立场不代表就拒斥黑格尔的哲学。这个问题涉及杜威当时所处的学术环境,当时北美的黑格尔主义哲学实质上是新黑格尔主义的传统,是布拉德雷所代表的英国新黑格尔主义通过格林(Hill Green)、华莱士(William Wallance)、爱德华(Edward)、凯尔德(John Caird)和沃特森(John Watson)传播开来的,而杜威的老师莫里斯也是属于新黑格尔主义传统,新黑格尔主义为了应对经验主义对黑格尔哲学的攻击,而把黑格尔哲学中的"绝对"概念绝对化了,绝对变成了非时空的绝对实体。杜威认真研读了黑格尔的《精神现象学》之后认为新黑格尔主义的这种立场是无法接受的,因为杜威在黑格尔哲学中读出了一种历史主义和整体主义的立场,杜威进一步把它称为现实主义立场,所以黑格尔的绝对观念不能脱离时空环境和经验整体,它就是经验整体在观念上的表达,也就是自然。由此,"直到1891年,当杜威拒绝了新黑格尔主义的先验绝对之后他已经切断了自己与新黑格尔主义的关联,但是这并不构成对黑格尔的拒绝"。② 厘清了黑格尔主义和黑格

---

① John R. Shook and James A. Good, *John Dewey's Philosophy of Spirit*, *With the 1897 Lecture On Hegel*, Fordham University Press, New York, 2010, p.64.

② James Allan Good, *A Search For Unity In Diversity*：*The "Permanent Hegelian Deposit" in the Philosophy of John Dewey*, Bell & Howell Information and Learning Company, Houston, 2001, p. 126.

尔哲学之后就不难理解为什么杜威会说黑格尔的印记存留在他的整个哲学生涯中。所以,对于杜威实验观念论的考查也绝不能离开黑格尔哲学的视野,否则就无法理解它的历史渊源和哲学史意义上的价值。

二、詹姆斯与皮尔士

杜威作为古典实用主义的代表,他的哲学思想不可避免地受到皮尔士和詹姆斯的影响,尤其对于杜威的实验观念论来说。促使杜威远离黑格尔主义立场的很大一个原因就是他受到詹姆斯的《心理学原理》的影响,因为杜威发现要解决一直困扰着他的二元论问题可以不用求助于黑格尔主义,且黑格尔主义的解决方式所依赖的心灵依然是抽象的,而詹姆斯依据当时已经普遍接受的生物学观点把心灵概念意识化了,所有的二元问题都是意识流过程的阶段性产物,也终将在这一过程中消解,因为"詹姆斯否认感觉、意象和观念是不连续的,并用一种他称之为'意识流'的连续之流取代它们。这种看法必然要求把关系看作意识领域的一个直接部分,它具有与性质相同的地位"。[①] 而且,杜威认为詹姆斯关于自然的看法是根植于生物学的概念,这影响了杜威对经验的看法,他不再把经验完全看作是人的产物,它首先具有生物的属性,从最初生物学意义上的生命与环境互动时就已经产生了经验,康德意义上所建构的经验只不过是心灵结构成熟之后的产物。而且,詹姆斯改变了杜威对心理学的看法,心理学不再是埋藏在哲学传统中的理性心理学,而是可以通过像科学方法一样经过实验观察和理性推理来获得客观的意义,这对于澄清一些哲学传统中概念来说无疑是具有重要意义的。所以杜威说:"詹姆斯的心理学中的那样客观的生物学方法,直接使人们认识到那些独特的社会范畴——特别是区别和关

① ［美］杜威:《杜威选集》,涂纪亮编译,社会科学文献出版社,2006年,第15页。

注——的重要意义。"①

对于杜威的实验观念论来说,詹姆斯影响最大的还是他的观念工具主义思想,詹姆斯说:"如果一个概念能顺利地从我们的一部分经验转移到另一部分经验,将事物完满地联系起来,很稳定地工作起来而且能够简化劳动,节省劳动,那么,这个概念就是真的,真到这样多,真到这种地步:从工具的意义来讲,它是真的。"②实用主义对观念的理解不再像传统哲学那样从观念起源的合法性来保证它使用的有效性,包括经验主义传统和理性主义传统,而是把观念放在使用的过程中来考察,观念的合法性建立在它的结果之上,观念的真假取决于是否达到预定的目标。所以杜威说:"詹姆斯在一处说,用结果取代前提,最后的事物取代最初的事物,作为标准,其作用不亚于对权威的革命。"③杜威继承了实用主义的这一精神,实验观念论正是把观念放在整个实验主义的操作过程中来看,观念的价值在于它能达到操作的效果,而且观念还能经受经验的检验。而且,实验观念论所要面对的问题不是从前提来考察规范的权威,而是通过探究规范在经验变化中的形成、操作和效果来确立其权威,这对于传统哲学来说无异于是一次重要的变革,而这已经隐含在詹姆斯的哲学中了。

如果仔细考察古典实用主义思想对杜威实验观念论的影响的话,不难发现皮尔士哲学在这个问题上的直接影响显然大于詹姆斯。杜威在约翰·霍普金斯大学的时候就接触到了皮尔士的思想,但是杜威当时还是着迷于黑格尔主义的思想,在杜威逐渐远离黑格尔主义立场并转向自然主义和工具主义之后,他才慢慢发现皮尔士哲学的重要价值,并且深受其影响。实验观念论的一个核心特征就是强调行动的基础地

① ［美］杜威:《杜威选集》,涂纪亮编译,社会科学文献出版社,2006年,第33页。
② ［美］詹姆斯:《实用主义》,陈羽纶、孙瑞禾译,商务印书馆,1994年,第33页。
③ ［美］杜威:《杜威全集·晚期著作》第15卷,余灵灵译,华东师范大学出版社,2015年,第10页。

位,这是为了纠正传统哲学对知行关系的误解,杜威从生存论的角度来探讨实践是人与世界打交道的基础,人对待世界的最初态度并不是像传统哲学所强调的那种静观的认知方式,而是人与周围环境的互动过程,认知也只是其中一种实践方式,所以不能仅仅通过理智主义的方式来赋予概念以意义,而是必须在实践的过程中获得的。杜威观念的这种思考方式直接受皮尔士的影响,杜威说:"按照皮尔士的看法,(实用主义)这种理论从本质上说蕴涵着与行动以及人们行为的某种关系。可是,行动的作用是一种中介物的作用;为了能够把意义赋予一些概念,人们必须能够把这些概念应用于存在。正是借助于行动而使这种应用成为可能,从这种应用中产生的这种存在变体构成概念的真正意义。"①

杜威的实验观念论不仅仅是为了在变化的实践过程中确立起知识的基础,而且是为了面对未来不确定的经验情境来寻求行为规范的权威,这种寻求不是在已发生的经验历史中,而是直面当下的情境和未来的不确定性,必然具有实验性的特征,杜威后期称之为探究。这些都是直接受皮尔士的影响,皮尔士认为我们之所以要进行认知活动,首先不是为了获得真理,而是为了获得信念,这种信念能够帮助我们摆脱不确定的状态,所以比认知活动更为基本的是探究活动,探究活动的目的不仅仅是为了获得信念,而且是为了把信念应用于未来的行动。因此他说:"怀疑是人们为获得信念而进行拼搏的唯一直接动机。对我们而言,最好的情况肯定是我们的信念应当能够真正指导我们的行动,从而满足我们的需要。"②杜威的实验观念论直接继承了皮尔士的这一思想,实验观念论也是探究的一种认识论和方法论表达,它吸取了皮尔士探究思想的基本精神并使之更为完善。杜威不满足于皮尔士把探究局

---

① 　[美]杜威:《杜威选集》,涂纪亮编译,社会科学文献出版社,2006 年,第 5 页。

② 　[美]皮尔斯:《皮尔斯文选》,涂纪亮、周兆平译,社会科学文献出版社,2006 年,第 37 页。

限于确定信念,"杜威把皮尔士的探究概念加以扩展,把探究看作从不确定的情境向确定的情境之转变,同时又把探究从科学和哲学的领域运用到普遍性的社会生活领域"。①

三、达尔文生物起源思想

在经受美国本土的自然主义传统、经验论、新黑格尔主义思想和古典实用主义影响之后,杜威已经对自己关于经验世界的看法初步成型,重新确立一种有别于传统经验论的经验主义是杜威的思考方向,但是杜威并不打算像传统哲学那样只是提出一种设想,而是力图揭示一种发生和现实。杜威认为传统哲学中的二元论之所以有问题,就是因为它把哲学问题的中心放在追问一种人为构想的绝对本质,以为通过把握世界的本源就能掌握变动不居的经验现实,杜威认为这种哲学的思考方向是有问题的,它没有立足于我们所生活的经验世界,思考和探究得越深离现实越远。对现实世界的理解和把握不是去追求它的本质,而是追问它的变化及其条件,通过对经验变化的把握才能真正进入生活世界。达尔文的进化论给了杜威的思考一种支持,让杜威的经验自然主义有了现实的根基,杜威在《达尔文学说对哲学的影响》一文中说:"《物种起源》一书通过绝对永恒之物这艘神圣不可侵犯的方舟发起攻击,并把那些曾被看作固定不变的和完美无缺的类型的形式看作是有起源的和会消失的,而引进一种思维模式,这种模式一定会是认识的逻辑发生变革,从而也使道德、政治和宗教发生变革。"②世界中并没有永恒不变的东西,一切都是处于演变过程中,哲学的任务就是立足于这种演化。

杜威认为达尔文思想对哲学的影响首先是颠覆了希腊传统以来对

---

① 徐陶:《杜威探究型哲学思想研究》,社会科学文献出版社,2016年,第48页。
② [美]杜威:《杜威选集》,涂纪亮编译,社会科学文献出版社,2006年,第49页。

"物种"的理解,这个词源于亚里士多德的 eidos,亚里士多德用此词来表示组织质料成为各种事物的形式。它是相异事物属于同一种类的种属,所以它是不变的,变化的只是由不同质料构成的不同事物的样态,属于同一整体的自然界生命都是这一种属的实现和完成,这一种属也构成了它们的目标,由此"真正的认识就在于把握住那个通过变化使自己得到实现的永恒目标,而这个目标又借此使这些变化保持在固定不变的真理这个范围之内"。达尔文的进化论直接挑战了这一传统,物种不再是永恒不变的种属,而是同经验世界一样不断变化,所以不存在传统哲学所追求的永恒本质,变化才是世界的最基本特征,传统哲学陷入始于希腊的本质主义传统中,因为这不是基于对现实的观察和经验,所以只能凭借理性的抽象能力进行思辨,所构思的实在世界并不是现实的经验世界,面对近代自然科学所倡导的观察和实验精神,哲学所追求的永恒实在必然面临被遗弃的危机。达尔文的思想表达的正是哲学的危机不能再依赖超自然主义的路径,而是回到自然的层面来面对我们所朝夕相处的经验世界,只有通过自然的实验观念论而不是超验的先验观念论才能建立起知识的根基和规范的权威。所以"(达尔文学说对哲学的影响)这篇文章所传达出的主张已不只是对达尔文进化论的介绍了。它无疑预示着一种新哲学的诞生。这种哲学强调变化、多样、异质和特殊。两千多年来,哲学强调固定、'最终'的至高无上,达尔文进化论使人们醒悟过来:它们并不是完美的象征而是衰败死亡的征兆"。[1]

　　达尔文进化论学说对杜威的实验观念论的另一影响就是关于"目的"的认识。传统哲学认为对真理的追求必须使客观中立的,只有如此才能使真理是普遍永恒的,而目的具有主观性的维度,若把目的带入认识过程中就很难获得普遍性的结论,所以目的论只能变成黑格尔意义

---

[1]　陈亚军:《实用主义——从皮尔士到普特南》,湖南教育出版社,1999 年,第 118 页。

上的绝对目的,精神发展过程中的一切产物和外化都是朝向这个目的,一切事物在这个最终的目的面前都是无足轻重的,整个世界就像上帝创世之前预先设计好的。杜威认为传统哲学中关于目的的看法都是建立在一种上帝的视角,但事实上我们只是站在经验世界中的某一个视角处于某一个情境而已,不可能拥有整个经验世界。我们面对的是不断发生的未知经验,实验性的认知方式就是立足于这样的一种立场,它既不是根据预先已经设计好的目的来进行认知,也不是漫无目的的试探,而是可以根据一个可以预见中的结局(end-in-view)来进行操作。当操作的结果达到效果那所预知的阶级也结束了,并没有一个最终的目的来引导实验性的操作,比如预知到发生大洪水会冲垮桥梁所以修桥的时候要考虑所有可能发生的洪水级别,可以根据这种预知的结果来调节当下的行动,这种预知的结果也只能用于解决修桥这一个问题而已。所以目的并不是能够自己主观设计的,也不是一种外在的赋予,而是根据所处的情境和遇到的问题,立足于当下所拥有的条件来对此问题的未来一种趋势和结果的判断,并以此来引导当下的选择和行动,实际的认知过程也是如此。杜威的这一思考在达尔文进化论中找到了共鸣,生物的发展方向并不是预先设计的,而是根据它所处的环境互动的结果。他说:"他却认为,由于变异既可能朝着有利的方向,也可能朝着无利的方向发展,又由于有利的方向指示通过生存竞争的条件而被挑选出来,因此把设计论证应用于生物,那是没有道理的。"①只有根据生物对它在生存环境中所拥有的条件和资源来判断它的方向,而无法就其本身来预知它的前进方向,即使有目的也是某种情境中的暂时之物。杜威认为在追求真理的道路上也是如此,"对象变成了一个控制的对象,而不是一种目的或者罗格斯的体现,而真理则变成了'思考之路

---

① [美]杜威:《杜威选集》,涂纪亮编译,社会科学文献出版社,2006年,第56页。

上的权宜之计'"。① 对对象的认识不是中立客观地去揭示它本身,这既不可能也无必要,需要做的和能做的就是根据对对象已有的条件对它进行各种操作,使它的各种关系显示出来,在行动过程中赋予其意义。

四、自然科学方法

杜威认为传统哲学走向困境的一个重要原因是传统哲学所采用的方法有问题,导致哲学与科学之间出现了脱节。传统哲学尤其是近代哲学都是以使哲学走上科学道路为使命的,但是杜威认为近代哲学并没有真正地理解近代科学是如何成功的,其关键之处在于科学的方法,即实验方法。但是近代哲学并没有走出传统西方哲学认知与行动二分的路线,使得认知成为脱离于行动的事情,认知是心灵内部或者大脑内部的事情,所以反思的或者内省的方法称为近代哲学的基本方法。反省方法的一个基本前提就是心灵与世界的二分,世界变成了心灵的对象,但是排除行动的认知活动无法使心灵通达世界,如何保证世界的确定性成为一个问题,所以传统哲学一直面临怀疑论的威胁。在杜威看来这就是内省方法的一大弊端,它只能通过分析意识的方式来寻找必然性的依据,康德的先天综合判断就是这种内省方法的结果。当康德把这种内省的方法用来分析近代科学时,就会认为科学的任务就是处理已经被给予的材料,被给予论是内省方法的必然结果。但是这种被给予论的一个基本预设就是世界是现成的,世界也就变成静态和固定的了。所以在杜威看来内省的方法导致传统哲学出现了与现实脱节的问题,尤其是与实际的科学认知不符。

杜威认为现代科学之所以能获得巨大成功不是因为它能够把握世界的确定性或者终极实在,而在于现代科学的实验方法,这一实验方法

---

① 　[美]理查德·罗蒂:《实用主义哲学》,林南译,上海译文出版社,2009 年,第 303 页。

不同于内省的方法,而是通过外在行动的分析和观察来寻求变化中的不变因子。"实验方法的两个主要环节,是在实验者意愿控制之下的条件变量以及定量测试的使用。这两个环节都无法通过内省过程得到应用。"①杜威在他的思想早期就开始主义到这种实验方法的意义,即使他早期作为黑格尔主义观念论者,他也认为不应该继续采用传统的内省方法,而是采取实验方法对绝对意识进行分析,这样才能为认知找到坚实的基础。这便是杜威早期所追求的新心理学,他所致力于的心理学不再是基于内省方法之上的传统心理学,而是基于实验方法和生理学之上新心理学。"生理学之于心理学就像显微镜之于生物学,分析之于化学。但是,实验方法不仅仅揭示了一些隐藏的方面,分析了比较简单的因素。与此同时,通过揭示心理事实的条件过程,它更是对解释和观察提供了帮助。"②所以心理学不再是近代哲学所排斥的对象,而是可以成为哲学的方法,虽然杜威后来不再坚持对意识的分析路径,但是实验方法一直是杜威所重视的哲学方法。

即使在杜威思想发展的中后期,杜威依然对现代科学的实验方法非常重视,杜威不是因为现代科学的巨大成功就试图以科学的方法来改造传统哲学,而是因为现代科学的实验方法揭示了实际的认知过程和生命活动的状态,它不再坚持传统哲学的认知与行动的二分立场,而是把认知当作是一种行动过程,这种行动过程不是把认知的对象当作固定的被给予物,而是作为自己操作探究的对象,探究的结果就是认知的结果。而且,杜威通过科学的实验方法看到了实验作为生命的一种活动特征,有机体与环境打交道就是通过一种试探性的方式来实现自己与环境之间的平衡与连续,所以杜威能够从科学的实验方法中发现

① [美]杜威:《杜威全集·早期著作》第1卷,张国清、朱进东、王大林译,华东师范大学出版社,2010年,第44页。

② [美]杜威:《杜威全集·早期著作》第1卷,张国清、朱进东、王大林译,华东师范大学出版社,2010年,第45页。

一种逻辑学的探究理论,它不仅仅是针对认知活动的,而且是人类诸多方面的一种共同的逻辑特征。"正如斯利珀所讲,杜威的任务就是要表明,他的探究理论(也就是他的逻辑学)根源于实验的(也就是说技术的)科学,并且模仿了实验科学的探究。由此就可以接着把实验科学说成是更加日常化的、多样化的生存探究的延续。实验科学就是从这种生存探究中起源的,并且模仿了生存探究。"①

---

① ［美］拉里希克曼:《杜威的实用主义技术》,韩连庆译,北京大学出版社,2010 年,第 46 页。

第二章 杜威与康德哲学的相遇

在杜威思想成长时期，虽然康德哲学在欧洲大陆已流行开来，并且已成为欧洲大陆哲学思想中的主流，但是在同时期的北美大陆并未传播开来，这跟北美最早移民群体的文化背景有关系。在具有一定文化水平的移民群体中，除了来自英国本土的盎格鲁-撒克逊人，就是欧洲大陆的基督教徒，所以英国的经验论哲学和基督教神学思想就成为北美最早的思想来源。另外基于北美本土的生活经验与外来思想的碰撞逐渐形成了美国本土的自然主义传统，同时当时新兴的自然科学在北美蓬勃发展，相对于欧洲大陆的思想羁绊，诸多自然科学学说更容易在北美得到传播，包括生理学、生物学、实验心理学等。这些思想资源便构成了杜威成长年代的思想来源，但随着接受过德国古典哲学的移民把德国哲学思想引入北美，这在当时的北美思想界逐渐引起追捧，大量的知识分子深受其影响，无论从早期的实在论者、先验主义者，还是后期的绝对唯心主义者和实用主义者，康德和黑格尔哲学已注入美国知识分子的血液之中。杜威在大学时期正当康德黑格尔哲学流行，杜威最早接触的是康德哲学，并且康德哲学给杜威留下了深刻的影响，虽然后来杜威逐渐背离了康德的立场，但是康德哲学的问题一直伴随着杜威整个哲学生涯。不过，杜威所早期所接触的康德哲学并不是通过阅读康德哲学原著来学习的，而是通过一系列哲学家和学者的研究或引荐，由此杜威所了解的康德哲学不可避免地具有北美风格的理解。

第一节　康德哲学传入美国

美国最初的哲学思想是英国移民带来的，主要是英国经验论和苏格兰常识实在论。英国经验论哲学又以洛克主义为典型，但是洛克主义立足于知觉经验而无法为精神、道德和宗教提供坚定的基础，反而带来了贝克莱和休谟的怀疑论，这反而给美国知识分子接受苏格兰常识实在论提供了机会。以里德为代表的苏格兰常识哲学家认为我们在知觉中所获得的就是事物本身，而不是事物的表象或感觉，我们凭借常识可以认识真实的对象，也可以确定道德真理、宗教真理和政治真理。但是英国经验论和苏格兰常识实在论毕竟是基于感觉或直观基础之上，无法为超出感觉之外的领域建立起可靠的基础，所以当时的美国思想界不少人纷纷脱离经验论和常识实在论的立场，寻找一种更为可靠且完整的学说。另外，一批忠实于德国观念论学说的欧洲知识分子移居北美地区，尤其是经过 1848 年欧洲革命之后，大批的持黑格尔主义立场的欧洲自由知识分子前往北美，他们被称为"1848 年人"。这些知识分子把德国古典哲学尤其康德与黑格尔哲学传入美国，这对已不满足于英国经验论和苏格兰常识哲学的美国思想界来说如获至宝，德国古典哲学立马在美国思想界流行开来，康德和黑格尔哲学在 19 世纪中后期成为美国哲学圈的主流。这一背景对于理解早期美国本土哲学家接受德国古典哲学的影响过程来说是十分必要的。

一、早期宗教学者

如果要追溯康德哲学传入美国的时间点，那不得不追溯至 18 世纪末美国学者和德国学者的通信联系中。[①] 可以看出美国思想界最早了

---

① Alvin S. Haag，"Some German Influences in American Philosophical Thought from 1800 to 1850"，Ph. D. dissertation，Boston University，1939.

解到康德哲学的方式还是与德国知识分子的信件来往中,不过通过此种方式来了解康德哲学是极其有限的,这只是起到了一种零星了解的作用。让康德哲学稍微成规模地进入美国本土还是来自德国的移民者,其中很多是因为当时欧洲革命的失败导致很多自由主义知识分子逃离处于封建专制势力统治的欧洲大陆,这些移民者属于"1848 年人"的范围。[①] 但是来自德国的移民并没有很快融入美国知识分子圈,甚至和当时的美国主流社会保持一定的距离,所以由德国移民带来的康德哲学也并未引起广泛的影响。当时在美国处于主流哲学思想的是英国经验论和苏格兰常识实在论,它们基于知觉或常识无法为超出知觉范围的领域提供可靠基础,尤其超自然领域,这无疑对宗教的权威带来挑战。而这在当时依然处于浓厚宗教氛围的美国社会来说是不满意的,许多宗教人士希冀找到某种思想资源来为基督教进行辩护,但是他们又不想停留于传统教条式的神学,而是力求借助某种哲学观点既能捍卫宗教的合法性,同时又能解释当时日新月异的科学成就。康德哲学的出现无疑满足了当时一些宗教人士的需求,所以最早在北美传播康德哲学的人群反而是一些宗教人士,其中以詹姆斯·马什(James Marsh)和奥瑞斯特·布朗森(Orestes Brownson)为代表。

在 19 世纪 20 年代,詹姆斯·马什在安多弗神学院跟随当时知名的神学教授摩西·斯图加特(Moses Stuart)学习神学理论,他试图在斯图加特那里找到某种神学理论来批判当时的洛克主义。因为在詹姆斯·马什看来,洛克主义依据自然法则来揭示整个世界,而无法区分出自然与超自然领域,必然会否定先验实体的存在,他认为洛克主义会孕育出唯物主义、决定论和无神论,从而无法为道德、精神和宗教提供合法性依据。但是斯图加特并没有让詹姆斯·马什沉浸入某种神学理

---

①   James Allan Good, *A Search For Unity In Diversity*: The "*Permanent Hegelian Deposit*" *in the Philosophy of John Dewey*, Bell & Howell Information and Learning Company, Houston, 2001.

论,而是让他去研读德国哲学,尤其是康德与赫尔德的著作,这让詹姆斯·马什的思考方向发生了转变。1822年,詹姆斯·马什翻译并出版了科尔里奇(S. T. Coleridge)的《反思指南》,这对康德哲学在美国的传播起到了非常重要的作用。但是在当时的美国思想界,康德哲学是属于前卫的、异类的思想,它对主流思想圈来说构成挑战,无论是对信奉英国经验论的哲学家还是苏格兰常识学派来说。所以接下来出现了一批哲学家对康德哲学进行围攻,包括詹姆斯·麦科什(James McCosh)、弗朗西斯·鲍恩(Francis Bowen)、诺亚·波特(Noah Porter)等人,他们认为康德哲学虽然以思辨哲学为自豪,但是其中蕴含着虚无主义的危险,最终还是会证明经验主义的正确性。正如詹姆斯·麦科什所说:"我不能阻止这群趾高气扬地向前迈进的人,我也可能被这支前进的队伍挤倒,但我深信我看到一条正确的道路,人们或早或晚都会回到这条道路上来。如果我已为那些将要发现他们目前那条道路所引向的是一个黑暗和虚无主义的终点的人们打开了大门,我就很满足了。"①其后,詹姆斯·马什担任了佛蒙特大学校长,他在佛蒙特大学期间允许康德哲学以及德国古典哲学在校内传播和研究,佛蒙特大学一时成为美国学习和研究康德哲学的大本营,其后产生的"布灵顿哲学"流派也是以此为契机。

另一宗教学者代表是奥瑞斯特·布朗森,他出生于一个基督教长老教会家庭,同时也从小接受了具有宗教背景的教育,后来转变成为一位非常虔诚的天主教徒。在布朗森成长时期美国流行着源于英国经验主义哲学的感性主义,这逐渐引起了布朗森的反感,导致他宁愿支持科尔里奇的灵性主义立场。不过布朗森并不是宗教保守主义者,他认为完全可以在坚守宗教价值的同时为科学知识留出地盘。因机缘巧合获

---

① ［美］詹姆斯·麦科什:《实在论哲学》,引自涂纪亮:《美国哲学史》第1卷,河北教育出版社,2000年,第249页。

得一本于 1828 年在莱比锡出版的第七版康德《纯粹理性批判》,布朗森
大为惊喜,他为此在自己创办的《布朗森季评》上连续发表三篇评论康
德的《纯粹理性批判》。[①] 布朗森完全基于自己的生活阅历和价值倾向
来评论康德哲学,认可符合自己立场的部分,而反对不合自己生活价值
的部分。布朗森根据自己的分类体系把学说分为"科学的教义"和"生
活的教义",或者心理学的体系和本体论的体系,他认为罗马天主教神
学属于本体论体系,而康德的学说属于心理学的体系。因为在布朗森
看来,康德从人类心理领域来寻找知识的可能性根据,这是对康德之前
经验论和唯理论哲学留下问题的解决方式,所以布朗森认为康德的原
创性不在于他的问题,而在于他解决问题的模型。不过布朗森并不都
认同康德所做的工作,他认为康德把知识的根据奠基在心理的做法会
带来荒谬性的问题,因为康德的做法无异于在主观之中找到客观之物,
在自我之中找到非我。[②] 在布朗森眼里,康德的主观性正是康德哲学
问题的根源所在,布朗森认为普遍性的概念不能来自康德所说的自我,
而必须来自我们的生活之中。所以,布朗森对康德哲学的接受态度是
依据他的生活和他的宗教背景的,他只认可康德哲学中能够解释他生
活经验的部分,或者只接受符合他的生活常识的部分,其余的内容则被
他所批判。

二、美国先验论者

美国先验论运动产生于 1836 年在波士顿成立的"先验论俱乐部",
这一俱乐部以学习和研究康德先验哲学为目的,成员主要包括对当时
在美流行的经验主义传统不满且对哲学充满兴趣的大学生,同时包括

---

① Joseph L. Blau, "Kant in America: Brownson's Critique of the Critique of Pure Reason", *The Journal of Philosophy*, Dec. 23, 1954, Vol. 51, No. 26, p.875.

② Joseph L. Blau, "Kant in America: Brownson's Critique of the Critique of Pure Reason", *The Journal of Philosophy*, Dec. 23, 1954, Vol. 51, No. 26, p.878.

一些对当时美国保守气氛浓厚的教会不满的宗教人士。美国先验论者最初接触到康德哲学的途径主要是通过一些英国的哲学家,比如华兹华斯(Wordsworth)、科尔里奇(S. T. Coleridge),尤其是科尔里奇的《反思指南》一书对康德哲学立场的继承,为康德哲学的传播起到了重要作用。先验论俱乐部的成员比较多元,包括爱默生(R. W. Emerson)、赫奇(F. H. Hedge)、里普列(G. Ripley)、钱宁(William Ellery Channing)、奥科特(B. Alcott)、西奥多·帕克(Theodore Parker)、亨利·戴维·梭罗(Henry David Thoreau)、沃尔特·怀特曼(Walt Whitman)等人。先验论者虽然追随康德的先验哲学精神,但是他们所谈的"先验"已不同于康德所说的"先验"。康德在论述"先验"一词含义时说:"我将所有那些不是与对象有关,而是与我们关于对象之认识方式有关的认识,只要它们是先天可能的,都称作'先验的'。"①很明显,康德把先验定位为如果获得知识的关于认知条件的知识,而美国先验论者在使用"先验"一词的时候是指一切非经验的思想或一切属于直觉思维的因素,而且美国先验论者所讨论的问题领域不局限于认识论哲学,还包括宗教、道德、政治和社会等方面,所以美国先验论比康德先验论的外延要广得多。

美国先验论者在哲学方面首先不满于当时流传的英国经验论,认为经验主义把认识局限于知觉能力之上而无法把握超感性的内容,也无法获得真正的真理,超感觉的实在一定是存在的,这也是我们能够感知对象存在的客观来源,很明显他们继承了康德关于物自体存在的观点。不过关于如何把握超感觉实在的问题上,美国先验论者和康德的立场相差很大,康德认为我们关于物自体是不能直接把握的,至多只能通过思维的方式来反思到它,但是美国先验论者认为可以通过直觉的方式来通达,而且先验论者认为我们获得关于外在世界的知识并不需

---

① ［德］康德:《纯粹理性批判》,邓晓芒译,杨祖陶校,人民出版社,2004年。

要通过感觉观察获得的，而是可以直接通过直觉在人的心灵之中获得，因为真理已经处于心灵之中，在一点上也完全不同于康德的立场。由此，先验论者对当时科学探究的方式也持一种怀疑的立场，因为近代以来的自然科学都是建立在一种观察和实验基础之上，并且通过逻辑推理的方式来支持自然科学研究和结论的普遍性。但是在先验论者看来，这种自然科学的认知方式是一种低层次的思维方式，因为它至多只能认识事物的表面现象，而无法认知到事物本身，至于如何从这种现象的认识过渡到科学认知，先验论者和康德的思路又呈现出差异。康德认为虽然我们不能获得关于自然对象本身的知识，而只能获得关于它的现象知识，但是并不影响我们把这一现象知识当作科学知识，关键在于我们知性能力的运用原则保证了它的普遍有效性。而先验论者认为现象知识是不可能有真理知识的，只能在我们心灵之中直觉到，因为心灵是宇宙的缩影。而且，需要把关于自然的知识和上帝的观念结合在一起，在宇宙的秩序中来发现上帝的创世蓝图的完美性。[①]

美国先验论者的先驱是钱宁（William Ellery Channing），他其实是一位专职的神职人员，他走向先验主义道路的目的是为了通过理性的方式来考察宗教，反对传统的三位一体论，而提出唯一的神论，耶稣不同于上帝且低于上帝，他只是上帝派往人间的圣子而已，上帝是无所不能的，但是耶稣并不是无所不能的，同时钱宁又肯定宗教奇迹的存在。钱宁的先验论立场主要体现在他的宗教学说上，在哲学上的建树并不多，但是他直接影响了爱默生、帕克等人。爱默生在游历欧洲的过程中结识了英国浪漫派诗人华兹华斯和科尔里奇，这是他直接接触先验主义思想的直接契机，后来回美国后和里普列、赫奇等人组建了先验论俱乐部，并担任杂志编辑。爱默生认为先验论不仅需要在认识论上捍卫直觉的方法论地位，同时要拥护形而上学的唯心主义立场。爱默

---

① 　涂纪亮：《美国哲学史》第 1 卷，河北教育出版社，2000 年，第 279 页。

生不讳言他的先验论立场是直接源于康德哲学的,他说:"目前的这种唯心主义是从伊曼努尔·康德对先验形式这个术语的使用而获得先验形式这个名称的。康德的极其深刻和精确的思想使他的这个命名在欧洲和美洲流传开来,以致任何属于直觉思维这个类的东西,目前都被人们通俗地称为先验的。"①爱默生认为洛克代表了唯物主义哲学,康德代表了唯心主义哲学,唯物主义只承认感觉经验,而不承认超出感觉经验的内容,所获得认识也只能是感觉经验,无法证明它就是对象本身,而唯心主义既承认唯物主义所认可的东西,也肯定超于感觉经验的先验领域,所以唯心主义比唯物主义更为高级。帕克(Theodre Parker)是一位非常典型的先验论者,他既接受康德的先验论立场,同时也认同当时的美国先验论思潮,他认为:"人具有一种超越感觉的能力,这种能力使人获得一些超越了感觉经验之上的观念和直观,观念不是来源于感觉,而且对观念的证明也不是来自感觉。"②我们的心灵并不是像洛克所说的是一块白板,而是观念的来源,我们的心灵会先验地告诉我们客观实在的实体观念,并且先验地认识到自然规律的一般性和普遍性,由此我们才能在自然中认识各种真理知识。

第二节　杜威理解康德哲学的契机

　　杜威之所以能接触到康德哲学,完全跟他的求学经历相关,尤其是进入佛蒙特大学学习的机会。佛蒙特大学在当时的整个美国思想界来说是先验论思想的大本营,研习德国古典哲学是他们的共同兴趣,不过

---

① [美]爱默生:《自然》,引自涂纪亮:《美国哲学史》第 1 卷,河北教育出版社,2000 年,第 300 页。
② [美]帕克:《先验论》,引自涂纪亮:《美国哲学史》第 1 卷,河北教育出版社,2000 年,第 314 页。

这一现象跟当时的佛蒙特大学校长詹姆斯·马什直接相关。詹姆斯·马什接触德国哲学之后转向了先验主义立场,使得他在任佛蒙特大学校长期间直接推动和保护德国哲学在佛蒙特的传播,甚至他在校长就职典礼上第一次公开地为先验论思想进行发声,立志推动佛蒙特大学成为美国研究德国观念论的大本营。杜威在佛蒙特接受大学教育期间,正好是德国古典哲学在佛蒙特大学大行其道的时候。杜威接触到德国观念论思想之后犹如打开一个新世界,而且德国观念论的思想和杜威早年所接触的一些生机论思想不谋而合,更为关键的是杜威在自己成长经历所遭遇的一些二元分裂的问题借此找到了摆脱的契机,所以杜威在佛蒙特大学期间非常认真的学习德国哲学,这一经历对杜威后来的哲学思考产生了深远的影响。

一、"伯灵顿哲学"

詹姆斯·马什所主政的佛蒙特大学位于佛蒙特州的一个小城伯灵顿,所以在美国哲学史上又把佛蒙特大学所形成的先验论思潮称为"伯灵顿哲学",而杜威于 1859 年出生于伯灵顿,杜威接受的大学教育也正好是在佛蒙特大学,所以杜威是直接受"伯灵顿哲学"的影响。"伯灵顿哲学"的形成虽然跟詹姆斯·马什直接相关,但是它最后能够大放异彩则是跟一大批哲学家的贡献相关,尤其是约瑟夫·托里(Joseph Torrey)和他的外甥托里(H. A. P. Torrey)。约瑟夫·托里是一个彻底的先验论者,也是一个美学研究者,他十分认同康德和黑格尔的哲学思想,在康德和黑格尔思想中看到了艺术与时代的密切关系。约瑟夫·托里尤其推崇谢林和科尔里奇的美学思想,他认为他们的思想体现了事实与价值的完美统一。约瑟夫·托里成为第一个在美国开设美学课程的学者,这对"伯灵顿哲学"在美学领域的拓展做出了重要贡献。杜威在佛蒙特大学期间也被约瑟夫·托里所引起的德国先验哲学和美学风潮所吸引,并且杜威逐渐形成自己的美学和艺术观点,他开始钦慕自然、欣赏自然和认识自然,这为他后来形成完整的自然主义思想埋下了伏笔。[①] 为此,杜威开始批判洛克主义传统所代表的个人主义和机械主义思想,认为洛克主义只会制造新的问题,而不会解决原有的问题。

真正让杜威系统地理解康德哲学的人物是托里(H. A. P. Torrey)教授,他是"伯灵顿哲学"的新一代领军人物,他直接继承了詹姆斯·马什和布克汉姆(Buckham)等人的先验论立场。但是托里和他们又存在着重要差别,詹姆斯·马什和布克汉姆在先验主义阵营中都属于保守主义者,而托里代表着自由主义立场。布克汉姆持一种精英主义立场,他认为个人主义式的自由主义不一定带来社会的进步,反而可能导致道德堕落的趋势。托里则倡导一种开放民主的作风,他反对给学生的学习范围设定限制,认为应该让学生在充分接触多样的观点之后再自主决定,所以托里在佛蒙特大学讲授课程的内容涵盖了历史哲学、心理学、伦理学和宗教哲学等,同时让学生学习先验主义理论的重要人物思想,包括科尔里奇的《反思助手》《詹姆斯马什的遗产》,约瑟夫·布特勒的《比较宗教》,柏拉图的《理想国》,亚历山大白恩的《修辞手册》和诺拉·泊特的《理性科学原理》。杜威后来回忆起托里教授的课程情形时,认为"我们的精神得到了解放"。

托里是杜威大学期间的导师,他常年给高年级的学生开设德国哲学的课程,他直接采用的教材是约翰·沃特森(John Watson)的《康德哲学精粹》和莫里斯(G. S. Morris)的《康德的〈纯粹理性批判〉》。在杜威眼里,托里总体上属于苏格兰直观主义者,但是他又欣赏威廉汉密尔顿的康德化的直观主义,所以托里利用汉密尔顿的认识论来对认识领域进行划分,他认为为当时的科学只能解决现象领域的问题,而像道德

① James Allan Good, *A Search For Unity In Diversity*: *The "Permanent Hegelian Deposit" in the Philosophy of John Dewey*, Bell & Howell Information and learning company, Ann Arbor, 2001, p.91.

和宗教这样属于本体领域的真理无法通过感觉,只能基于直觉。很明显,托里是区分了自然和超自然领域的,如果不承认超自然领域,就面临洛克主义那样把整个世界都机械化了。但是托里认为超自然领域和自然领域并不是截然二分的,自然领域是奠定在超自然之上的,两者的差别只是通达方式的差异,这明显是受康德关于现象领域和本体领域二分思想的影响。托里给杜威讲授的康德哲学让杜威深受启发,导致后来有些学者认为康德曾经一度是一名康德主义者,表现在他最初的两本著作中。① 不过对于这一观点还是存在很多争议,毕竟杜威并未承认自己曾作为康德主义者,但是杜威承认康德哲学给他带来的灵感,尤其是关于心灵把握世界是通过主动创造观念的方式来完成。杜威说:"得益于我在开始学习之处从您那里得到的关于康德的入门知识,我发现他的康德讲座很好懂。我认为,这是我能够得到的最好的哲学入门。康德把哲学问题的性质表述得如此清楚,并且给予了每个人一种批评性的规范和标准,可以用来判断其他探究的性质和结果,因此,我认为,充分地了解康德,在学习和研究哲学方面,可以省却好几年的功夫。"②

二、英语世界的康德哲学

在 19 世纪 80 至 90 年代,也正是杜威在读大学和研究生期间,美国社会已逐渐有一些在英语世界出版的康德哲学作品,包括关于康德著作的英译本和关于康德哲学的研究性作品。这些作品的出版对康德哲学在美国社会的接受和流行起到了直接的帮助作用,因为在当时的

---

① James Allan Good, *A Search For Unity In Diversity: The "Permanent Hegelian Deposit" in the Philosophy of John Dewey*, Bell & Howell Information and learning company, Ann Arbor, 2001, p.95.

② [美]杜威:《杜威致 H. A. P. 托里的信》,引自[美]斯蒂文·洛克菲勒:《杜威:宗教信仰与民主人本主义》,赵秀福译,北京大学出版社,2010 年,第 51 页。

北美大陆能够直接用德语来阅读德国古典哲学原著的群体并不多见。杜威除了在佛蒙特大学直接接受"伯灵顿哲学"圈子关于康德哲学的引介外,也逐渐读到一些系统的康德哲学作品,包括罗森克朗兹的《康德著作集》、爱德华·凯尔德的《伊曼努尔·康德的批判哲学》、阿博特的《康德的伦理学》,以及马哈菲和伯纳德所译的《纯粹理性批判》和《未来形而上学导论》,并且杜威都对他们有较高的评价。这些英语版的康德论著对杜威的影响并不是一蹴而就的,而是随着杜威自己哲学思考的发展而逐渐显现出来,这也跟杜威自己哲学立场的变化情况相关。比如杜威在接受康德哲学的同时也在接触黑格尔哲学,这让杜威很快地从认同康德哲学的立场转变为从黑格尔立场来批判康德哲学,而后又因詹姆斯心理学对杜威的影响,杜威又从工具主义的立场来看待康德哲学的问题。但是,杜威最初所接触的英语世界中的康德哲学作品直接影响了他所理解的康德哲学,其后杜威最初所批判的康德哲学其实也只是针对英语世界中所介绍或呈现的康德形象,只是后来杜威才直接通过德语来阅读康德著作。所以,揭示杜威所接触的英语版的康德哲学过程很有必要。

　　爱德华·凯尔德撰写的《伊曼努尔·康德的批判哲学》是美国德国哲学学术界很重要的一本研究著作,杜威为此还在《安多弗评论》上发表了书评,并且给予了极高的评价。杜威说:"如果被问及不仅是关于康德最好的英语论著,而且是英语写作的最好的哲学论著,我会毫不犹豫地指出:是凯尔德的《康德的批判哲学》。"[①]凯尔德所阐述的康德哲学是把他置于哲学史中,把康德与笛卡尔依赖的西方哲学史联系起来,以此来呈现康德哲学要面临的问题和解决的方式,并且根据历史发展的顺序把康德哲学演进历程呈现出来。更难能可贵的是凯尔德把普遍

---

① ［美］杜威:《杜威全集·早期著作》第 3 卷,吴新文、邵强进等译,华东师范大学出版社,2010 年,第 149 页。

公认晦涩难懂的康德哲学以一种清晰明了的方式阐述出来,这对于康德哲学的研究来说是不容易的。杜威说:"他以一种如此精确清楚以至于能马上消除那些挣扎于康德的晦涩之中的普通读者的绝望的方式,提出康德自己的教义。在凯尔德清晰的处理之中,康德变得一目了然,然而这样做并没有减少任何深度。"①不过,凯尔德的最大贡献之一还在于他阐述康德哲学的立场并不是基于一种外在的视角,他并没有简单地把康德哲学贴上二元论的标签,而是从康德哲学内部和德国观念论的内在逻辑来理解康德自己的意图和他的各种领域的划分,即使是进行了各种二元的划分,也不影响康德最后是为了走向综合统一,他认为康德整个哲学系统是有机统一的。杜威高度认可凯尔德的立场,正如杜威所说:"对于我而言,凯尔德的著作最大的持久的价值在于这样一个事实,即他并没有设立任何外部的标准去评判康德,而是像他评判自己一样逐步阐明了康德的。在这里,我们有两个康德,一个康德被他继承先前的二元论而带来的偏爱所阻滞和妨碍,对比于另一个摆脱了约束并发展成一致和完整的康德。"②

除了凯尔德出版的关于康德哲学的研究论著外,当时还陆续出版了一些康德哲学的译作,比如马哈菲和伯纳德所译的《纯粹理性批判》和《未来形而上学导论》在当时的美国学界来说无疑是一个里程碑,虽然在此之前已有一些关于康德哲学的介绍和节译,但是都不系统和精确。而马哈菲和伯纳德合作的翻译工作取得了巨大的成就,杜威说:"马哈菲的书几乎是第一本引起英语读者对康德的兴趣的著作。"③杜威认为他们翻译的康德哲学著作是给大学生介绍康德哲学最好的作

---

① [美]杜威:《杜威全集·早期著作》第3卷,吴新文、邵强进等译,华东师范大学出版社,2010年,第149页。
② [美]杜威:《杜威全集·早期著作》第3卷,吴新文、邵强进等译,华东师范大学出版社,2010年,第149页。
③ [美]杜威:《杜威全集·早期著作》第3卷,吴新文、邵强进等译,华东师范大学出版社,2010年,第152页。

品,杜威在大学期间受益良多。另外罗森克朗兹所编的《康德著作集》是当时流传最广的关于康德哲学著作的汇编,杜威在早期研究康德哲学所倚重的正是这一版本,让杜威可以从整个康德哲学的脉络中厘清康德的计划和历程,然后开始发表关于研究康德哲学的文章。不过此时杜威所理解的康德哲学依然受他所接受的一些立场影响,尤其是受凯尔德关于康德理解的立场,杜威认为康德在认识领域未克服心灵与世界二分的问题同样展示在他的美学、伦理学和宗教哲学领域中。杜威在撰写伦理学教学大纲时,在关于康德伦理学的部分直接把康德伦理学定位为形式伦理学,它解决抽象的道德义务和具体的道德动机之间的对立问题,杜威在阿博特所译的《康德的伦理学理论》中找到了共鸣。

第三节　杜威对康德哲学态度的变化

杜威在佛蒙特大学因"伯灵顿哲学"影响而接触到康德哲学,并且对康德哲学产生浓厚的兴趣,但是很快因为杜威前往约翰·霍普金斯大学读研究生而发生变化。杜威在约翰·霍普金斯大学期间遇到当时知名的黑格尔哲学专家莫里斯教授,经过选修莫里斯三门课程之后,杜威完全被黑格尔哲学所吸引,也接受了莫里斯教授对康德哲学的态度。杜威说:"莫里斯是通过黑格尔研究康德,而不是通过康德研究黑格尔的,以致他对康德的态度是一种批判的态度,像黑格尔自己表现出来的那样。"①至于杜威为何很快地从康德立场转为黑格尔立场,很明显跟杜威自己的哲学追求相关。杜威从小生活在新教氛围浓厚的环境中,同时又见证实验科学的日新月异和美国工业化进程的狂飙突进,这种

---

① 　[美]杜威:《杜威文选》,涂纪亮编译,社会科学文献出版社,2006 年,第 27 页。

保守与进步、神圣与世俗之间的对立让杜威很是反感,他力图找到某种哲学理论能够消解这一对立,而黑格尔哲学满足了杜威的需求。他说:"黑格尔把主体与客体、物质和精神、神圣之物和世俗之物结合在一起,这却不是一种简单的智力程式。它是作为一种巨大的解脱和解放产生作用的。黑格尔对人类文化、制度和艺术的处理同样会使那座坚实的隔离墙消解掉,它对我有一种特殊的吸引力。"①黑格尔哲学不是导致杜威产生对康德哲学态度发生变化的唯一原因,却是最早的原因,杜威在之后所接触到的詹姆斯心理学、格林伦理学、达尔文进化论和民主思想等都是杜威态度转变的原因。总之,杜威对康德哲学的态度除了最初短暂地产生过认同感外,之后的所有时期都基本上持一种批判的立场,只是批判康德哲学的立足点不断发生变化而已。

一、对康德哲学方法的不满

杜威接受康德哲学也是从康德的理论哲学开始,杜威高度认可康德在近代认识论哲学发展中的贡献,并把他置于近代哲学发展脉络中来理解。康德哲学贡献的直接表现就是实现了对近代认识论的超越,诊断了近代认识论哲学中的问题,并从内在和外在两个方面来为认识论奠定基础。内在的方面是批判理性,把理性进行认识活动时所具有的能力和使用条件揭示出来,外在方面则是把世界划分为现象和物自体两个领域,理性只能运用于现象领域。但是,在杜威看来,康德先验哲学体系建立的重要基础是他的哲学方法,换言之,是康德所采取的哲学方法让他能够超越近代哲学。杜威认为近代的唯理论哲学方法是以同一律或矛盾论为标准,以此来分析和判断知识命题的合法性,但是这只能局限于思维,而无法通往现实的存在,而经验论哲学的方法是以同意为标准的知觉分析,这留下的问题更多,比如无法超出知觉来证明世

---

① [美]杜威:《杜威文选》,涂纪亮编译,社会科学文献出版社,2006年,第28页。

界的实在性,还有就是无法证明知觉的同意是如何发生的。^①康德很
清楚地指出了近代哲学的方法论都有问题,关键症结在于他们没有认
识到理性的本质。唯理论认识到我们的理性思维是分析的,经验材料
是零散的,经验论认识到现实经验都是综合的,这都是没有问题的。问
题在于,他们只看到了知识条件的一个方面,而没有把知识形成的全部
条件揭示出来,单纯依赖理性的分析能力不能通往经验材料,仅仅把经
验的形成依赖于知觉无法追溯到综合的来源。康德把他们各执一端的
方面综合起来,把理性本身既是分析的也是综合的能力揭示了出来,
"尽管思维本身是分析的,但是当它被应用于给予它的材料时,则是综
合的;借助于它的功能,它从该材料形成了它认识的客体。这是在最低
层次上康德所作出的贡献"。^②

　　如果说康德成功地建立起先验哲学的方法是什么,无疑就是先验
逻辑,这一学说构成了康德实现"人为自然立法"的基础。如果再具体
问先验逻辑所针对的对象是什么,毫无疑问是范畴,所以康德真正解决
经验如何综合起来的问题是基于范畴的运用,范畴的综合作用源于自
我意识的先验统一,是因为自我意识伴随每一个表象而让所有表象都
能被自我意识带入一个概念之中来,概念也是自我意识的综合机能的
展现,由此才导致范畴成为理性进行认识活动的综合来源。范畴之间
并不是任意的关系,而是理性综合能力类型的体现,理性有多少种对经
验对象综合的方式就有多少种范畴,正是由一个完整的综合能力体系
产生了一个范畴体系。另一方面,经验的综合并不是由知觉完成的,而
是理性通过范畴完成的,是范畴的综合作用的结果,所有经验所构成的
体系是因为范畴体系的作用。杜威说:"既然范畴再自我意识之中并且

①　[美]杜威:《杜威全集·早期著作》第1卷,张国清、朱进东、王大林译,华东师范大学出
　　版社,2010年,第30页。
②　[美]杜威:《杜威全集·早期著作》第1卷,张国清、朱进东、王大林译,华东师范大学出
　　版社,2010年,第31页。

贯穿于自我意识,既然范畴构成了经验,那么这种哲学方法将由制定这些范畴在其所有相互关系方面的完整图式组成。"①很明显,康德能够解决唯理论无法走出思维自身的问题,同时解决经验论无法解释经验必然性的问题。其关键之处在于主体先天的认知能力在实际经验中的运用同时保证了理性运用的合法性和经验综合的有效性,这正是康德所揭示先验逻辑的宗旨所在。

不过,康德通过范畴所综合的对象并不是事物本身,而是事物给予我们的感性材料,所综合的结果也不是关于事物自身的认识,而是关于对象表象的知识,所以康德在某种程度上是回避了近代认识论的终极目的。无论唯理论哲学家还是经验论哲学家,他们虽然采取不同的认识方法,但是都追求认识事物自身,因为只有通达事物自身才能说形成的是关于世界的认识。但是康德把关于世界的认识仅限于现象领域,而且这一现象领域必须是在符合主体认知形式基础之上形成的,所以当范畴运用于这一现象领域时,必然不会出现思维形式如何综合经验材料的问题。但是在杜威看来,康德的哲学方法只是解决思维内部的有机联系问题,无法进入事物自身的有机联系,这两者之间是无法以前者来代替后者的。杜威说:"就知识所关注的来说,它应当把纯粹的自我同一形式'A=A'转化为范畴无法导致的确定的有机联系。于是,它表现为我们有关方法的图像是双重地虚假的:其一,它终究无法抵达真理;其二,这样的方法本身终究是不可能的。我们的范畴有机体系无法构成绝对真理,没有一个这样的有机体系本身是可知的。我们仍然不拥有标准和方法。"②杜威的意思很明确,康德的先验逻辑虽然区别于形式逻辑,是关于范畴运用所遵守的逻辑规则,但是杜威认为这依然无

---

① [美]杜威:《杜威全集·早期著作》第1卷,张国清、朱进东、王大林译,华东师范大学出版社,2010年,第32页。

② [美]杜威:《杜威全集·早期著作》第1卷,张国清、朱进东、王大林译,华东师范大学出版社,2010年,第33页。

法解决事物自身为何是以范畴联系的方式来发生有机联系的。

杜威批判康德的哲学方法的立足点是黑格尔哲学,他接受黑格尔关于绝对精神的看法,认为世界不可能是像康德所理解的那样区分为截然分明的两个领域,而且世界也不是机械地联系着,而是因为精神的自身发展而展现出有机关系。所以杜威无法接受康德关于理性的理解,理性并不仅仅是一种知性的运用,它本身是有积极的能动性,理性还有超出自身、否定自身并发展自身的能力,所以它自身既是分析的也是综合的,范畴的产生和运动都是理性能力的直接展现,因为外在经验材料对于理性来说并不是一种外在的关系,而是内在的关系,主客双方只是理性表达自己活动的方式,没有纯粹的主观和客观,所以不存在主体如何与客体相一致的困难。当范畴能够运用于客体之上时,就表示它来必然来自理性自身。杜威说:"对个体来说,范畴决定着客体的性质,范畴说明了客体是如何转变为主观认知形式的,这样的范畴必定只能演绎自理性。执行这个任务的理论就是黑格尔称作逻辑性的东西,它不仅对克服康德的缺点来说是必不可少的,而且是康德的积极成就所直接推崇的。"①

二、对康德伦理学的拒斥

杜威在 1889 年重返密歇根大学哲学系任教,因为莫里斯教授在前一年离世,他留下的职位需要有人来填补,杜威接受了这一邀请。杜威在密歇根大学任教期间需要为伦理学课程准备讲义,虽然此时的美国社会已有多种版本的伦理学教材,但是杜威都不满意,因此杜威不得不为伦理学课程撰写讲义,并由此形成了《批判的伦理学理论纲要》,以及三年后的《伦理学研究(教学大纲)》。当时流行的伦理学理论主要包括

① [美]杜威:《杜威全集·早期著作》第 1 卷,张国清、朱进东、王大林译,华东师范大学出版社,2010 年,第 36 页。

情感主义、功利主义和道义论三种，杜威分别对他们进行了深入的研究。而道义论伦理学主要以康德义务论为代表，所以杜威借此对康德哲学的研究从认识论深入至伦理学部分。经过杜威对康德义务论的深入研究之后，他指出康德义务论存在着诸多问题，问题的源头来自康德义务论作为一种"形式主义伦理学"。

康德认为决定行为是否具有道德价值的标准不能是来自经验领域，无论是内在的人类本性还是外在的道德结果，而且若以任何经验因素来作为衡量道德价值的基础，不但不能发现真正的道德价值，反而会败坏道德。为何会如此呢？因为行为的道德价值若是基于经验的效果之上，就有可能不需要理性的意志而凭借其他原因达到，最后看起来符合道德的要求，但是不具有真正的道德价值。所以在康德看来，道德的真正价值或者最高的善只能来自由理性所规定的意志之中，"只有为有理性的东西所独具的，对规律的表象自身才能构成，我们称之为道德的，超乎其他善的善。因为，正是这种表象，而不是预期的后果，作为根据规定了意志。这种善自身已经现存于按照规律而行动的人中，而不须从效果中才能等到它"。[①] 最高的善只能来自意志自身，当然意志是把来自理性的实践法则作为自己的准则，而且按照这样理性形式所产生的意志就是善的意志，也就是善良意志。所以，实现行为的道德价值不是去预期任何行动后果，而只需要让行为的准则去符合实践法则的普遍要求即可，康德把这样的一种要求称为义务。只有对实践法则所产生的尊重才会让意志的选择符合法则的要求，这样的意志行为才是义务，所以康德的义务概念是排除了一切经验内容的，符合实践理性的纯粹法则才是其唯一的内容。这也便引申出了康德对于衡量一个行为是否属于道德行为的标准，即既合于义务同时出于义务。

在杜威看来，康德把义务规定为对道德法则的无条件服从而排除

---

① ［德］康德：《道德形而上学原理》，苗力田译，上海人民出版社，2010年，第17页。

一切经验因素的考虑,而现实中的行动者都是充满冲动、欲望、情感和目的等自然禀赋的直接行动者,这就意味着康德所规定的道德义务是与行动者的自然禀赋相对立的,且是相隔离的。杜威认为康德的义务论立马面临两个难题:第一,由理性的意志所产生的普遍法则意识如何转变为具体的特殊的意志意识,后者是每一个具体行动的推动力;第二,纯粹的义务意识如何确保让行动者愿意无条件地去履行这一义务呢?[①] 杜威的这一质疑是切中康德义务论问题的要害的,康德也承认有限理性存在者身上会一直面临一种道德斗争,一方面是意识到纯粹理性要求自己按照法则的普遍性来行事,另一方面又认识到普通理性让自己选择自爱原则或幸福原则来作为自己的行为准则。康德把这一矛盾的解决寄托在意志对实践理性法则的尊重而产生的无条件服从之上,这便是绝对命令的服从。

毫无疑问,杜威并不认为康德诉诸绝对命令的方式就解决了义务论中所面临的问题,只是把这个问题展现得更加完整而已,因为在杜威看来所有的行动都是具体情境中的,如果以普遍的法则来决定具体行动的准则,那首先一个问题是如何把基于纯粹理性的普遍法则要求转变为具体情境中的行动准则。杜威认为这是康德义务论做不到的,因为根据康德对普遍法则的规定,行动者愿意让自己的行动准则变成普遍的法则,但是所有的行动都是具体情境中的行动,不同行动的情境都不同,当然也就不存在普遍一致的行动准则。由此可见,杜威极力反对将康德的义务论作为日常行动的道德基础,他说:"康德信奉的逻辑使得他强调说义务的概念是空洞的和形式的。它告诉人们,尽义务是自己最高的行动法则,可是一谈到人的义务具体是什么便不作声了。"[②]

① [美]杜威:《杜威全集·早期著作》第 4 卷,王新生、刘平译,华东师范大学出版社,2010年,第 277 页。

② [美]杜威:《杜威全集·中期著作》第 8 卷,何克勇译,欧阳谦校,华东师范大学出版社,2012 年,第 125 页。

很明显,康德的义务论是不可能规定具体行动中的义务内容的,因为一旦道德的动机涉及经验内容,那就有可能道德不是出于义务了,道德行为的准则不可普遍化,道德的价值也就荡然无存了,所以义务只能是行动者在自身中对道德法则的意识、尊重和履行。

正因为康德把义务限定在对形式法则的符合之上,杜威把康德的义务论称为形式伦理学,它探讨的不是德性论意义上的善的理论,而是关于道德行为如何是符合道德形式原则的,也就是关于义务的本质。形式伦理学必定只关注纯粹义务,而不能涉及具体的义务内容或准则,必须排除一切的欲望对象或质料,否则就不能实现意志准则的普遍性要求。在杜威看来,康德对义务论形式化要求并不能达到他的预期目的,康德义务论的形式化要求就是为了强调动机与后果的分离,我们只能控制动机的纯粹性,而结果是变化不可控的,这一分离工作既是康德哲学立场的必然要求,也是古老的二元论传统的体现。[①] 而且康德的哲学立场正是建立在二元分立的基础之上,康德在理论哲学中把现象当成是无序的,有待认识主体根据自身先天的认识形式来对其进行规整,真正决定统一的有序的经验世界的是纯粹的认识形式,只有这样才能把变动不居的自然世界变成确定的自然世界。杜威认为康德义务论的逻辑只不过是把这样一种纯粹的先天论用于道德领域而已,以纯粹的义务原则来统摄整个道德行为,因为"缺乏不可改变的、固定的、普遍适用的、事先准备好的原则,无异于道德混乱"。[②]

三、对康德政治哲学的担忧

杜威在研究康德伦理学的时候就已经指出康德的义务论伦理学实

---

① Stephen Carden, *Virtue Ethics*: *Dewey and Macintyre*, Continuum International Publishing Group, New York, 2006, p.48.

② 〔美〕杜威:《杜威全集·中期著作》第 14 卷,罗跃军译,华东师范大学出版社,2012 年,第 145 页。

际上是一种形式主义伦理,它无法解决抽象的道德要求如何变成具体的道德动机,这样的一种分裂隐含着现实的危机,因为一旦把形式伦理学变成现实道德实践种的规范,便会出现空洞责任的问题。随着杜威对康德哲学和德国社会政治理解的深入,他相信康德的义务论影响范围已超出了道德领域,而是深入至现实的政治原则和社会观念之中,由此引发杜威对康德把政治国家奠定在其伦理学之上做法的担忧。而让杜威产生这一担忧的契机是第一次世界大战的爆发。很多思想家都尝试从思想观念和历史传统的角度来了解德国在实现国家统一之后为何会迅速走上战争之路,一般的看法都是把这一问题追溯至尼采、黑格尔、沙恩霍斯特和伯恩哈迪等人,但是杜威把德国追求"国家至上"的源头归于康德,尤其是他的形式伦理学。当然杜威也承认康德并未有意地形成一种国家主义理论,只是康德的学说在传播的过程中客观上起到了这样的一种作用,这完全是超出康德意料的。杜威说:"康德哲学对原本四分五裂的精神进行了富于想象力的综合,从而帮助形成了一种民族的使命感和命运感。尤其重要的是,他的理论及其影响有助于我们理解德国人的意识为什么从来没有被技术的效率和投入所淹没,而且一直自觉地、不用说自以为是地保持唯心主义的立场。"①

毫无疑问,杜威是承认康德哲学的重大贡献的,最为核心的贡献可以表达为康德提出的两个命题:"人为自然立法"与"人为自己立法"。杜威说:"康德最重要的贡献在于提出了理性的双重立法,通过这种立法划分出两个不同的王国——科学王国和道德王国。每个王国都有自己最终的和权威的法规:一方面是感觉的世界,处在时空之中的现象世界,科学在其中如鱼得水;另一方面是超感觉的和本体的世界,一个被

---

① ［美］杜威:《杜威全集·中期著作》第 8 卷,何克勇译,欧阳谦校,华东师范大学出版社, 2012 年,第 117 页。

赋予道德责任和道德自由的世界。"①为什么康德的这一双重立法工作如此重要，是因为当时的西方启蒙运动为了反对宗教对人的桎梏，把人的自由、道德和尊严寄托在自然领域，也就是试图在被机械因果律支配的自然世界寻找人类的解放，其结果注定是徒劳的，出现启蒙的危机是必然的，最后导致自然科学无法被合理地理解，道德的可靠基础也无处可寻。康德的工作正是针对这一危机的，分别把科学与道德的合法性奠基于两个不同的领域，科学遵守自然因果律，道德遵守自由因果律。"接受康德哲学，不仅一下子把人们从迷信习惯、情感用事以及道德和神学的幻想中解放出来，而且还鼓励并刺激人们通过不断努力，从自然之中获取因果律的秘密。对于那些接受康德哲学的人而言，康德哲学就是科学研究的《大宪章》：它构成了指导和论证科学探究的基本大法。"②同时，康德提出人身上有一个追求"应该"的行动命令，这证明了人除了依照自然法则在行事外，还根据理性的实践要求来指导自己的行为，这就是道德法则，这是道德存在的合法性基础，也是自由得以可能的证明，自由是道德的存在理由，道德是自由的认识理由。

但是，正因为康德把道德奠定在纯粹的实践理性之上，才使得道德原则能够具有普遍性，任何把感性因素加进道德动机的行为都是有损道德的，所以康德的道德立场必然要求把道德原则和感性的道德动机相分离，把道德动机和道德行为结果相分离，但是这样的一种义务论立场落实到具体历史中的话可能会产生相反的效果。杜威认为一旦康德的形式义务论在现实中运用，就会面临空洞的责任内容问题，这会给外在的权威可乘之机，责任内容必然被外在权威所填充。杜威说："缺乏内容的责任准则自然有助于圣化和美化现行国家秩序可能规定的那些

---

① ［美］杜威：《杜威全集·中期著作》第8卷，何克勇译，欧阳谦校，华东师范大学出版社，2012年，第113页。
② ［美］杜威：《杜威全集·中期著作》第8卷，何克勇译，欧阳谦校，华东师范大学出版社，2012年，第115页。

具体责任。责任观念必须正在某个地方找到其内容，或者是主观主义恢复到无政府主义的或者浪漫主义的个人主义，否则，其相称的内容就在于听从上级的命令。"①很明显，在杜威看来，康德为了强调道德动机的纯粹性，必然要求它排除一切经验内容，但是任何现实的行动者都不是纯粹的理性者，而是有限理性者，是集理性、情感、欲望、意志和责任为一体的现实人，所以只以理性作为道德的动机而不顾其他，最后要么缺乏道德动力，要么把道德动力转嫁于别人，无论何种情况都不能真正地实现康德所要求的"合于道德且出于道德"的行为。杜威说："如果一种意识不以人的福祉为基础，不去考量检查实际的结果，从社会的角度说，就是一种不负责的意识，它只是带有理性的标签而已。"②

杜威认为康德的这样一种形式伦理学必然会导致一种国家哲学，他说："康德一生的哲学事业，基本上与腓特烈大帝的政治事业相吻合。腓特烈大帝把一种思想自由的制度和彻底的宗教宽容与历史上最不同凡响的行政管理和军事效率结合起来。"③因为与康德建立的内在道德王国相对应的是外在的政治王国，在道德王国唯一的职责就是服从实践理性的命令，犹如在政治王国中军人必须无条件服从军令一样，虽然有可能实践理性的命令有违自己的本意，就像军人意识到军令是错误的，但是也必须服从。杜威认为这样的一种职责并不会带来自由，而只会变成一种强制，即使是选择服从，最后也难以产生真正的道德认同。当然，康德虽然说过启蒙的时代是腓特烈大帝的时代，但是并不能认为康德所期望的国家就是腓特烈大帝的国家。杜威也承认这一点，他并没有把两者进行简单的等同。康德所说的国家也必须从他的道德立场

---

① ［美］杜威：《杜威全集·中期著作》第8卷，何克勇译，欧阳谦校，华东师范大学出版社，2012年，第126页。

② ［美］杜威：《杜威全集·中期著作》第8卷，何克勇译，欧阳谦校，华东师范大学出版社，2012年，第127页。

③ ［美］杜威：《杜威全集·中期著作》第8卷，何克勇译，欧阳谦校，华东师范大学出版社，2012年，第120页。

来理解,国家是为了作为一种外在秩序来保障道德目的的实现,最后促成伦理共同体的形成。杜威说:"国家的职责不在于直接促进道德自由,因为这一点唯有道德意志才能做到。国家的职责是防止那些阻碍自由的力量的出现:建立一个外部秩序的社会环境,让真正的道德行为逐渐演化为一个人性的王国。"①在杜威看来,康德构想的国家是为了他的目的王国,而不能简单地等同于现实的政治国家,但是杜威认为它们存在着紧密的关联,甚至可以走向合二为一,把现实的国家当作最高的道德实体,康德之后的德国政治哲学和德国历史也证明了这一点。费希特是第一个把两者合二为一的人,之后的黑格尔、瓦格纳、尼采、伯恩哈迪等都属于这一立场。杜威要把康德视为德国人对国家持特有立场的始作俑者,很明显,杜威由对康德形式伦理学的不满延伸至对康德政治哲学的忧虑。

---

① [美]杜威:《杜威全集·中期著作》第8卷,何克勇译,欧阳谦校,华东师范大学出版社,2012年,第132页。

第三章　杜威视域中的康德先验观念论

众所周知,康德之所以走向批判哲学的道路,是因为他当时所处的时代中启蒙运动出现了诸多问题,启蒙精神也受到了质疑,如果任由启蒙理性原则继续毫无边界和底线地扩展下去,最后的结果就是对启蒙运动的否定,尤其是对理性精神的否定。这种启蒙的危机早在法国启蒙运动时期的卢梭那里已经揭露了出来,虽然人类理性能够促进科学事业和人类福利的增进,但是最后的结果带来对人类道德和自由的摧毁,卢梭的这种洞见给了康德很大的刺激,康德甚至把卢梭的这一警训当作自己批判哲学事业的目标。让康德亲身体会到启蒙的危机的,是他已经看到自己所处的莱布尼茨沃尔夫传统的局限性。这一传统直接继承着斯宾诺莎主义路线,坚持理性作为绝对必然性知识的基础,所有的知识都由理性推演出来,但是这种理性的逻辑推演原则带来的是宿命论和机械论,直接印证了卢梭的担忧。真正让康德感到危机四伏的是怀疑论带来的挑战,无论是休谟经验主义的怀疑论,还是雅各比的信仰主义的怀疑论,都直接动摇了理性作为至高原则的启蒙精神。虽然理性作为启蒙精神的基本原则受到了各种挑战,但是这些挑战都基本集中在一点,就是理性是否能够为我们的知识和信念确立起牢固的权威性。康德的批判哲学事业也正是直接面对这一问题,他认为这些挑战都犯了一个共同的错误,虽然他们都标榜着在知识领域以理性的权威来替代上帝权威,但是都依然站在上帝的视角来看整个认知过程,把认知对象当作是绝对客观的独立存在。但是人类无法判断是否能够获得的认知就是关于自然对象的知识,所以确定性就会成为一个问题,因此康德的策略是人类必须放弃这种上帝的视角,把理性当成人自己的理性,通过考察人的理性所具有的条件来建立起知识的权威。康德的做法是把道德和认知划分成两个不同的领域,让两个领域的规范性原则互不干涉、各司其职,正如杜威对康德哲学使命的理解,即"从它的根本结构上来看,康德的体系是特别符合于历史危机所提出的需要的。它保证科学与道德永远不能互相干犯,使两者都获得自由、福惠"。①

第一节　杜威理解康德哲学的视角

杜威接触康德哲学的时候并不是通过直接阅读康德哲学原著,而是通过其他一些当时研究康德哲学的美国学者,包括爱德华·凯尔德的《伊曼努尔·康德的批判哲学》、阿博特的《康德的伦理学》、罗森克朗兹的《康德著作集》等,尤其是杜威在佛蒙特大学时期所修的康德哲学课程,这都导致杜威并不是直接立足康德本人的立场来理解康德哲学,而是受当时美国康德研究者的影响。更为重要的是,杜威接受并认同康德哲学立场的时间非常短暂,因为当他接触到黑格尔哲学以及新黑格尔主义之后,杜威迅速被黑格尔哲学所吸引。虽然杜威对康德哲学理解在加深,但是康德哲学逐渐变成了杜威所批判的对象,黑格尔哲学的辩证法和精神统一性让杜威看到了康德哲学的困难和出路,杜威无法接受康德所采取的二元路线。杜威在学习黑格尔哲学的同时也接触到詹姆斯的心理和当时流行的生机论思想,这让杜威在黑格尔之外找到了一条更为现实且真正的经验主义之路,逐渐地远离黑格尔哲学的

---

① ［美］杜威:《确定性的寻求》,傅统先译,上海人民出版社,2004年,第58页。

立场,对康德哲学理解也换了一种自然主义的视角。但这两种路线并不是截然分开的,因为杜威在其哲学发展中逐渐地在融合两者,形成一种"自然化的黑格尔主义"立场,总之,这都是杜威在对待康德哲学时所采取的路线或立场。

一、黑格尔哲学与新黑格尔主义

杜威离开佛蒙特大学前往约翰·霍普金斯大学读研究生后,遇到了当时知名的德国哲学专家莫里斯,莫里斯是一名黑格尔主义者并且常年为学生开设黑格尔哲学课程,尤其是《精神现象学》课程。杜威通过莫里斯的课程很快地就被黑格尔哲学所吸引,尤其是黑格尔关于宇宙作为有机整体的思想,这让杜威看到了传统西方哲学二元论的荒谬所在。杜威认为黑格尔的辩证法思想让主体与客体、理智与世界、自然与超自然等都处于一种有机关系之中,而不再是截然对立的双方。①最让杜威感到满意的是黑格尔的逻辑学,因为逻辑学彻底地解决了范畴或概念如何产生以及如何与对象相关的,这对近代经验论或唯理论来说解决了一个大难题,经验论无法解释观念如何是理性的,唯理论无法解释理性的概念如何是关于经验的,正是在这一点上杜威认为康德的工作做出了重大贡献。但是康德对范畴的解释以及关于经验整体的构想都让杜威感到不满意,而黑格尔哲学正好解决了杜威的疑惑,杜威认为黑格尔的辩证法是哲学方法的完成。

不过杜威对黑格尔哲学的接受需要区分两个方面,黑格尔主义与新黑格尔主义,这是两个存在差异的哲学立场。黑格尔主义是指基于黑格尔哲学立场之上所形成的哲学立场,包括坚持黑格尔的绝对、逻辑学、辩证法思想等核心内容。新黑格尔主义是指黑格尔之后的一些哲

---

① James Allan Good, *A Search For Unity In Diversity*: The "*Permanent Hegelian Deposit*" *in the Philosophy of John Dewey*, Bell & Howell Information and learning company, Ann Arbor, 2001, p.106.

学家接受了黑格尔的部分立场且对其进行了改造调整。新黑格尔主义最初指英国的新黑格尔主义,以布拉德雷、格林(Thomas Hill Green)、沃兰斯(William Wallace)、塞斯(Andrew Sethe)和卡德(John Caird)等人为代表,英国新黑格尔主义主要不接受黑格尔绝对精神的立场,然后把它改造为绝对自我意识,这是一种经验主义式的改造。不过在美国也产生了另一派的新黑格尔主义,即"圣路易斯黑格尔主义",包括布罗克麦耶(Brokmeyer)、哈里斯(Harris)、施耐德(Denton Snider)等人,他们吸收了黑格尔社会政治哲学这一面,认为个人可以克服主客对立,把自己融入于群体之中,这是为了反思美国当时流行的个人主义。其实,杜威在接受黑格尔哲学的时候都涉及了这三者:黑格尔主义、英国新黑格尔主义和美国新黑格尔主义,但是杜威在其思想的成熟阶段接受的是黑格尔主义立场,而非新黑格尔主义,杜威逐渐远离的立场是新黑格尔主义而非黑格尔主义。① 黑格尔主义在杜威整个哲学生涯中都留下了不可磨灭的印记,这便是杜威理解康德哲学的早期立场。

杜威在约翰·霍普金斯大学跟随哈里斯教授接触到黑格尔哲学之后,就意识到康德哲学中的诸多问题,他早期主要是作为一名黑格尔主义者的立场来看待康德哲学中的问题的。杜威在佛蒙特学习康德哲学的时候就发现康德的先验主义道路是走不通的,因为康德把真理的依据寄托在范畴之上,但是范畴所构成的对象并不是自在存在着的对象,主体与外在世界之间存在一条不可跨越的鸿沟。正如杜威所说:"范畴构成了客体,但这些客体并非自在地存在于普遍推论之中,而像我们的接受能力只为我们自己而存在那样地存在着。它们不重视自在的存在,但是重视受到那个存在触动的我们自身。范畴体系为我们拥有的

---

① John Shook, *Dewey's Empirical Theory of Knowledge and Reality*, Nashville: Vanderbilt University Press, 2000, p. 121.

所有知识提供了标准，但其结果是，它不是真正的知识。"①在杜威看来，康德的先验主义道路并不能通往真理，它的批判理论是建立在主客二分的基础之上，即使主体和世界存在某种关系，这种关系也是一种外在的关系，导致需要通过一种表象的中介才能连接两者，这对于已经接受有机观念的杜威来说是无法接受的。

杜威最初在黑格尔那里看到了克服康德先验哲学困境的方法，黑格尔不再把主客二分的任何一方作为认知的起点，也不是把被给予的世界作为认知的对象，而是把范畴或者理性概念作为一个有机统一体，它不再是主观认知的形式，而是有它自己的主体性，它自身处于运动的圆圈之中，没有处于概念之外的事情，一切都是处于理性之内的。所以概念和对象之间不是外在的关系，而是同一的。而且，概念的运动使得概念之间作为一个有机的统一体，范畴的使用不存在合法性的问题，不会面临类似康德范畴来源的质疑。所以杜威在其思想早期对立足于黑格尔哲学的立场来批判康德哲学的做法是很支持的，他说："按照黑格尔的用法，逻辑学正好是我们起初在康德的先验逻辑中发现的真理的标准，它考察了理性的概念和范畴（它们构成了内在经验和外在经验，构成了主观经验和客观经验），它把它们视为一个体系，一个有机统一体。在其中，每一个都占有自己的一席之地。它是完整的哲学方法。"②杜威早期被黑格尔逻辑学的辩证法所吸引，因为黑格尔的辩证法成功地解决了近代哲学所出现的分析与综合、统一与差别、肯定与否定、静止与发展的一系列问题；无论是经验论、唯理论还是康德哲学，都不能令人满意地解决这些问题，从而导致近代哲学出现各种矛盾和怀疑论。黑格尔的辩证法有力地解释了运动发展的问题，运动的过程是

---

① ［美］杜威:《杜威全集·早期著作》第 1 卷，张国清、朱进东、王大林译，华东师范大学出版社，2010 年，第 33 页。
② ［美］杜威:《杜威全集·早期著作》第 1 卷，张国清、朱进东、王大林译，华东师范大学出版社，2010 年，第 37 页。

一个既差异又统一的过程,它不会面临斯宾诺莎的"空的无限"的问题,也不会出现康德的机械世界观的问题。所以杜威说:"黑格尔把主体和客体、物质和精神、神圣之物和世俗之物结合到一起,这却不是一种简单的智力程式。它是作为一种巨大的解脱和解放产生作用的。黑格尔对人类文化、制度和艺术的处理同样会使那座坚实的隔墙消解掉,它对我有一种特殊的吸引力。"①

二、心理学与生机论

随着杜威接触有机生理学和生物学的深入,他开始思考站在传统思辨哲学的框架之内并不能呈现有机的自然世界,反而两者之间是存在巨大差距的,即使黑格尔主义能够成功地解释人类活动的一切原则和基础,但是这只是立足于精神内部,而并没有涉及现实的经验世界。尤其是詹姆斯的《心理学》在不诉诸黑格尔主义的前提下,而是通过心理学的意识概念来消除传统哲学的二元论,同时又能揭示世界的连续性,这让杜威开始了一种立足心理学作为哲学方法的思考方向。在杜威看来,既然新黑格尔主义已经放弃了黑格尔绝对精神的概念,把绝对转变成了绝对意识或绝对自我意识,那这就成了心理学的研究范围,或者心理学就应该成为哲学的方法,虽然心理学只能从有限的自我意识开始,但是它依然可以大概给出某种关于绝对自我意识的知识。而且,近代以来的哲学都在通过经验来通往外在世界,最后能确定的只能是经验,经验整体其实就是世界整体,而经验正是在意识之中构成的,或在心理经验之中构成的。所以杜威说:"心理探讨的正是构成人的经验的那个意识,所有对经验的进一步界定都只是心理学界定的有限延伸而已。那些界定都源自心理学界定,因此都是抽象的。更确切地说,心

---

① [美]杜威:《杜威文选》,涂纪亮编译,社会科学文献出版社,2006年,第28页。

理学,而非逻辑学,是哲学的方法。"①

在杜威看来,近代哲学把人理解为两个方面的存在者,一方面是受特定时空条件限制的自然存在者,另一方面是所有因素的无条件永恒综合体,也就是康德所说的自由存在者,传统哲学把这看作是两个完全不同层面的存在,由此产生出如何协调的问题,杜威认为这完全是误解了真实的情况,这两个方面都只是经验的两个不同发展阶段而已,都属于意识经验的范畴,也就是属于心理学。在获得关于世界的经验之中,无论采取何种方式,包括知觉、触觉、记忆、想象、概念、判断和推理,都离不开统一的自我意识,自我意识介入每一个经验的过程或片段之中,关键的问题是如何来界定自我意识的性质。杜威认为自我意识首先是一个被经验到的事实,它是心理过程的一个阶段,如果它不被我们在心理意识到,就无法通过自我意识来抓住所谓的认识本质,他说:"如果他不能有意识地把它当作他的经验的一个阶段,进而潜在地在所有的阶段中,不能抓住普遍或永恒的本质,那么说他无法探讨普遍和永恒的事务仅仅是一些托词而已。因此,否认自我意识是心理学经验的事情,就是否认任何一种哲学的可能性。"②杜威正是在心理学作为哲学的方法这一立场上来看待康德的问题,他认为康德否认了自我意识作为一个事实或心理经验,在逻辑上把它变成了毫无内容的先验统一形式,导致思维和概念无法和经验建立起内在的关系。杜威说:"康德的这个不足也给了我们另外一个教训,正如前面说过的那样,由于他抛弃了正确的心理学方法,因而他在自我认识中把一个自成一体的有机系统,并采用逻辑学标准来界定经验整体。"③

---

① [美]杜威:《杜威全集·早期著作》第1卷,张国清、朱进东、王大林译,华东师范大学出版社,2010年,第117页。

② [美]杜威:《杜威全集·早期著作》第1卷,张国清、朱进东、王大林译,华东师范大学出版社,2010年,第119页。

③ [美]杜威:《杜威全集·早期著作》第1卷,张国清、朱进东、王大林译,华东师范大学出版社,2010年,第120页。

　　最为关键的是达尔文的进化论思想让杜威看到了哲学的一种新的方向,它不再需要一种实现的理性力量来指导生命的发展,而是通过生命与环境之间的交互作用来演化,所以不需要通过一种抽象的理性主义方式来为自然世界寻找变化的基础,而是通过一种立足于生命原则之上的发生学立场来追溯人类认知活动的发生过程。这种认知过程不是独立于生命的实践活动的,而是作为生命体与环境交互实践活动的一种方式。同时,杜威在达尔文的演化论中看到了生物的发展不是一次性的,而是有规律的、累积型的,它的每一个阶段会把前一阶段的某些特征保留下来,这直接影响了杜威对经验的看法。杜威认为:"经验就它的那种'充满活力的'形式而言是实验性的,是一种存在改变所予之物的努力;它与未来的联系是它的最突出的特征。"①杜威意识到经验概念不能再从近代经验论的立场上来理解,近代经验论只是从知觉的视角把经验视为知觉的产物,经验成为一堆毫无生命力的感觉材料的综合,杜威认为应该把经验理解为某种自足性的东西,它首先是和生命联结在一起的,有生命的地方才有经验,所以经验不是主观性的事情,而是机体与环境互动的产物。

　　有机体的思想让杜威逐渐地远离黑格尔主义的立场,也不再从黑格尔哲学的立场来重新认识传统哲学的问题,这便是杜威思想成熟时期所形成的经验自然主义,它立足于一种有机自然主义的立场来改造哲学,不再把哲学当作是抽象领域的活动,而是作为人类生存实践的一种方式。所以,脱离黑格尔主义的立场而转向经验自然主义的立场是杜威思想成熟时期对康德哲学批判的基本立场,它不再从康德先验哲学体系的内部对其进行批判,而是从康德哲学的前提和世界观进行批判,由此也引申出杜威自己对哲学的重新定义。他认为不是从先验主义走向绝对主义,而是从先验主义走向实验主义,这是人类生存实践的

---

① ［美］杜威:《杜威文选》,涂纪亮编译,社会科学文献出版社,2006年,第65页。

必然要求,也是生命活动的基本特征。

第二节　杜威理解的康德哲学问题

杜威认为整个西方哲学的核心任务之一就是为了追求确定性,这并不是偶尔因素造成的,而是有社会文化史和心理学的根源,人类为了追求安全感而不得不寻找确定的东西,哲学整个发展的历史也是如此。古希腊人从早期的自然哲学转向苏格拉底之后的理性哲学,对世界本原的追问从自然领域转向了理智领域,其实质依然是为了追求确定性。传统西方哲学认为这个世界是有确定性的,只不过它不存在于我们所能看见的现象世界,而存在于另一超自然的领域,所以哲学的使命之一就是去把握这一本质的领域,这一本质领域必然也是实在的,它决定着现象领域的实在性,所以古代哲学的主要表现方式是本体论哲学。但是近代科学的出现让传统哲学所区分的自然与超自然二分难以为继,因为科学证明我们只需要在自然领域就可以获得确定性,对自然领域的知识不需要从超自然领域获得支持,这直接影响了近代西方哲学的发展方向。近代西方哲学家们认为我们要获得关于这个世界的确定性不需要再去从超自然领域寻找答案,包括超自然存在者,我们只需要凭借我们的认识能力就能获得关于世界的必然性知识,认识论就可以帮助我们做到这一点。但是近代哲学家们关于确定性的基础立于何处产生了分歧,理性主义认为世界确定性的根据只能是源于主体,而经验论者认为在于经验,但是双方都认为所探究的世界是独立于人而存在的,并且人的因素不能影响这个世界的形成,因此依然保留着实体意义上的世界,用普特南的话来说,他们都面对的是上帝为他们准备的世界。由此不难发现问题的出现,一方面根据人的现实条件来追求世界的确定性,另一方面这个世界却是与人没有关系的无限宇宙,以有条件者的理性能力来追问无条件者的确定性，其中的困难也就不难想象了。无论理性主义传统还是经验论传统，最后都出现了独断论和怀疑论的问题，而这些问题在康德看来早已隐藏在他们哲学的前提之中。康德认为他们并没有真正地认识到普遍有效知识形成的条件，以为获得关于对象的认识就是对象本身的样子，这实际上误解了人的认识能力，我们能达到的只是对象的表象，而不是对象自身。康德认为有必要设定一个事物之身来和现象区分开来，这一事物自身既不可以被认识，同时他又是现象的实在性来源，所以杜威说："康德确立知识基础的论证处处表示出来需要有一个高级而不为理智可能接近的境界。"①

一、理性主义哲学的问题

从笛卡尔开始的理性主义哲学就认为要追求世界的确定性首先得确定无可置疑的东西，而这东西不能源自经验世界，只能来自主体自身，即天赋观念。以天赋观念作为整个理性认知的起点，通过严格的推演来获得绝对必然性的知识。笛卡尔认为这个最清楚明白的观念就是"我思"，基于这个最无可置疑的"我思"来推出其他必然的观念，笛卡尔认为首先可以获得确定的是关于精神实体的知识，因为这都是通过"我思"的内省、反思、观察、想象等各种方式获得的，但是物质实体的知识需要上帝作为中介来保证，笛卡尔在这个地方遇到了困难，他知道"我思"是自命直觉的结果，未通过任何经验的综合，但是凭借"我思"去确立起科学知识大厦必须走上综合之路。笛卡尔之所以想尽各种办法来实现自我与外界的沟通都是为了实现这个目的，正如杜威所说："笛卡尔并没有在困难面前停滞不前，因为他机智地假定了思维本身的综合力量，他甚至为一种涉及自我或自我意识的理论奠定了基础。但是，他的后继者忽视了这一点，只是发展了思维的分析方面，由此产生了一个

---

① ［美］杜威：《确定性的寻求》，傅统先译，上海人民出版社，2004年，第56页。

真空,没有进一步走向存在或实际的关系,后者本来是综合的。"①笛卡尔的困难在斯宾诺莎看来是理性主义不彻底的表现,精神实体和物质实体就是同一个实体的两种属性,不存在两种截然分立的实体,这同一个实体就是上帝,一切事物都是这个实体的样态而已,所以一切知识都已经存在于上帝之中,只要从最清楚明白的观念出发,遵循理性原则的严格必然性就能获得关于这个实体的所有知识,也就获得了世界的确定性。斯宾诺莎的这种一元论虽然避免了精神如何与实在发生关系的问题,但是把一切对象都置于理性的规律之下会带来机械论的质疑。莱布尼茨认为斯宾诺莎的一元论并不能说明现实经验世界的多样性,只有单子的多样性才能说明世界的丰富性。从笛卡尔、斯宾诺莎到莱布尼茨,他们都认为世界的确定性根据不在经验领域,而是建立在先天领域,这一领域的确定性是基于理性本身的必然性本质,然后再把这先天领域的确定性贯彻到经验世界中。

但是,理性主义哲学家们都面临如何由先天领域的确定性来建立起经验领域的确定性的问题,他们能够在内在领域确立起自明性的知识,但是问题的关键在于把这种内在的自明性奠定为外在世界的基础并由此建立起世界的确定性。正如杜威所说:"理性主义从来没有说明一种处于经验之外的理性如何能够与具体的经验发生一种起协助作用的关系。"②笛卡尔的"我思"所能确定的"我在"中的"我"只是精神意义上的自我,或者说精神实体,但是感知又告知我们肉体的自我也是存在的。笛卡尔站在理性推理的立场上无法解决这一问题,只能搬出上帝作为两者沟通的保证,所以文德尔班说:"如果意识世界与空间形体世界之间的性质差别被考虑得越大,那么在认识空间形体世界的可能性

---

① 　[美]杜威:《杜威全集·早期著作》第 1 卷,张国清、朱进东、王大林译,华东师范大学出版社,2010 年,第 31 页。
② 　[美]杜威:《杜威文选》,涂纪亮编译,社会科学文献出版社,2006 年,第 75 页。

方面所表现出的困难就特别大。这一事实在笛卡尔之后的形而上学发展中便立刻表现出来了。"①表面上看斯宾诺莎通过自然一元论克服了笛卡尔所面对的内在与外在的异质性问题,但是斯宾诺莎只不过是把这一对立的问题转移到了内部,而且斯宾诺莎所面对的外在世界并不是基于现实的经验世界,而是基于理性严格的机械论的推演结果,所以斯宾诺莎的外在世界是内在创造出来的,没有超出理性范围之外的事物,所以"一即一切,一切即一"。

斯宾诺莎解决笛卡尔困难的方式是把精神与物质之间的鸿沟转为同一实体的两个面向,变成了能动的自然和被动的自然,这在杜威看来并未真正地解决问题。杜威说:"实际上,斯宾诺莎的口袋里藏着两个神的魔术师,一个神是完全无限和绝对的存在,另一个神仅仅是如其向我们呈现时那样带着其所有缺陷的宇宙的总和。当他希望证明神时万物的充分动因时,当他希望揭示真理和谆谆教导的道德原则时,他的障眼法把第一个神摆到了我们的眼前;当要揭示无限的事物、变化、错误等等时,他的第二个神便出现了,那个神不以他时无限的那样做事,而是收到有限事物的观念的影响。"②而且,能动的自然创造被动的自然时遵循着机械因果律,即使自然呈现多样性也是机械论的作用结果。很明显,斯宾诺莎的这种机械论明显与生动活泼的现实世界不符,所以莱布尼茨试图通过多元的单子来解释多元的经验,但是作为精神性的单子没有窗户,也就切断了通往物质世界的可能性,莱布尼茨只能通过"预定的和谐"来说明单子在事物形成之前已经具有了关于事物的知识,也就是说单子和物质世界之间需要一个桥梁,也就是上帝,所以"神正论"是莱布尼茨体系所不可缺少的。笛卡尔、斯宾诺莎和莱布尼茨虽然都试图通过理性主义的体系来建立起关于世界的必然知识体系,但

---

① 〔德〕文德尔班:《哲学史教程》下卷,罗达仁译,商务印书馆,2013年,第183页。

② 〔美〕杜威:《杜威全集·早期著作》第1卷,张国清、朱进东、王大林译,华东师范大学出版社,2010年,第15页。

是最后的结果充满着难以克服的困难,而又跳出理性主义体系之外引出一个超自然者来解决这一困难,独断论的诘难是不可避免的。

如果从自明性的观念出发最后走向的确是难以自圆其说的独断论,这对启蒙理性来说无疑是一个讽刺。在康德看来,理性主义哲学家们并没有真正解决理性观念体系与经验世界之间的关联问题,也就是说他们并没有为现实世界建立起普遍的确定性,而只是以数学方法为榜样确立起抽象领域的必然性。之所以会出现这种问题,其中的主要原因包括两方面。其一,对外来说,理性主义哲学家们把感性知性化了,他们并没有面对现实中丰富多彩的感性经验,而是从理性主义体系之中产生出经验材料。这样的经验只是理性推演的产物,而不是现实的经验世界,所以理性主义者们的自明性知识体系显得跟现实经验没有关系,他们所确立的实在是先验的,所以康德也把他们称为先验实在论者。其二,理性主义哲学家们一直在人的视角与上帝的视角之间来回摇摆,当寻找知识自明性的起点的时候都站在人的视角回到心灵内部,通过一种反省推论的方式建立起世界确定性的起点,然后再来面对整个现实世界的时候,理性主义哲学家们又站在上帝的视角,认为整个物质世界是独立自存的,是在人之前由上帝创造的,所以这一世界对人来说变成了独立于人的外在者。而且物质世界所倚赖的时空和因果律等也是先于人而存在的,这种存在对人来说也是无条件者了,而人的理性能力的运用是有条件的,面对这种无条件者的物质世界时只能通过"神正论"来保证了。

在康德看来,理性主义哲学家们并没有进入经验的实在,而是先验的实在论者,"在先验意义上的实在论者使我们感性的这些变形成了本身自存之物,因而把单纯的表象变成了自在的事物本身"。① 因为理性主义者们并没有理解理性的本性,把只能认识理念的理性知性化了,所

---

① ［德］康德:《纯粹理性批判》,邓晓芒译,杨祖陶校,人民出版社,2004年,第405页。

以当知性并不能超出自身运用的界限时,理性主义者们把理性的理念上帝带入了知性的认识领域,由无条件者的上帝来奠基时空领域的认知过程,而我们对无条件者的上帝毫无认识,所以"康德坚持认为无条件者作为物质可能性的基础惟有它实际上拥有各种特性,而不能认为通过思维到它就说它拥有特性"。① 理性主义者们虽然可能从逻辑上很容易地推出作为整体的实在,而且还可以对这种实在进行先验地思考,但是这并不代表理性能现实地获得这种实在的规定,理性在时空中的运用受诸种条件的限制,只能获得对实在的各种表象的规定。所以理性主义者们对世界的规定超出了理性的现实运用,面对经验的诘难时难以做出有效地反驳,走向独断论或怀疑论是不可避免的。康德认同理性主义哲学家们对实在地先验规定,但是这种规定不能代替现实的经验认识,必须通过概念的经验运用才能确立起对经验世界的确定性。

二、经验主义的问题

与理性主义哲学家们对世界确定性的思考路径相异的还有另一种立场,即经验主义的方式。经验主义者认为我们对事物的把握只能通过我们心中的各种观念,这些观念不是天赋的,而是通过各种方式源于经验,完全来自经验的观念不受任何主观性影响,这样就能客观地呈现这个世界。正如杜威所说:"从培根开始,经验论起初仅仅断言,心灵必定摆脱所有的主观因素,变成一面镜子,反映现实的世界。但是,作为一个标准,它是纯粹消极的,需要洛克的积极补充。"② 很明显,杜威也认为经验主义这种思考方式最为典型地是始于洛克,他认为周围的事

---

① Eckart Foerster and Yitzhak Melamed edited, *Spinoza and German Idealism*, Cambridge University Press, London, 2012, p.39.
② [美]杜威:《杜威全集·早期著作》第 1 卷,张国清、朱进东、王大林译,华东师范大学出版社,2010 年,第 30 页。

物通过各种方式来刺激我们的感官,以便在我们心中产生印象并形成观念,观念是我们把握事物的唯一思考中介,我们最初接受的是简单的观念,此时我们的内心完全是被动的。但是心灵还有主动的一方面,它能够以简单观念为材料制成复杂观念,一切关于事物的知识都是由简单观念和复杂观念构成的,而一切观念都是后天获得的,获得的方式包括感觉和反省,所以不存在先天的观念。但是洛克面临的一个问题就是我们所能获得的是事物的各种观念,而且这些观念是建立在变化着的感官之上,这如何能够确定事物的存在,或者说如何确定这些观念就是对事物的把握,洛克认为由感觉所获得的观念之所以能够确立其对象的实在性,是因为心灵发现了观念之间的联结,这明显带来很大的理论困难。杜威说:"心灵是一块白板,一块蜡烛,它的惟一性质是接受性,当然它无法提供任何综合。通过断言向我们呈现的观念是多少关联地'被给予的',即一个观念自然地与其他观念相联合,洛克避开了这个难题。"①

　　洛克有意识地避开了感觉观念如何产生必然性联系的问题,洛克认为我们之所以会获得各种观念,就是因为事物本身具有产生观念的能力,这种能力就是事物的性质,而事物的性质是事物本身所具有的。所以洛克说:"从这种观察,我们便得到因果的观念。能产生任何简单观念或复杂观念的那种东西,我们便以原因这个概括名词称之,至于所产生的,则叫结果。"②不难看出,洛克对于事物的确定性这个问题上已经偏离了自己所坚持的感官主义路线,而是采取理性推理的方式以已获得的观念作为结果推论出让观念得以产生的对象的存在,而且因果观念也不是通过感官获得的,是理性推理的,可以说洛克的这种笛卡尔主义的印迹使得他难以自圆其说,独断论的痕迹是难以避免的。这也

---

① ［美］杜威:《杜威全集·早期著作》第 1 卷,张国清、朱进东、王大林译,华东师范大学出版社,2010 年,第 30 页。

② ［英］洛克:《人类理解论》上册,关文运译,商务印书馆,2012 年,第 321 页。

就是为什么文德尔班说休谟把康德从独断论的迷梦中惊醒时的独断论主要是指经验主义的独断论,因为理性主义的独断论在康德接触休谟之前就已经被他意识到了。[①] 杜威也说:"康德发现,经验论在他面前已经原形毕露。它并不比他早些时候的指导方法更加出色,它既无法为他开辟出一条通往外在世界的道路,也没有为他开辟出一条通往知识的道路。"[②]

其实洛克也意识到了仅仅通过感觉和反省获得的观念很难建立起关于事物的确定性知识,他认为有些观念并不是源于知觉,而是思维的产物,是思维凭借自身的能力加工源于知觉的观念的结果。在此洛克已经触及知性概念了,思维对简单观念进行加工的能力正是知性概念的体现,但是洛克囿于自己经验论的立场而坚持从经验中来证明思维的这种先天能力,由此出现了思维是否中断的问题。所以康德说:"著名的洛克由于缺乏这种考察,又由于他在经验中碰到了知性的纯粹概念,他就把这些概念也从经验中推导出来,但却又做得如此不一贯。"[③]如果按照洛克的经验论立场,不可能建立起关于对象的必然性知识,因为在经验中不可能获得必然性的观念,尤其是因果观念,在知觉中永远也不能保证已经出现的事物作为结果必然会出现作为某种结果的另一事物,这也是经验论把知性感化了的结果,所以对世界的确定性的确立并不是那么坚固。根据洛克的这一哲学立场,就不难理解贝克莱对洛克的批评了,若对事物的确定唯有通过观念,而观念的获得唯有经过知觉,但是我们能获得的只有知觉印象,并没有任何关于对象本身的东西,对事物的确定唯有知觉而已,所以"存在即被感知"也是此经验论逻辑中的应有之义了。

---

① 〔德〕文德尔班:《哲学史教程》下卷,罗达仁译,商务印书馆,2013 年,第 279 页。
② 〔美〕杜威:《杜威全集·早期著作》第 1 卷,张国清、朱进东、王大林译,华东师范大学出版社,2010 年,第 31 页。
③ 〔德〕康德:《纯粹理性批判》,邓晓芒译,杨祖陶校,人民出版社,2004 年,第 86 页。

如果要证明事物的存在则不能完全地凭借人的知觉,因为人不可能时刻都能知觉到事物,假如只有凭借知觉才能证明事物的存在,那贝克莱的绝对唯心论就是难以避免的。洛克对复杂观念和事物的关系的说明就已经证明了人可能完全依靠知觉来说明事物的存在,还必须依靠理性自身的观念,其中最为关键的就是因果关系,如果能够根据前一现象推论出后一现象的必然发生,那我们就可以超出知觉之外确定事物的存在。但是接下来的一个问题就是如何证明因果关系的必然性,正如休谟所说:"关于实际存在的一切论证都是建立在因果关系上的;而我们对于这种关系所有的知识又是从经验来的;而且我们一切经验上的结论又都是依据'将来定和过去相契'的这一关假设进行的。"[①]休谟认为我们能够在知觉对象时看到一个现象往往伴随着另一个现象的出现,这种恒常的连接使得我们把前者称为因后者称为果。也就是说,因果概念并不是理性推论出来的,而是凭借经验知觉出来的,由此当我们看到相似的因的时候就会期待相似的果,这样就可以跳脱出知觉来证明事物的存在。但是其前提的因果概念在经验中并不能证明其必然性,因为在知觉中只是看到一个现象接着另一个现象发生,在逻辑上一个现象完全可以接着其他的现象发生,这在经验中并不矛盾,所以在经验上把某一现象称为因、另一现象称为果并不具有必然性,只是一种习惯性的倾向而已。休谟的追问从根本上是否定了从经验上探讨因果必然性的可能性,这也否定了经验主义路线追求事物确定性的可能性。按照休谟的结论,我们能确定的只是从知觉中得来各种印象而已,这无疑是对经验主义的彻底否定。但是休谟在哲学上对确定性的否定不代表他彻底拒斥确定性,他依然认为实际生活中需要确定性也不妨碍对确定性的信念。所以拜泽尔(Beiser)讲:"休谟看到了理性与信念、哲学与生活之间不可解决的矛盾。他的理由导致他否定对任何事物的认

知,除了不断流逝的印象;但是实践生活的要求使得他忘却这些'过度的推理'。"①

如果说卢梭对科学发展效果的质疑让康德开始意识到启蒙理性的悖论的话,那休谟对因果规律的怀疑直接使康德看到了启蒙理性面临着合法性的危机。因为如果作为科学知识的基石的因果规律都不具有必然性的话,那整个启蒙运动的精神和目标也面临危机,理性和自然相和谐的信念也受到动摇,所以康德站在维护启蒙精神的立场之上将不得不面对休谟所带来的棘手问题,康德由此开始对理性进行批判的时期。正如拜泽尔所说:"《纯粹理性批判》的任务可以看作是应对休谟怀疑论的威胁,和以科学的方式拯救启蒙的信念。"②康德认为从洛克到休谟的经验论者都意识到了因果概念应该不同于来源于知觉的观念,它应该是思维自己拥有的先天概念,但是他们又无法解释这种先天概念怎么和知觉经验保持一致,由此基于自身的经验观念论的立场,只能通过知觉来说明因果概念的起源和必然性,结果只能是一种联想规律而已。所以康德说:"由于他(休谟)完全不能解释,知性怎么可能一定要把那些本身并不结合在知性中的概念思考为倒是在对象中必然结合着的,并且没有想到,知性或许通过这些概念本身可以成为它的对象在其中被发现的那个经验的创造者,于是他就被迫把这些概念从经验中推导出来。"③康德从休谟的怀疑论中充分地意识到对事物的确定性来源不能奠基于经验之上,只能是源于理性自身,关键的问题在于证明源于理性自身的概念怎么就是对象遵守的原则,只有做到这一点才能实现理性与自然之间的和谐一致。

---

① Frederick C. Beiser, *The Fate of Reason: German Philosophy from Kant to Fichte*, Harvard University Press, Cambridge, Massachusetts, and London, 1987, p. 3.

② Frederick C. Beiser, *The Fate of Reason: German Philosophy from Kant to Fichte*, Harvard University Press, Cambridge, Massachusetts, and London, 1987, p. 11.

③ [德]康德:《纯粹理性批判》,邓晓芒译,杨祖陶校,人民出版社,2004 年,第 86 页。

第三节 康德追求确定性

近代哲学都意识到了寻求世界的确定性的前提是确定一个认知的起点,理性主义者和经验论者不约而同地把观念作为认知的起点,因为观念是知觉的最初结果,只要能够证明观念是无可置疑的东西,就能以此为基础去寻求事物的确定性知识。但问题就是如何证明观念是必然的,如果仅把观念当作是理性的产物那面临它与对象的关联问题,如果认为观念源自经验性的知觉那无法证明它的客观性。在康德看来,经验论者和理性主义者虽然最后都无法完成对事物客观性知识的寻求,但是已经触及了问题的核心,囿于他们自己的立场而无法解决。近代哲学对观念自明性的探究已经表明了对事物确定性的追求,从主体之外的对象或者超自然者转移到了主体自身之内,也就是说世界确定性的基础在于主体自身,关键的问题就是探究主体自身如何能够实现对这种世界确定性的建立。这里还涉及对事物确定性的理解,如果把事物当作是与主体无关的事物本身,那关于事物的确定性就不可能达到,经验论者和唯理论困难的原因之一就是把事物当作是绝对的客观的,这无疑超出了主体的认知范围。所以前者通过质疑达到事物本身的确定性从而怀疑所经验到的事物的客观性,后者通过对理性思维能力的推崇且不顾经验知觉的可能性问题来推论事物本身的客观性。整个近代哲学暴露出来的问题都为康德的思考指明了方向,如何说明观念既是先天的客观的,同时又是事物得以可能的条件,这成为寻求事物确定性的核心问题。

一、两个领域划分

虽然休谟对因果律的质疑动摇了人们对事物存在的信念,但是休谟坚持经验主义路线的知觉立场把我们关于事物的认识仅归于一系列印象。这种做法是真切地揭示了人在认识对象时的真实状况,即主体只能从对象中获得各种知觉材料而已,除此之外的东西超出了主体的能力范围,所以像洛克和贝克莱试图在知觉中获得实体等概念的做法是不合法的,因为知觉能力不能提供知性概念。经过休谟怀疑论的挑战之后,康德认为我们的认识只能及于知觉领域,也就是现象领域,我们对事物的认识只能通过它向我们感官所呈现出来的感性杂多,但是我们只能获得事物的感性杂多不代表事物就是这些杂多而已,我们仅能获得感性杂多是因为我们受到感官能力的直观形式的限制。事物的感性杂多之所以能够进入我们的知觉以内,除了我们本身具有的感官能力外,还需要有对象本身对我们的刺激,否则我们拥有的感性材料与对象本身就没有必然关系了,康德把这一对象本身叫作物自身。休谟的问题在于把对象仅仅当作感性材料的集合,置于感性材料的来源和基础不再追问,所以必然导致对事物存在的否定。整个近代哲学的一个共同问题就是把物自身当作认识对象,对实体的认识成为他们的共同目标,但是所有人都无法获得实体的任何直观材料,所采取的路线要么是理性推理,要么是知觉验证,但是都无法实现对事物的普遍有效性的认识,独断论和怀疑论是不可避免的结局。

康德认为我们和对象发生直接关系的方式就是直观,而且是感性直观,因为我们必须凭借主体自身所拥有的先天感性能力即时空形式才能形成对对象的直观,脱离时空形式不可能获得关于对象的经验材料。虽然理论上不排除有一种知性的直观存在,但是这对人来说是做不到的,近代理性主义哲学的问题之一就是脱离了直观来谈感性材料,所以康德说"莱布尼茨—沃尔夫的哲学把感性和智性的区别仅仅看作逻辑上的区别时,就对我们知识的本性和起源的全部研究指示了一种完全不正当的观点,因为这种区别显然是先验的,而且不仅仅涉及清晰或不清晰的形式,而是涉及双方的起源和内容。"[①]时空作为主体的感

---

① ［德］康德:《纯粹理性批判》,邓晓芒译,杨祖陶校,人民出版社,2004年,第43页。

性形式，这不代表时空就是主观性的，康德认为时空具有双重属性，即先验的观念性和经验的实在性，我们能够通过时空形式来直观的对象也正好处于客观的时空之中。休谟的困难在于他只知觉到了关于对象的印象在脑海中形成前后相继的意识之流，而没有意识到对象本身也处于前后相继的变化之中。不过由此可以看出对象对主体的显现离不开主体自身的条件，这也从根本上否定了追求绝对客观性的可能性，因为"如果我们把我们的主体、哪怕只要把一般感官的主观性状取消掉了的话，客体在空间和时间里的一切性状、一切关系，乃至于空间和时间本身就都会消失，并且它们作为现象不能自在地实存，而只能在我们里面实存"。①

对象作为未被规定的直观对象叫作现象，康德认为我们整个认识的范围就限于现象领域，虽然像我们呈现的现象表象着一个对象，即物自体，但是物自体不处于时空形式之中，它便无法进入到我们的感官能力中来，因为"我们在一切情况下所可能完全认识的毕竟只是我们的直观的方式，即我们的感性，并且永远只是本源地依赖于主体的空间时间条件下来认识它的；自在的对象本身会是什么，这决不会通过对它们那惟一被给予了我们的现象的最明晰的知识而被我们知道"。② 这也从根本上否定了近代哲学追问事物本身的必然性知识的可能性，因为它不处于我们的认知范围中，所能诉诸的手段只能通过理性的思辨和推理，但是所得到的结果无法证明是与现实相关的。康德把认识范围局限于现象领域的做法，有力地批判了近代哲学对理性能力的僭越，也为追求事物确定性的知识指明了一条完全不同的路径。康德对现象和物自体的区分具有重大革命意义，这相当于否定了自希腊传统以来对理念世界的认识的可能性，所以文德尔班说："人类知识的唯一对象是经

---

① ［德］康德：《纯粹理性批判》，邓晓芒译，杨祖陶校，人民出版社，2004 年，第 42 页。
② ［德］康德：《纯粹理性批判》，邓晓芒译，杨祖陶校，人民出版社，2004 年，第 42 页。

验，即现象；自柏拉图以来通常将认识对象分为现象和本体的这种做法便失去了意义。超过经验范围通过'单纯的理性'对物自体的认识是一种无稽之谈。"①不过根据整个现代哲学的发展脉络来看，康德的意义不仅在于否定了柏拉图传统的理念论，同时也反对绝对意义上的实在论，因为主体所能获得的只是对象的现象而无法得知脱离主体存在的实在本身，这也是对亚里士多德传统的一种拒斥。

通过对现象和物自体的区分，康德可以准确地诊断出近代哲学的问题所在。要追求世界的确定性首先得厘清这一世界是何种意义上的，无论理性主义哲学家还是经验论者都把这一世界当作是事物本身，也就是物自体，从表面上看这是混淆了知觉的对象和表象的对象，但是实质上还是没有脱离传统哲学中的上帝视角。虽然让上帝离开了认知领域裁判者的位置，但是由人代替了这一位置，而没有考虑自己是否有能力替代这一角色，从近代哲学的困境中可以清楚地看出人不能超出自己作为有限理性的存在者的角色。正如安德鲁·鲍伊（Andrew Bowie）所指出的那样："普特南指向了对'完备世界'的拒斥，这一观念可以在一种神学意义上进行解释，所以康德也可以被认为是对上帝创造世界的这一观念的削弱。"②所以，关于世界的确定性也可以分为两种，事物自身的确定性和现象的确定性，我们能够追求的只能是现象的确定性，经验论者的探究经历已经明白地指示出现象的确定性不能来自现象本身，但是经验论者没有进一步指出源于何处，而康德认为这种确定性只能源自主体自身的理性能力。不过这一理性能力不是任何个人的理性能力，而是所有人类普遍具有的概念能力，它是人类心灵共有的心灵结构，它是先天的，不被任何经验所影响但是又能对经验对象进行统摄的知性形式。所以，我们虽然只能获得事物的现象的确定性，但

---

① ［德］文德尔班：《哲学史教程》下卷，罗达仁译，商务印书馆，2013年，第290页。

② Andrew Bowie，*Introduction to German Philosophy*：*from Kant to Habermas*，Polity Press，Cambridge，2003，p.14.

是这种确定性是对所有人都有效且在时空中保持一致的,在这种意义上才可以说获得了世界的确定性。

二、范畴作为综合基础

近代哲学家们都把观念当作是关于对象最初的认识,只要能证明最基本观念的必然性就能由此来获得世界的确定性,但是对于如何获得必然性的观念的问题出现了困难。在康德看来,近代哲学家们之所以无法获得关于事物的必然性观念,是因为他们没有弄明白主体知性能力的特性,主体在面向事物对象时并不仅仅被动地接受由对象刺激所带来的各种观念,而且主体自身的知性能力会主动地对这些感官刺激进行综合,由此才会产生出经验论者所获得的各种观念。知性能力对感官对象产生作用的方式是通过产生概念来对其进行统摄,也就是说概念是认知主体获得对象知识的前提条件,没有概念的话我们不可能获得关于事物的任何观念。对于知性的这一概念能力,经验论者和唯理论者也意识到了这一问题,但是对于知性概念来源的理解出了问题。康德认为洛克意识到了从经验中获得基本观念然后再获得脱离感官印象的知性概念,但是站在经验论立场无法证明由这一途径所获得的概念的必然性,贝克莱和休谟已经证明这一路径的不可行。唯理论者的天赋观念论无法证明概念与经验的相关性,而只有把概念先天地规定为知性能力对感性材料进行综合时所遵守的规则才能确保经验对象被给予,所以赫费说:“康德想通过一个彻底不同的立场来再次平息唯理论和经验论的争执。与经验论者相对,他指出这些概念并不归因于经验,而恰恰是首先使得经验得以可能的东西,……但是,这种情况并没有给予唯理论以权柄,取而代之的是对范畴的有效范围做了限制。”[1]

---

① [德]赫费:《康德的〈纯粹理性批判〉——现代哲学的基石》,郭大为译,人民出版社,2008年,第117页。

　　至于什么是概念，从概念的德文词语"Begriff"就可以看出它与动词"begreifen(把握，抓住)"是同词根，概念首先是指把握的能力。康德也是这样认为的，"概念则建立在机能之上。而我所谓的机能是指把各种不同的表象在一个共同表象之下加以整理的行动的统一性"。①概念就是知性能力进行判断活动的中介，也就是说知性并不直接和感官对象打交道，而是凭着概念与其发生关系。概念也分主干概念和派生概念，前者作为范畴是纯粹的知性概念，它是本源的原始的概念，是知性先天的指向客体的能力，这种指向的方式就是判断，有多少种类的判断就有多少对范畴，由此也可以看出范畴是知性进行判断时所遵守的规范。正如赫费所说："这些范畴并不是思想由以构成的基石，像由字母组成一个单词那样，而是思想组合由以遵循的规则。它们并不构成思维的字母表，而是思维的'先验语法'，更确切地说是这一语法的核心。"②知性能力对感官材料的综合行为并不是毫无章法的，而是遵循着自己本身所携带着的规则即范畴，所以范畴必定是先天的而非源于经验，它的发生只有知性进行纯粹综合时才被提供，是在对象被给予之前我们的知性能力能够对纯粹的时空杂多进行综合时所呈现出来的统一性。这种统一性使得我们能够获得对象的先天知识，比如对象必定处于时空中，对象必定具有一定的量和质，等等。正因为知性的这种先天综合能力才使得感性材料进入知觉中成为对象。

　　虽然康德承认经验所表象的对象是独立于主体而存在的，但并不因此就说明经验对象是独立存在的，恰恰相反的是，经验对象作为现象是认知主体构造出来的。这种构造的表现就是思维的自发性要求凭借概念把各种表象在一个认识中加以综合起来，因为物自体刺激主体所带来的仅仅是杂多而不是对象，仅仅提供了质料而没有形式，只有主体

① ［德］康德：《纯粹理性批判》，邓晓芒译，杨祖陶校，人民出版社，2004 年，第 63 页。
② ［德］赫费：《康德的〈纯粹理性批判〉——现代哲学的基石》，郭大为译，人民出版社，2008 年，第 117 页。

提供的概念才充当了形式的作用,所以在此种意义上来说,经验对象并不是世界所提供,而是源于主体的。因此平卡德(Pinkard)说:"我们关于自我和世界经验的关键性特征不是对先在宇宙的任何特征的'镜像'或'反映',而是由自我自发性的'提供'。"①概念的综合行动不仅仅体现在形成知识的判断行为之上,而且也包括在感性直观中,如果没有知性的综合行动我们连最起码的知觉印象也没有,因为进入感官中的知觉印象自身不能提供统一性的形式。康德甚至进一步提出没有概念的综合作用,我们连对时空基本的认识也没有,虽然时空是我们的感性形式,但它只具有一种先验的观念性,要成为经验的实在性就必须由主体的知性能力把不连续的时空片段联结成为统一的时空领域,由此才成为现实中的时间和空间。所以,知性的综合作用以及它所凭借的概念中介是对象成为对象的前提条件,这一条件不能源于经验领域,但是这一条件只能用于经验领域。康德把这样的一种关于对象的先天可能的认识称为先验的,概念就是关于对象的先验条件,它既区别于经验论者的经验概念,也不同于唯理论者的天赋概念,而是对两者的一种纠正和克服。

既然概念首先是知性的一种联结能力的表现,它就不能只是我们从事认知行为时才发生作用,而是在思维自发性行为的任何时候都在起作用,所以这即包括有意识的联结行为,也包括无意识的联结行动。康德说:"一切联结,不论我们是否意识到它,不论它是直观杂多的联结还是各种概念的联结,而在前一种联结中也不论它是经验性直观杂多的联结还是非经验性直观杂多的联结,都是一个知性行动。"②如果不能理解概念的这种先天的联结作用就会出现事物存在与否的问题,比如经验论者在解释观念的发生时只能阐述知觉进入感官中时观念才发

---

① Terry Pinkard, *German Philosophy 1760－1860：The Legacy of Idealism*, Cambridge University Press, New York, 2002, p.27.

② ［德］康德:《纯粹理性批判》,邓晓芒译,杨祖陶校,人民出版社,2004 年,第 87 页。

生,但是无法解释人不在知觉时是否事物对象就不存在。唯理论者以为凭借天赋观念的先天性就能获得必然性的认识而不必遭受经验的干扰,但是这种天赋观念的先天性反而需要与经验打交道才能证明它是先天的,不过这种证明因为观念与经验的隔离而变得困难。而且,无论经验论者还是唯理论者的观念实质上都是作为派生性的观念,而不是纯粹范畴,因为他们的观念都是关于某个对象的观念,是由纯粹范畴综合的结果,所以经验论者和唯理论者的观念是作为个人知觉或思维的结果,具有鲜明的私人性,而不具有超越个人的普遍性。康德的概念正是对私人性观念的超越,正如布兰顿所说:"康德的概念是对近代哲学的一大超越。"①

三、主观的客观性

在康德看来,既然我们关于对象的认识只是它作为现象而言,它独立于人之外就其自身是什么我们无从得知,因为我们只能在感官的范围内来谈论对象的知识。但是仅凭从对象而来的感性材料还不足以构成对象的知识,主体自身的知性形式为杂乱的感性材料提供了统一性,也就是主体能看到的作为统一的一个对象是主体自身构造出来的,这也就是康德所说的"哥白尼式的革命"。既然客观性只能在现象的范围内来谈论,它实质上已经转变为统一性了,不过这种统一性不是主观意义上的,而是客观的,因为它是由范畴来保证的。正如前文所述,范畴是知性进行综合行动的最基本形式,任何材料要形成统一的经验就必须以范畴的运用为前提,所以康德说:"范畴作为先天概念的客观有效性的根基将在于,经验(按其思维形式)只有通过范畴才是可能的。"②范畴不是主观任意的统一规则,而是主体认识对象的最基本思维形式,

---

① Robert Brandom,*Articulating Reasons*,Harvard University Press,Cambridge,2001,p. 51.
② [德]康德:《纯粹理性批判》,邓晓芒译,杨祖陶校,人民出版社,2004 年,第 63 页。

对象只有在范畴的综合下才联结为一个对象,否则只是一团杂多。虽然范畴是源于主体自身的知性能力,但范畴并不因此就是主观的,它作为思维的主观条件却具有客观有效性,因为这是人类普遍的认知结构所致,所以被范畴综合后的对象也具有客观有效性,也即确定性。

虽然范畴能对感性材料进行综合,但是这种综合的能力并不是最初始的,而是主体已经事先对表象进行了某种统一才使得范畴的使用成为可能。正如康德所说:"一切范畴都是建立在判断中的逻辑机能之上的,而在判断中已想到了联结、因而想到了给予概念的统一。所以范畴已经以联结作为前提了。"①也就是说,范畴之所以能用于感性材料,是以更高的统一性为前提的,因为范畴作为主体的思维形式,而对象则作为感性的内容,两者之间是不同质的,如果没有更为源始的联结行动把两者联结起来的话,范畴和现象之间如何发生关系则是一个难以解决的问题,近代哲学的困境之一就是在这个问题上停步不前。在康德看来,所有综合能力的最高来源是纯粹统觉,它是自我意识的先验统一,也即"我思",纯粹统觉通过产生"我思"表象来伴随一切表象,因为只有通过"我思"的伴随才能让所有的表象成为我的表象,否则它对于我来说就什么也不是。既然"我思"是作为自我意识的先验统一,所以在直观中给予的杂多表象必须要属于同一个自我意识。这里的自我意识不是经验性的,而是先验意义上的,即使自我没有意识到表象属于一个自我意识也不影响这种统一,这也就克服了休谟所遇到的难题,即当自我对对象不进行知觉时对象是否还存在的问题,休谟没有区分经验自我意识与先验自我意识,使得他无法理解为什么不同的自我意识属于同一个主体。

纯粹统觉作为本源的综合统一性,它的至高统一性表现在三个方面:首先,自我之所以能成为人格性上同一的自我,是因为纯粹统觉所

---

① ［德］康德:《纯粹理性批判》,邓晓芒译,杨祖陶校,人民出版社,2004 年,第 88 页。

产生的"我思"表象伴随着我的一切表象,使得所有的自我表象都同属于同一个自我,即使自我没有意识到这种同一,但是纯粹统觉所形成的先验统一会通过自我成为逻辑意义上的先验主体来使自我保持同一性。其次,纯粹统觉使得纯粹知识成为可能,这种纯粹知识是知性凭借统觉的本源统一性就能在直观被给予之前形成最初的纯粹知识,这些纯粹的知识就是对对象的先天认识,使得范畴的使用成为可能。而且,时空形式之所以能够对感官对象进行直观,也是因为统觉的统一性使得不同的时空片段成为同一的时空,由此才使得对象能在同一时空中被给予自我,所以"在一个感性直观中被给予的杂多东西必然从属于统觉的本源的综合统一性,因为只有通过这种统觉的统一性才可能有直观的统一性"。[①] 最后,形成知识的最终根据在于纯粹统觉的统一性,范畴之所以能够对异质的感官对象进行联结,正是因为纯粹统觉事先对感官材料的统一与先天形成联结的能力。而且,虽然范畴能够凭借判断对感官对象进行综合,但是这种综合只是个别的联结,还未达到统一性的认识。正如康德所说:"范畴只是这样一种知性的规则,这种知性的全部能力在于思维,即在于把在直观中以别的方式给予它的那个杂多的综合带到统觉的统一上来的行动,因而这种知性单凭自己不认识任何东西,而只是对知识的材料、对必须由客体给予它的直观加以联结和整理而已。"[②]

不难看出,虽然对象的客观性是因为范畴的综合作用,但是这种综合作用的前提是因为自我意识的先验统一。如果没有自我意识的同一,就无法说明对同一对象此刻的综合与另一时刻的综合是同一个对象的综合,所以"意识的统一就是惟一决定诸表象对一个对象的关系、因而决定这些表象的客观有效性并使得它们成为知识的东西,乃至于

---

①　[德]康德:《纯粹理性批判》,邓晓芒译,杨祖陶校,人民出版社,2004年,第95页。
②　[德]康德:《纯粹理性批判》,邓晓芒译,杨祖陶校,人民出版社,2004年,第97页。

在此之上建立了知识的可能性"。[①] 对象之所以能成为对象,首先得是让它成为我的对象,如果没有自我意识的统一就无法确认它是属于我的对象。而且,正是能够把对象的诸表象结合在同一意识中才使得它能够具有同一性,由此才能把它在一个概念中进行综合。既然对象只能在现象领域谈论,对象也只是由主体建构而成,所以对象的确定性首先有赖于自我的确定性,如果主体自身无法建立起自身的同一性的话那就无所谓世界的同一性,康德提出纯粹统觉概念正是解决了这一问题,这才是主体性哲学的根基所在。不难看出,对对象客观性的追问变成了关于对象客观的认识,而对象客观的知识依赖于主体的先天主观性,而不是经验的主观性,因为"主观性的真正根源并不在于直观形式或知性概念,而在于由知性完成的由杂多到统一的联结,思维的主体对于此种联结拥有一种双重授权的权威"。[②] 这种双重的权威包括联结能力和统一性来源,正是"我思"的最高综合能力才使得对象具有客观性和确定性。

第四节　康德的两个预设

在康德看来,近代哲学所体现的先验实在论和经验观念论的立场都不能实现对世界的确定,其原因除了他们无法解决感性被给予的必然性问题外,最根本的还是他们并没有厘清人的认识能力的边界,而是站在一种上帝的视角来看待实在领域。经验论和唯理论都是如此,只不过先验实在论是以一种积极的视角来获得实在领域的规定性,而经

---

① [德]康德:《纯粹理性批判》,邓晓芒译,杨祖陶校,人民出版社,2004年,第92页。
② [德]赫费:《康德的〈纯粹理性批判〉——现代哲学的基石》,郭大为译,人民出版社,2008年,第136页。

验观念论则认为做不到,或者说他们把现象和物自身混淆起来,以为出现在知觉领域的就是对实在本身的呈现。休谟的怀疑论最后既证明了先验实在论的不可行,同时也揭示了不可能脱离人的知觉能力来谈论外部世界的确定性,这给康德的先验观念论埋下伏笔。康德的先验观念论直接基于人的认知能力的界限,把心灵的先天形式作为获取认识的前提条件,对人来说不可能有绕开心灵形式的认识活动,而且心灵的不同能力规定了认识活动中的不同领域,对外部认识结果的客观性也是基于心灵的先天形式之上。另外,既然我们无法站在一种上帝的视角来获得我们关于实在本身的认识,我们所能获得的只是对象向我们呈现出来的样子即现象。在此意义上,我们只能以一种表象的方式来获取关于对象的认识,表象是作为心灵与对象之间的中介,其中有一种结构性的关系,所以康德的先验观念论预设了心灵结构和表象结构的可靠性与必然性。

一、心灵结构

近代哲学的一个基本特征就是意识到心灵与世界的异质性,心灵通过观念与世界相连。无论唯理论和经验论者把心灵理解为精神实体还是知觉能力,但基本都把它当作自我的一个立足点,只有在此意义上来谈论关于自我的认识。但是近代哲学家们直接把心灵当作一面镜子,所获得的观念就是世界的直接反映,观念在此意义上包含着关于对象的认识内容,或者说具有质料性的内容,而近代哲学家们忽视了认识条件中的心理条件,也就是忽略了心灵形式对质料内容的塑造,塑造的结果不可能是对对象的直接反映,最后近代哲学家们无法解决这一问题。康德认为近代哲学家们在心灵中所获得的观念是知觉的结果,具有个人性特征,所以经验论者的观念论只能是经验性的。观念作为心灵与世界的中介只能是形式的,它是心灵能力把握对象的形式条件,对它并不具有任何认识,所以先验观念论不是关于对象的先天认识,而是关于对象的认识条件的先天认识。正如康德所讲："我偶尔也把先验观念论称为形式的观念论，以区别于质料的观念论，后者是一种常见的观念论，本身怀疑或者否认外部事物的存在。"①正因为先验观念论是对心灵能力一种事先考查，而不是对对象存在的认识，所以先验观念论预设了一种普遍的心灵结构。

康德认为对象进入心灵中不是直接的呈现，而是有条件的，是需要通过感性的直观和知性的综合才能形成，而直观和综合基础正是心灵的先天形式，即时空形式和概念。在康德看来，心灵的这种先天形式虽然是每个理性者都具有的，但不是每个人都能认识到或意识到的，因为它作为先天的能力，我们能进行表象活动的前提性条件，所以心灵能力所呈现的主体性不是经验意义上的主体性，而是先验主体性。赫费直接把它称为理论主体性，他说："客观性是基于认知主体的，但不是基于经验主体的不同的特性，而是基于所有理论主体性的前经验的要素。"②康德为了凸显出心灵能力所呈现的先天主体性，借用笛卡尔的"我思"概念来表示。当笛卡尔说"我思维多久我就存在多久"时，思维是对自我的规定性动作，自我并不是通过认识得到的，而是一种逻辑预设，把自我预设为思维的主体，所以康德说笛卡尔说"我思故我在"时其实是一种同一反复。我思本来只是作为一种意识活动的形式，并不具有任何内容，但是笛卡尔并没有意识到我思中的我只作为先验主体，而是把它经验化了，把它当作了精神实体，这样就把心灵的先天形式窄化为精神领域，对于如何跨越到物质领域的问题难以解决。康德认为我思作为自我意识的先验统一，它伴随着一切表象活动，不过我思能伴随的前提条件正是心灵所具有的先天能力，包括直观的形式、知性的概念和最高的统觉能力。正因为心灵普遍的认知结构，才使得人在任何时

---

① ［德］康德：《纯粹理性批判》，邓晓芒译，杨祖陶校，人民出版社，2004年，第405页。
② ［德］赫费：《康德的〈纯粹理性批判〉——现代哲学的基石》，郭大为译，人民出版社，2008年，第37页。

候都能保持为号数上的同一,康德认为为了方便称呼这种同一而借用主词"我"。

心灵形式作为一种能力系统,它有自己的运用规则,感性凭借先天直观形式而把杂多呈现给知性能力,知性能力通过概念形式对杂多进行综合,从而形成认识。但是感性与知性属于两种异质的能力,两者如何发生作用却是一个问题,而且这个问题牵涉到关于心灵结构如何具有普遍性的问题,这个问题的解决构成了康德先验哲学的核心内容。康德本来试图从一种经验认识的顺序着手来说明知性对感性的综合如何上升到一种普遍性,他说:"感官把现象经验性地展示在知觉中,想象力把现象经验性地展示在联想(和再生)中,统觉则将之展示在对这些再生的表象与它们借以被给予出来的那些现象之同一性的经验性意识中,因而展示在认定中。"①联想作为感性和知性的联结桥梁,而它们都以意识的同一性为前提,想象力能够对杂多进行综合,同时想象力综合之所以能进行正是以统觉的先验统一为条件,所以知性凭借范畴能够必然地作用于现象。康德的这种解释被人批评为具有经验心理学的痕迹,所以康德为了消弭这种担忧换另外一种方式来解释知性对感性作用的必然性。康德把自我意识的先验统一作为纯粹统觉,它是一切综合的最高来源,一切表象活动只有被纳入自我意识中才具有意义,所以任何分析都是以综合为前提的,统觉早已在感性直观中发挥作用,正是知性的统觉作用才使得杂多被纳入同一个自我意识之中,所以任何感性直观必须从属于范畴的作用,感性必须从属于知性,康德由此把心灵能力之间的作用方式说清楚。

既然心灵认知能力是先天的,具有一种主动性和自发性,这种自发性表现为联结能力,它在进行认知活动之前已经把杂多联结为一个统一的表象,并被纳入同一个意识之中。康德之所以要把外部世界分为

---

① [德]康德:《纯粹理性批判》,邓晓芒译,杨祖陶校,人民出版社,2004年,第125页。

现象和物自体,很大程度上是因为康德看到了心灵的普遍结构对外部印象的塑造。这种心灵结构已经嵌入我们的认知活动之中,不可能脱离这种先天形式来探求外部世界的真容,所以康德提出的哥白尼式的革命不是一种突发之想,而是借用这一词语来表达我们实际的认知结构。在康德看来,认知领域的哥白尼式革命不是一种设想,而是一种纠正和发现,是对我们实际认知结构的揭露。但是,经过心灵认知结构的中介之后我们如何来谈论世界的真,这个问题是很多哲学家攻击康德的着力点。黑格尔和罗素曾经批评康德发现了一种洞见,但是只能洞见不真的东西。这种批评并没有理解康德的革命性所在,康德的贡献在于他发现了人类在世界面前不是一种被动性的反映,而是一种主动式的构造,这种主动性不在于个人意愿,而在于人类的心灵能力,这种心灵的能力正是人类之所以能获得普遍有效知识的认知结构。正如赫费所说:"康德所发现的主体特有的功能既不依赖于大脑的结构(神经科学的自然主义),也不依赖于人类起源的历史(进化论的自然主义),还不依赖于社会的经验(社会理论的自然主义)。"①不过康德在此表明的是普遍的心灵结构是我们获得客观性的必不可少的条件,而不是客观性的来源,因为客观性发生的条件不止需要主体性的条件,还需要外部的材料来源。而且,康德所关注的是共时性的结构性问题,而不是历时性的演化来源。

二、表象结构

康德揭示出我们的认知活动中嵌入了我们的心灵先天形式,这种自发性的心灵能力会主动地把对象呈现在主体面前,也就是表象。"表象"一词在康德的先验哲学体系中扮演着极为关键的作用,它是认知活

---

① ［德］赫费:《康德的〈纯粹理性批判〉——现代哲学的基石》,郭大为译,人民出版社,2008年,第35页。

动中最为基本的单位,"表象"不能再被还原为其他事物。"表象"又可以分为动词的"表象"和名词的"表象",前者指表象活动,后者指表象结果。表象活动首先需要表象能力,而表象能力又基于心灵的不同能力,即感性、知性、理性以及想象力,它们各自的表象形式又是各不相同的,作为名词的"表象"则是作为表象的结果被置于主体面前,表象不同于对象,主体要获得对象的认知只能通过对象的表象,或者通过表象对象来获得,对象是独立于心灵之外的,表象则是对象在心灵之中的认识。心灵能力对对象的认识都是通过表象活动来进行,感性的表象活动凭借时空形式把表象的结构呈现给知性,知性的表象活动则是通过概念把感性提供的杂多表象统一为一个表象。正如康德所讲:"'概念'这个词本身即已有可能向我们指示出这种意思。因为就是这样的一个意识,把杂多逐步地,先是把直观到的东西,然后也把再生出来的东西,都结合在一个表象中。"①

其中最为关键的一个问题就是表象和对象的关系如何。康德认为我们与对象打交道的中介是表象,表象是对象呈现给我们,所以要么对象使表象成为可能,要么表象使对象成为可能。康德批判了前一种关系,因为若是对象使表象成为可能,那这里的表象就成为关于对象的印象了,而且这种印象是经验性的,既不会有先天的表象也就不会有关于对象的必然性知识了,经验论者正是犯了这一错误。康德认为表象使对象成为可能,但是这又会有一种错误倾向,就是认为表象使对象的存在成为可能,这就是贝克莱所代表的经验主义者,存在即被感知表达的正是表象使对象的存在成为可能,这无疑超出了表象活动的内容。在康德看来,表象使对象成为可能所表达的意思是表象使对象向我们呈现,而不是表象使对象存在,因为"由于表象自己本身(因为这里所谈的根本不是表象借助于意志产生的因果性)就存有而言并不产生自己的

---

① [德]康德:《纯粹理性批判》,邓晓芒译,杨祖陶校,人民出版社,2004年,第117页。

对象,所以仅当惟有通过表象某物才能作为一个对象被认识的情况下,表象对于对象倒还具有先天的规定性。"①表象是对象得以被呈现的先天条件,因为对象能够被表象为对象首先得通过直观形式才能被给予,然后通过概念才能成为一个对象,所以在对象被表象出之前,关于对象心灵已经具有包含统一必然性的先天表象,这一先天表象才使对象成为必然的。

　　如果仔细地考查康德关于表象的思想,不难发现在康德那里存在一个表象的结构。在康德看来,世界是独立于自我的,也就是对象是外在于自我的,两者之间的纽带就是表象,表象既与自我相关也与世界有关联。进一步来说,表象包括两方面的因素,表象的能力和表象的对象,前者源于自我,后者与世界相关,自我为表象提供表象的形式,包括感性形式、知性概念等,而世界为表象提供表象的内容来源。而且表象能力必定指向对象,否则关于自我的表象都不会形成,所以自我和对象之间是不可分离的,否则都不会形成。正因为对象只能通过表象的方式被呈现,所以至于对象本身如何却无从得知,这也就会衍生一个问题,就是表象和对象之间的同一性问题。近代哲学家们都面临这个问题,而对康德来说这不是一个问题,因为所有的对象都只有服从自我的表象形式才会被纳入自我意识之中,所以对象已经被主体所塑造了,表象和对象之间不存在不一致的问题,表象就是关于对象的认识,对象已经是认识的对象。康德的追随者莱因霍尔德根据康德关于表象的看法提出了一个清晰的表象结构,他认为表象结构是最基本的事实,"在意识中,主体把表象与主体和客体区别开来,并且把表象与它们两者联系起来,而且表象包括形式和质料,表象通过质料的方面与客体相连,通过形式的方面与主体相连"。②

---

①　[德]康德:《纯粹理性批判》,邓晓芒译,杨祖陶校,人民出版社,2004 年,第 84 页。
②　[德]迪特·亨利希:《在康德与黑格尔之间》,乐小军译,商务印书馆,2013 年,第 239 页。

　　在康德表象结构中，主体、表象和世界三者之间的关系是不对等的，主体在这一结构中是居于主导性地位，因为世界通过表象来呈现，而表象又服从与主体所提供的表象形式，所以关于世界的确定性寻求，只能从主体自身之中来获得。但是世界通过表象被呈现，并不代表世界本身就是表象，它依然具有物质性的一面，它与主体是处于完全相异的对面，所以如何确定这一物质世界的规定性并不是容易的，也可以从这角度看出康德采取表象路径的用意所在。但是，康德的表象结构很容易被指控为表象主义立场，至于什么是表象主义，"所有形式的表象主义都主张世界是独立于概念、判读、语言和精神而存在的，同时又可以完全地被词语、判断、指称、语句、观念、图式和概念所想象、表象和建构"。① 而这会衍生出一系列问题，包括对世界实在的承诺问题，康德的物自体概念也是想证明世界本身是实在的；如何理解概念和词语的性质问题，康德花了大工夫来实现范畴的演绎就是力图证明概念用于世界的合法性；内在世界保证外部世界确定性的问题，这直接衍生出自我的确定性问题，康德只能通过批判先验心理学的谬误推理来使自我成为一个逻辑意义上的先验主体。而且，表象主义的路径难以避免滑向怀疑主义和相对主义的危险，因为不能确定来自世界本身直接的限制，只能诉诸意识领域的呈现，康德只能通过论述心灵中共同的认知结构来保证表象的方式是先天的和必然的。所以对康德表象主义的批评并不是完全没有道理的，这些问题都只有基于康德先验哲学体系之中才能得到回答。

---

① William Egginton & Mike Sandbothe, *The Pragmatic Turn in Philosophy*, State University of New York Press, 2004, p.50.

第四章　杜威对康德先验观念论的批判

　　由于杜威的成长环境和思想历程，这使得他在很早的时候就反感各种二元分裂的问题，比如自我与世界的分离、心灵与肉体的分离以及自然与上帝的分离。他在赫胥黎的生理学课程中发现了强调统一性的自然全景，但是这种生理学的解释不能解决杜威所关注的根本问题，杜威在转向哲学研究之后，尤其是在他的哲学老师 H. A. P.托里的指导下接触到了德国古典哲学，杜威找到了一种通过哲学思考的方式来消除他所遇到的困惑。杜威最初接触到康德哲学的时候被康德哲学所吸引，为此还专门著述《康德的心理学》一书并获得哲学博士学位，但是此书后来遗失了。可以从杜威所写的另一篇文章《康德和哲学方法》看出他对康德先验观念论的欣赏，杜威称赞康德对经验过程和知识构成的分析，认同康德把知识当作中介性的，我们的心灵不是直接映现的镜子，而是需要通过主体综合能力的中介，这种中介的方式就是范畴的综合，而且范畴之间是有机统一的。杜威看到了康德先验观念论在统一现象领域所做的贡献，但是他也发现了康德的这种统一方式是以其他的二元分裂为前提的，所以康德的先验观念论并不能让杜威满意，反而杜威认为康德把传统哲学中的二元分裂的分离都继承了下来，要彻底地解决这些问题就必须要克服康德先验观念论中的局限性。尤其是杜威通过乔治·莫里斯接触到黑格尔哲学之后，发现康德的先验观念论存在更多的问题，尤其是康德的先验观念论缺乏历史和变化的环节，此时对康德先验观念论的批评主要集中在精神领域。当杜威转向实验主义阶段和自然主义阶段之后,他发现康德的先验观念论建立在一种抽象的领域,并没有立足于现实的经验世界,康德的先验观念论存在对经验的误读、对知识的误读、对主客体的误读和对科学的误读等,杜威试图立足一种生存论经验世界的视角来对康德先验观念论进行全方位的批判。

第一节　机械二元论与有机统一体

杜威通过对黑格尔主义思想和生物科学的成果发现康德哲学之所以会出现各种二元分裂的问题,就是因为康德所持的世界观是机械论的。康德所处的时代是伽利略和牛顿物理学取得巨大成就的时候,机械论在宏观领域和微观领域都居于主导地位,随着这种机械论的地位越来越巩固,机械论也在思想领域也成为主导思想,思想家们都是在接受这一世界观的前提之下来思考世界的。自然世界变成了由因果规律所主导的领域,整个自然界似乎就是一架大机器,从霍布斯到斯宾诺莎以及法国唯物论,都把自然世界当作是按因果律井然有序运动的机器,自然不做跳跃,事物的运动是一个原因导致一个结果的出现,一个位置取代另一个位置的移动。康德对机械论在自然领域的主导地位是深信不疑的,所以康德在 1755 年的《一般自然史与天梯理论》中说"给我物质,我就要用它造出一个世界来"。康德提出的星云假说也是建立在机械论的基础之上,把任何关于目的论和神学因子从自然领域驱逐出去,康德眼里的自然界变成了一个由因果律支配的世界,要获得关于自然世界的认识就是对其背后的因果关系的认识。但是康德认为对自然的认识不是直接的映现,而是经过中介的结果,这种中介就是主体自身的认识能力,包括感性形式和知性概念。也就是说康德看到的自然是经过主体建构的自然,所以脱离主体认知形式的自然本身是如何无从得知,我们眼中的自然也无所谓发展与运动,因为它都是由各种感性材料综合起来的结果;关于自然界的必然知识也是主体综合的结果,但是这并不代表这种认识不是实在的,因为主体的认知结构是人类普遍的心灵结构,基于认知形式之上的自然知识也是普遍必然的,而且感性材料并不是源于主体自身,而是来自主体之外的自然本身,正是作为物自体的自然本身保证了自然的实在性。所以,经验在康德的先验观念论中就变成认知性的,因为只有通过认知形式才能获得关于自然世界的经验,经验成为这一机械世界的认知反应。康德的机械自然观在杜威看来是无法接受的,因为康德忽视了自然本身的运动和更为根本的意义,所有的事物都是自然运动过程中的一部分,人时刻都处于与自然打交道的过程中,经验就是我们与自然打交道的中介,所以不存在机械论意义上的自然世界,自然是不断发展与运动的有机统一体。由此看出,杜威认为康德先验观念论的前提即自然观是有问题,只有揭示出自然的真实情况才能看出康德对自然的误解在什么地方。

一、自然作为有机统一体

早期的康德作为莱布尼茨-沃尔夫学派的信奉者,他坚信凭借理性的力量能够建立起关于世界的全部知识,这种知识不仅包括自然领域的知识,而且还包括精神领域。康德的这种坚信是基于当时的自然科学发展之上的,尤其是以牛顿力学为代表。这种自然科学突飞猛进的关键在于割断了自然与上帝之间的联结,只要凭借人的理性揭示自然中所蕴含的因果链条就能把握住它,而且这种关系的揭示可以建立在科学实验之上,此种观念的转换所带来的冲击力使得机械论自然观逐渐代替了神性自然观。起初康德对这种机械论自然观是毫无怀疑的,而且相信凭借这种理性的力量可以为人类建立起牢固的知识大厦,从而为人类带来幸福。但是卢梭对科学的反思触动了康德,卢梭认为自然科学的不断发展不一定会带来人类的幸福,反而可能会导致道德的退步和人类的堕落,自然科学和道德信仰之间不存在正相关的关系,如果哲学一味地追随自然科学的脚步并不会给人类带来尊严,反而可能会带来奴役。所以康德说:"我轻视无知的大众。卢梭纠正了我,我意象的优越消失了。我学会了尊重人,认为自己远不如平常劳动者有用,除非我相信我的哲学能替一切人恢复其为人的共有的权利。"①康德开始意识到实践知识不能和理论知识混为一谈,道德必须有自己的领域,其权威性也不来自自然领域。但是康德又深信机械论的自然观,自然领域的因果必然性是必须得到辩护的,所以康德所采取的方式就是把理论领域和实践领域分割开来,康德的这种做法是为了维护道德信仰的自主性所做的努力。康德之所以会把两个领域截然分开来,这跟康德眼中的机械论自然观有直接关系,因为康德认为理性能够从自然领域获得只是它的因果自然律,无法从中获得道德的目的。另外,康德把实践领域独立出来也是在承认机械自然观的前提下如何能够超越这种机械论,他也认为自然世界并不是我们面临的唯一世界,我们还存在理智世界,这是道德实践的领域,而且只能在道德的领域才有可能找到超越机械论的可能性。

在杜威看来,康德之所以会认为自然领域无法提供道德信仰的实在性,除了受机械论的自然科学影响外,更深的原因是康德依然受希腊以来的传统所影响,即认为自然是低下的,是有缺陷的,不能提供道德之善,道德价值只能来源于超自然的领域,此领域的存在是最具有实在性,但是自然领域和超自然领域并不是截然分立的,超自然的实在为自然领域提供存在的形式,最高的知识不是关于自然的认识,而是对最高领域的认识。希腊的这种对实在的划分思想被基督教传统所继承和发展,最高的领域变成了神圣存在,自然领域变成了堕落的存在,人存在

————————————

① 李泽厚:《批判哲学的批判》,商务印书馆,1984 年,第 40 页。

的价值在于对神性存在的追求和服从,道德信仰的来源也奠基于此。
在近代科学产生之前,两个领域并不存在激烈的冲突,因为最高实在的
领域对自然领域拥有绝对的统治权,自然领域只能匍匐在最高领域之
下。而自然科学诞生之后,超自然的东西被驱逐出自然领域,自然领域
拥有自己独立的自主性和存在价值,甚至在自然科学的巨大威力面前
道德的领域有受威胁之势,自然科学给道德带来的这种冲击时近代哲
学家所不能容忍的,所以"近代哲学既不能坦率地承认自己是自然主义
的,也不能无视于物理科学的结论而成为完全精神主义的"。① 康德所
面临的问题也是如何调节自然理性和道德信仰之间的冲突,他最后的
解决思路还是坚持传统哲学中的处理方法,即"康德仍然继续旧有的划
分方法,一方面是一个理智占有统治地位的领域,另一方面是一个意志
要求至上的领域。他也保留着旧有的见解,把这两个领域完全分割开
来,以致其间没有任何重叠和干涉的可能"。② 不过康德并不是完全按
照基督教的方式划分出自然领域和神圣领域,而是把自然领域划分出
现象领域和本体领域,现象领域就是符合主体认知形式的机械论自然,
而本体领域就是物自体,它是实践行动的领域;实践的形式不是机械因
果律,而是自由因果律,是理性为实现自身所具有的实践目的所遵守的
道德法则,它有自己的权威性。

　　虽然杜威认为康德所采取的二元论方法是继承希腊以来贬低自然
的传统,但是他又不同于希腊哲学中理性创造自然的立场。因为在希
腊哲学传统中自然只能在宇宙论中找到位置,支配整个世界的是宇宙
理性,而不是个人的理性能力,每一个人的理性只是宇宙理性的流溢而
已,自然领域也只是宇宙理性所组织起来的,整个自然的发展也是朝着
宇宙理性所事先设定的目标前进,关于自然的最高认识不是在于对自

① 　[美]杜威:《确定性的寻求》,傅统先译,上海人民出版社,2004 年,第 50 页。
② 　[美]杜威:《确定性的寻求》,傅统先译,上海人民出版社,2004 年,第 55 页。

然事物本身的认识,而是对支配自然背后的宇宙理性的计划的认识。但是康德所处的时代,宇宙论也退出了自然界,没有人会认为对自然的认识需要追问自然领域所蕴含的目的,对自然的认识必须基于人的感官功能,不能在自然领域找到感官材料的认识都是不合法的,主体性在自然面前变成了一个主导者,或者说人的理性在对自然的认识过程中产生了某种不可或缺的作用,自然的呈现必须通过主体的认知能力才能实现,主体在机械论的自然面前似乎并不是完全被动的。但是康德之前的近代哲学家们并没有认识清楚人在机械论的自然观面前到底起到什么样的主动性,从经验论到唯理论都看到了理性在自然面前的主动性,但是又想揭示不受人影响的自然本身,所以各种问题层出不穷。而康德很坦诚地承认理性在认识自然面前所扮演的主动作用,自然只能通过被理性构造的方式才能被我们所认识,所以我们所认识的自然并不是自然本身,只是自然的现象而已。康德通过现象和物自体的划分既避免了唯物论的境地,又辩护了机械论的自然观,而且还捍卫了人的主体性。所以杜威说:"虽然现代初期思想继承了所谓'理性创造和构成世界'那个旧传说,但又把它和理性是因人的精神、个人的或团体的精神而作用的那个见解结合起来。在康德身上,这种两种论调是混合一起的,而所谓可知世界的构成完全是由知者起作用的思想而成立的那个主旨,便毫无疑义了。于是观念论遂由形而上学的和宇宙论的变为认识论的和人格的。"①

正因为康德的先验观念论的世界观基础是机械论自然观,自然领域只能提供机械般的自然律,而无法为价值提供基础,对自然采取二元论的立场是必然的。杜威之所以要揭示康德所信奉的机械论自然观,是因为这是康德先验观念论构思的起点,康德的整个批判哲学的起点就是在承认这种机械论自然的前提下如何既建构起必然性的知识又能

---

① [美]杜威:《哲学的改造》,许崇清译,商务印书馆,2013年,第30页。

确保道德价值的基础不受侵蚀。康德也看到了采取这种二分的方式会产生二元分裂的问题,也会瓦解自由的可能性,所以康德一直在努力实现如何让自然的两个领域相互沟通的问题。在杜威看来,康德的二元分裂问题的根源在于对自然的错误认识,自然并不是机械论的,而是囊括所有因素的有机统一体,自然本身并无所谓低下的还是高贵的,它是各种矛盾因素和对立方面的集合体。杜威说:"灾祸、饥荒、歉收、疾病、死亡、战争中的败北,总是随时可以降临,而丰收、强力、胜利、欢宴和歌舞也是如此。运气在它的分配中,按照谚语所云,既是好的,也是坏的。神圣的东西和被咒骂的东西时同一情境的潜能,无论人物、字句、场所、时间、空间的方向、岩石、风向、动物、星辰等,没有一个事物范畴不是既曾体现过神圣的东西,也曾体现过被咒骂的东西。"①正因为自然是涵盖各种好的和不好的因素的统一体,它对人来说既是不确定性的来源,同时也是提供确定性的基础,"它们并不是机械地,而是有机地混合在一起,我们可以区别它们,但我们不能把它们分开来,它们是在同一根上长出来的"。② 人也处于这种不确定性的情境之中,要获得它的确定性不能把自己抽离出来再去把握住他,只能身处其中通过智慧来控制这种不确定性,实现情境的和谐稳定。

　　传统哲学的问题在于只看到了自然所具有的不稳定和不安全的一面,而没有看到自然同时具有稳定和安全的一面,导致他们只能在自然之外来寻找提供稳定性的来源。这种来源很容易就站在自然的对立面,各种二元对立的问题也就纷至沓来,所以杜威批评康德说:"康德把一切杂乱无章的东西都归结到一个领域——感觉领域中去,而把一切整齐和有规则的东西归结到理性的领域中。"③不难看出,杜威关于自然的思想受到黑格尔哲学和进化论生物学的影响,黑格尔通过绝对精

①　[美]杜威:《经验与自然》,傅统先译,中国人民大学出版社,2012年,第33页。
②　[美]杜威:《经验与自然》,傅统先译,中国人民大学出版社,2012年,第37页。
③　[美]杜威:《经验与自然》,傅统先译,中国人民大学出版社,2012年,第39页。

神的运动实现了对立双方的统一，而且这种统一是以运动完成的方式进行的，它是一种有机的统一，能够既承认对立双方的差异，又能够让对立双方走向与对方的统一。黑格尔的这种有机统一的精神运动给杜威带来很大的启发，杜威说："黑格尔关于主观与客观、物质与精神、神与人的综合，并不是纯粹的智力公式；它作为一种巨大的释放、一种解放而起作用的。黑格尔关于人类文化、社会制度和艺术的论述、同样也包括关于取消一些牢固的分隔墙的论述，对我有着特殊的吸引力。"①但是黑格尔的有机统一的运动只存在于精神领域，而不是现实具体的自然界领域，杜威所要寻求的是如何弥合现实世界之中的各种对立。达尔文进化论的出现让杜威看到了一种把黑格尔的有机统一的思想引入生命运动中的可能性，杜威在《达尔文对哲学的影响》一文中说道："在于他把握了生命现象变迁的原理，因而开启了将这种新的逻辑运用于心灵、道德与生活的道路。"②

二、经验即自然

我们身处自然之中，我们无时无刻不在于自然打交道，而我们与自然打交道的中介就是经验。杜威说："经验乃是达到自然、揭露自然秘密的一种而且是唯一的一种方法，并且在这种关联中，经验所揭露的自然又得以深化、丰富化，并指导着经验进一步地发展，那么这个变化过程也许会加速起来。"③杜威之所以会把经验当作是通往自然的必经之路，是因为传统哲学习惯把自然与经验分离开来，导致自然变成非经验的，或者经验变成非自然的，最后的结果就是人与自然之间永远隔着一

---

① ［美］简·杜威：《杜威传》，单中惠编译，安徽教育出版社，1987 年，第 63 页。
② John Dewey, "The Influence of Darwinism on philosophy", in *The Middle Works, 1907 - 1909*. Vol.4, edited by Jo Ann Boydston, Carbondale: Southern Illinois University Press, 1977, pp. 7 - 8.
③ ［美］杜威：《经验与自然》，傅统先译，中国人民大学出版社，2012 年，第 2 页。

层膜,人也不确定看到的是不是自然本身,索性就把这种看到的自然当作是自然的影像,比如康德就是如此。康德的问题就在于没有看到经验就是自然的呈现,我们所获得的经验是我们自己与自然打交道时对自然所认识的那部分,经验从来不脱离自然,是属于自然的一部分,杜威说:"经验属于而且在自然之中。被经验到的不仅是经验,而且是自然——石头、植物、动物、疾病、健康、温度、电,等等。"①杜威所要表达的另一层意思就是我们本身也处于自然之中,也是自然的一部分,我们需要自然所提供的条件来生存,任何生存活动及其结果都是属于自然的,不存在一个静止不动的自然摆在人面前,自然是随着人与自然的互动而不断地撑开,所以不存在机械论的自然。正因为自然是一个不断延展的过程,经验也不可能是静止的,它也是随着人的活动而不断发展。正是从这样的一种生存论角度才能理解人作为有机体与自然是何种关系,没有人否认人在自然之中,如果从近代机械论的自然观出发,就会把这里的"在"理解为空间和逻辑意义上的"在",人就像一个东西放置在自然场域之中,完全看不到人与自然之间的生存论关系。而杜威要恢复人与自然之间的连续性,就是从一种生存论的角度来看待人在自然之中的"在"。这里的"在"表达的是人与自然相互作用的有机关系,杜威说:"人类生活在自然界中,不是像大理石装在箱子中,或零钱在口袋里,或油漆在罐子中,而是像植物在阳光和土壤中。"②这与海德格尔对此在的"在世存在"的分析有异曲同工之妙。总之,人本来是与自然融为一体的,两者相互分开是因为思维的分析结果,如果认为两者本来就是分开的,就会走向对自然的遮蔽和扭曲,对自然的认识也成为非自然的。作为人与自然之间的连续性和有机关系的保障正是经验做

---

① John Dewey, *The Late Works*, *1925-1953*, Vol.1, edited by Joseph Ratner, Carbondale: Southern Illinois University Press, 1981, p. 12.
② John Dewey, *The Middle Works*, *1922*, Vol. 4, edited by Jo Ann Boydston, Carbondale: Southern Illinois University Press, 1983, p.204.

起到的作用。

经验既是有机体与环境互动的方式,也是有机体与环境互动的产物,它虽然是自然的一部分,但不是所有的自然事物都能称得上经验,只有那些处于有机体与环境互动过程的内容和方式,是能经验的过程。总之经验一定是跟人与环境的相互作用有关,所以杜威说:"经验指开垦过的土地,种下的种子,收获的成果以及日夜、春秋、干湿、冷热等变化,这些为人们所观察、畏惧、渴望的东西;它也指这个种植和收割、工作和欣快、希望、畏惧、计划,求助于魔术或化学、垂头丧气或欢欣鼓舞的人。"①经验是我与自然打交道的过程和产物,所以经验就是我们的世界整体,它不是各种事物简单的集合在一起,而是跟我们的生存活动紧密结合在一起,生存活动包含各方面的活动,如认知活动、道德活动、审美活动、宗教活动等,我们能够在这些活动中感受到自己对环境的主动性作用和承受被环境带来的作用,所以经验包括"做"和"受"两方面。杜威说:"当我们经验某事,我们对它有所行动,我们为此做了些什么;然后我们承受或经受了它的结果。"②我们与环境的交互活动要成为经验仅凭活动的发生还是不够的,必须要让活动的结果能为我所理解和吸收,也就是意义能够产生,否则活动成为不了经验。杜威说:"每一次经验中的休歇都是对前面所做的事情的结果进行收获和吸收,除非前面所做的完全是杂乱的或纯事务性的,每一个行动本身应该都包含着可以吸收的意义。"③杜威曾经在阐释反射弧的概念一文中举过一个例子,一个小孩伸手到蜡烛的火焰中被烫然后把手缩回来,杜威认为如果仅仅被烫这个身体活动很难被称为经验,只有当小孩能够把疼痛和被

---

① [美]杜威:《经验与自然》,傅统先译,中国人民大学出版社,2012年,第9页。

② John Dewey, *The Middle Works*, *1916*, Vol. 9, edited by Jo Ann Boydston, Carbondale: Southern Illinois University Press, 1980, p.146.

③ John Dewey, *The Late Works*, *1934*, Vol. 10, edited by Joseph Ratner, Carbondale: Southern Illinois University Press, 1987, p.62.

烫这个动作联结起来的时候,被烫才能被称得上经验,小孩能够从被烫的活动中获得某种教训,以防下次被烫。所以詹姆斯·坎贝尔在评论杜威的经验概念的时候,他说:"要成为一种经验,这种互动必须是一种人能够从中学到点什么的经验,尽管不一定产生知识。"①

不难看出,杜威的经验概念要比知识概念的范围广得多,知识只是经验的一个方面而已,经验还包括各种经验,这主要看经验的方式是什么,因为我们与环境打交道的方式是多样的,"知识是一种体验的模式"。② 如果把经验等同于知识,那经验就变成感官印象了,就会把我们与环境互动的过程片面化,既窄化了经验,也遮蔽了自然。知识经验只是我们整理环境的一种方式,当我们与环境打交道时出现了不连续性或障碍的时候,我们就会对这一障碍进行认知性的分析和反思,把经验对象转变为认知对象,通过一系列的操作手段把问题搞清楚然后使我们与环境的互动又连续起来,这样才能说认识完成了。杜威说:"知识的范围和所经验到的存在的范围并不是等同的,而这一事实既不能说是知识的缺陷,也不能说是知识的失败。这只是表明知识严格地从事于它自己的职务——把紊乱不定的情境转变成为更加在控制之下和更加有意义的情境。"③康德的问题在于把经验等同于知识了,因为康德站在机械论自然观的立场上,认为自然领域要变成我们的经验,除了通过我们的感知能力外找不到其他途径。康德的思路还是把自我和自然截然分开了,或者把心灵和世界分离了,世界要进入我们的心灵之中只有通过心灵的窗户,这一窗户就是我们的感官形式,所以我们获得经验的方式只能是通过认知的渠道,通往自然和实在的唯一方式也只能

---

① [美]詹姆斯·坎贝尔:《理解杜威:自然与协作的智慧》,杨柳新译,北京大学出版社,2010年,第69页。

② John Dewey, *The Middle Works*, *1903－1906*, Vol.3, edited by Jo Ann Boydston, Carbondale: Southern Illinois University Press, 1977, p. 159.

③ [美]杜威:《确定性的寻求》,傅统先译,上海人民出版社,2004年,第298页。

是认知。这样的做法就把自然和实在作为有机统一体的特性给掩盖了,最后获得的世界也只不过是一个机械性的世界,而不是人与自然交互交融的有机世界,所以杜威批评康德所代表的传统哲学的思路时说:"这种把实在和被认知等同起来的情况在观念论的理论中得到了明白的陈述。"①

既然经验是人与环境互动的结果,而互动的过程和范围是受人的生存实践范围限制的,只有进入到这一生存活动范围的自然事物才有可能变成经验,但是没有进入这一范围的自然又是什么呢?杜威把它称作原始经验,杜威说:"当这种经验是在一种未经控制的形式中被给予我们时,它就是原始的。"②或者说原始经验还没有被赋予意义,没有被主体当作与环境互动过程的一部分,它对主体来说是未知的,但是它构成了经验的场域,因为经验的形成都是原始经验不断地进入人与环境的交互过程之中产生的,所以原始经验也参与了认知对象的构成。但是原始经验又是未知的,罗蒂直接把杜威的这种原始经验说成是康德意义上的物自体,两者都不可知但都涉及对象的构成。③ 如果仅从表明上来看两者有相似之处,但是两者在本体论上是完全不一样的。康德的物自体是完全不可知的,它只有在刺激主体的感官能力的时候才会产生出感性材料,而这些感性材料并不是经验,只是构成经验的原材料,只有通过知性形式的综合之后才能形成认知或者经验,物自体在此还起到另一层作用,那就是对实在性的约束,防止主体所形成的认识变成唯心主义的,或变成意识的构想。但是杜威的原始经验只是还没有进入认知活动中来而已,它有待于被主体所认知,认知活动就像一束光,照到哪的原始经验,哪里的原始经验就会成为认知的对象,所以原始经验不是

---

① 〔美〕杜威:《确定性的寻求》,傅统先译,上海人民出版社,2004年,第297页。
② 〔美〕杜威:《经验与自然》,傅统先译,中国人民大学出版社,2012年,第14页。
③ Richard Rorty, *Consequences of Pragmatism*, University of Minnesota Press, Minneapolis, 1994, p.85.

不可知的,而是暂时未知的而已。两者存在本质的区别,正如博伊斯沃特(Boisvert)所说:"当这些对杜威的批评混淆了未知(Unknown)和不可知(Unknowable)的时候,很明显地会误解杜威的立场。"①

三、经验的时间性

杜威在进入哲学之前就已经接受了赫胥黎的有机论的立场,认为只有有机论才能表达出世界的整全性和丰富性,之后杜威一直寻求在哲学上把这立场彻底化。杜威刚接触康德哲学的时候,对康德的范畴的统一功能所吸引,因它能解决各种主客体的问题,但是杜威还是不满意康德的范畴理论,因为范畴只是从一种外在的角度来统一主客体,而没有从主客体内在的关系来实现这种统一,因为"主体和客体的关系不是外在的关系;它是在一个较高统一体之中的关系。那个统一体本身由这种关系所组成。适合于作为一个全体的经验的唯一观念是有机体"。② 既然康德是为了揭示向人显示的自然世界,或者经验世界,经验除了包含人与自然的关系外,还包括人与自然关系之间的变化,也就是经验的逻辑结构和时间维度,但是康德的先验范畴只能揭示经验的逻辑构成,而且这种构成还把主体置于经验之外,使主体以一种外在的角度来构造经验世界。杜威除了不满意康德把经验概念局部化外,还不认同康德把经验概念静态化了,经验作为自然的一部分,当然也处在一个变化的过程之中,这种变化是有机体与环境互动过程的历时性展现。因为交互活动本身有自己的逻辑与结构,所以经验的变化并不是一种外在的形式上的改变,而是内在动力驱使的结果,所以它是一种生命活动的展现。

---

① Raymond D. Boivisert, *Dewey's Metaphysics*, Fordham University Press, New York, 1988, p.89.
② [美]杜威:《杜威全集·早期著作》第 1 卷,张国清、朱进东、王大林译,华东师范大学出版社,2010 年,第 35 页。

杜威关于经验的变化维度思想除了受生物学影响外,最主要的还是得到了黑格尔思想的支持。杜威接触到黑格尔哲学之后迅速地从康德的立场转变到了黑格尔的立场,这种立场的改变不仅仅是因为思想本身的前进,更加是因为黑格尔的立场满足了杜威对统一性的追求。黑格尔认为康德对世界的看法受到了牛顿立场和笛卡尔思想的影响,牛顿把实在看作是各种互相分离的运动粒子的聚集,只要把握住了这些粒子之间的关系就能揭示实在的特性,而笛卡尔把心灵和世界看作是两个互相独立的实体,然后再思考如何使两者发生关系,牛顿和笛卡尔的立场是一致的,他们的世界都是静态机械的,所以只要凭借静态的直观就能揭示这种静态的结构。① 所以康德看到的是静态的实在,感性直观是康德所承认的唯一合法直观形式,因为康德认为我们关于实在的认识只能通过感性才能被给予杂多,否则就不可能有任何外在的东西进入意识中来,所以知性无法进行直观,"对人类知性来说,这个行动却不可避免地是第一原理,乃至于它丝毫也不能理解某种别的可能的知性,不论是本身可以直观的那种知性,还是那种即使拥有感性直观、但却不同于空间和时间中那样的感性直观作为基础的知性"。② 在黑格尔看来,正是因为康德没有办法理解实在的运动,所以他也无法理解世界的有机统一性,也就无法理解知性直观了。实在的运动是绝对精神的自我运动和展现,它对自己直观的过程也是自我产生和外化的过程,所有产生的现实部分都是互相关联的,都是作为绝对自我运动的一个动态有机体中的各个部分,这也就是知性直观的结果。早期的杜威十分赞同黑格尔这一立场,他说:"尽管贯穿于康德三大批判的是直观知性概念,直观知性是所有真理的终极标准,这个知性正是我们已经

---

① James Allan Good, *A Search for Unity in Diversity*: *The "Permanent Hegelian Deposit" in the Philosophy of John Dewey*, Bell & Howell Information and Learning Company, Ann Arbor, 2001, pp.298 - 299.

② [德]康德:《纯粹理性批判》,邓晓芒译,杨祖陶校,人民出版社,2004年,第93页。

遇到的作为经验有机体或者自我意识的东西。"①

不过随着杜威进入实验主义阶段和自然主义阶段之后,他已经不能接受黑格尔的绝对观念。虽然绝对作为整全囊括了全部现实,但是这种囊括只是观念意义上的,杜威在自然主义的立场上把黑格尔的绝对精神运动的辩证法自然主义化了,也就是说运动只是自然中的运动,经验中的运动,而且这种运动是经验自身驱动的,但是它有赖于各种条件和因素的配合,所以它的运动是情境主义的。罗蒂说杜威对黑格尔的这种态度是接受了黑格尔哲学的历史主义而拒斥了他的唯心主义,然后杜威再借助达尔文的立场把黑格尔自然主义化了。② 黑格尔把实在理解为一个过程,实在的总体以及它里面的各个部分只有通过它的活动才能被认识,这也就是历史的过程,黑格尔的这一思想直接就反对康德的物自体概念,没有什么实体是不可认知和不会变化的,任何不可知的东西都是人为设置的结果。③ 杜威把黑格尔的这种动态的实在观带入了对自然的理解,他说:"自然的变化乃是向着成为它们自己的圆满和完善状态的对象的内在运动,因而这些对象乃是知识的真正对象,它们提供了唯一可能借以认知变化的形式或特性。"④自然和经验从来就不是固定静止的,它一直是处于运动的过程之中,而且这种运动不是因为人与自然的互动,而是自然本身的运动,正是经验的这种动态性,才使得经验在运动中呈现出各种特性。杜威为了强调经验的动态性,把经验或存在看成是事件,事件是处于历史过程中的,它有开端、过程和结果,共时性和历时性是理解存在的两种维度。

杜威认为康德是从一种外在的角度来把握经验,所以当康德在谈论经验的时间形式的时候其实是在谈论它的时间秩序,而不是经验的

---

①　[美]杜威:《杜威全集·早期著作》第1卷,张国清、朱进东、王大林译,华东师范大学出版社,2010年,第35页。

②　[美]理查德·罗蒂:《实用主义哲学》,林南译,上海译文出版社,2009年,第290页。

③　John Shook and James A. Good, *John Dewey's Philosophy of Spirit*, *With the 1897 Lecture on Hegel*, Fordham University Press, New York, 2010, p. 57.

④　[美]杜威:《经验与自然》,傅统先译,中国人民大学出版社,2012年,第72页。

时间性。杜威为此区分了时间性和时间秩序两者："时间秩序是科学方面的事情,有时间性的性质是无论发生于意识之内或意识之外的每一事件所具有的直接的特性。"[①]时间性是经验对象本身所有具有的直接性质,是一种自身运动的历时性展现,而时间秩序是为了方便区分事物,给事物以一种能被主体所理解的形式整理出来,康德的时间概念首先是主体的感性形式,是主体按照前后相继的方式把进入感官之内的材料进行规整的方式,以便使感性材料显得井井有条。即使康德承认时间是实在的,也是在一种普遍有效性的层面上来说的,是对主体感官都是有效的而言,所以康德不能理解脱离了主体之外的时间是一种什么东西,他说："我们反驳一切对时间的绝对实在性的要求,这种要求以为时间即使不考虑我们感性直观的形式也是绝对依附于事物作为其条件或属性的。这种一些属于自在之物的属性也永远不能通过感官给予我们。"[②]这就是康德机械自然观所带来的逻辑必然,因为康德是以一种静观的方式来对待经验事实,自然在主体面前变成了表象对象,所谓的事实本身就是对象在意识中的呈现,而这种呈现是以静态的方式完成的,否则动态的方式就难以把握住对象。这也就是近代哲学所面临的问题,总是试图寻找变化世界中的不变的确定性,任何变化都是对这种确定性的威胁,所以固定的静止的东西总是比动态的变化的东西更能具有确定性,这也就遮盖了整个经验世界的变化本性。

第二节　先验范畴与经验概念

　　杜威和康德都不反对自然世界的客观存在,也都认为经验世界是实在的,但是对于如何获得经验的问题,两者的立场是不一样的。康德

---

① 　[美]杜威:《经验与自然》,傅统先译,中国人民大学出版社,2012年,第72页。
② 　[德]康德:《纯粹理性批判》,邓晓芒译,杨祖陶校,人民出版社,2004年,第37页。

认为经验只能在现象领域形成,因为我们无法脱离我们的感官能力来谈论经验,所以直观是我们获得经验材料的唯一方式,其中包括内直观和外直观。而杜威认为经验的对象不是由感官能力来揭示,而是主体与环境互动的结果,因为经验是处于变化的过程之中,所以不可能有静止不动的固定对象被我们直观,它是与我们的各种能力处于交互作用,所以通过实在的方式是多样的。不过杜威并不反对认知是我们通往实在的方式,但并不是唯一的方式,他认为认识是我们把握实在的一种重要的行动,可以看出杜威并不认为认识只是一种静态的理论活动,它首先是一种实践行动,然后通过抽象的方式把认知行动的实践过程省去,剩下就是认知的结构和结果,这与康德的立场极为不同。但是,对于如何认识实在的问题,杜威并不反对观念论的方式,他认为由粗糙的感觉经验变成认知对象必须要通过观念的中介才成,所以有学者说杜威并没有彻底地反对观念论,"杜威依然忠于基本的观念论信条:认知对象由认知过程所构造"。[①] 从某种程度上来讲,杜威和康德都赞成观念论的立场,都认为经验对象的构成离开观念的作用,直接的印象不能成为对象。但是杜威与康德的观念论是根本不同的,杜威无法认同康德的先验范畴理论,虽然观念是认知对象构成的中介,但是概念不是一套外在地强加在经验材料之上的先天固有形式,构成的方式也不只是思维中的活动,构成的对象也不是为了获得世界的确定性,也不存在康德所追求的那种确定性,所以康德的先验观念论是难以相容于作为有机统一体的自然世界。

一、概念作为动作

近代哲学的一个基本特征就是承认自然世界的客观独立性,而且

---

① John Shook, *Dewey's Empirical Theory of Knowledge and Reality*, Vanderbilt University Press, Nashville, 2000, p. 18.

是与自我意识处于对立面,如何实现自我意识对自然世界的把握成了核心问题,正如黑格尔所说:"中世纪的观点认为思想中的东西与实存的宇宙有差异,近代哲学则把这个差异发展成为对立,并且以消除这一对立作为自己的任务。"①但是,近代哲学家们从思维出发去把握实在,并不是去把握实在的具体性质,而是追问思维如何通往实在,思维如何实现与实在的统一。无论经验论者还是唯理论者,他们都力求证明思维所把握的实在就是实在本身,也就是说自己所坚持的立场实现了思维与实在的统一,所以"主要的兴趣并不在于如实地思维各个对象,而在于思维那个对于这些对象的思维和理解,即思维这个统一本身"。②但是近代哲学家们并没有意识到这一点,而是认为自己所采取的路径是为了揭示实在本身,正因为没有理解这一事实,才导致经验论和唯理论不约而同地走向怀疑论。只有到了康德才真正看到了问题的实质,我们不可能获得实在本身,我们通过感官能获得的只是知觉印象,所获得的实在也是由这些印象综合的。但是问题的关键在于综合的方式如何保证实在是具有真理性的,虽然经验论者和唯理论者都知道综合活动的完成离不开思维,然而对于思维如何保证综合的结果就是普遍必然的却无计可施。所以只有找到是什么东西来保证思维的结果具有必然性,康德由此提出了范畴理论,范畴作为纯粹概念已经不是经验论者和唯理论者意义上的观念,后两者的观念实质上还是关于对象的一种认知,是包含经验内容的真实印象,所以近代哲学家们都追求真观念,也就是关于对象的真知识。但是康德的范畴并不是关于实在内容的观念,而是关于我们思维综合经验材料时所遵循的方式,不同的方式构成了先验逻辑,是理性思维实在时遵守的规则体系。

虽然康德都不赞同经验论者和唯理论者通往实在的方式,因为他

---

① [德]黑格尔:《哲学史讲演录》第 4 卷,贺麟、王太庆译,上海人民出版社,2013 年,第 7 页。

② [德]黑格尔:《哲学史讲演录》第 4 卷,贺麟、王太庆译,上海人民出版社,2013 年,第 7 页。

们把问题的实质搞错了,把统一问题误解成了反映问题,但是康德更同情唯理主义的立场,因为康德也认为通过感官被给予的实在材料是杂乱无章、晦暗无序的,把握实在的根据不能来自经验世界,只能来自思维自身。康德一方面坚持联结经验材料的必然性来自概念自身,这就是先验范畴所起到的作用,另一方面又防止出现唯理论者出现的观念与实在不相关的危险,所以康德把实在限定在现象的领域,让观念能够合法地运用于感性材料之上。观念综合对象之后之所以能够具有普遍必然性,这是因为观念在综合对象时范畴已经先天地对对象进行了综合,正是这种综合才使得具体的观念综合能够得以可能,所以范畴的作用成为关键了。康德说:"范畴只是这样一种知性的规则,这种知性全部能力在于思维,即在于把在直观中以别的方式给予它的那个杂多的综合带到统觉的统一上来的行动。"①范畴作为纯粹知性概念,它是知性在对具体的感性材料进行综合之前就对纯粹直观杂多进行了综合,这种综合不是在时间意义上先于经验的综合,而是在逻辑意义上它是处于在先的综合。正是这种逻辑在先的综合才提供了统一性,并且这种统一性是因为先验统觉来保证的,所以看得出来康德的先验范畴为了实现思维与实在的统一起到了两重作用,一是提供了统一性的来源,二是提供了普遍必然性的保证。正是先验范畴的这种地位,才使得康德能够通过一种先验观念论的方式来为科学认识提供辩护,这既避免了经验观念论的怀疑论风险,又能够跳脱出超验观念论的独断论问题。可以看出,康德的目的是揭示我们只能站在一种现象主义的视角来通往实在,这一实在也只能是表象的结合,所以康德只是满足了统一的需求,而并没有揭示真正的实在本性。

在杜威看来,康德提出范畴学说的目的是明确的,就是实现经验世界的统一性,"在康德用纯粹观念维持经验以免其混乱的企图的结果

---

① [德]康德:《纯粹理性批判》,邓晓芒译,杨祖陶校,人民出版社,2004 年,第 97 页。

中,可以看得最清楚"。① 康德站在主体主义的立场,认为自然世界是没有统一性的,即使有也不为我所知,我们能够获得的是凌乱的感性材料;如果试图在对象中找到使对象统一起来的可能性,最后只会走向休谟的不可知论,既然我们只能在直观的领域谈论对象的统一性,那这种统一性只能来自直观的主体,就是思维赋予对象的统一性,这就是范畴所承担的工作。杜威认为正是康德的先验范畴所提供的普遍必然性,使得经验本身具有的生机和活力被扼杀了,虽然经验在范畴的综合之下变成了井井有条的经验对象,但是整个经验世界变成了严丝合缝的机械世界。杜威说:"当康德认为,有些概念(而且是重要的)是先天的,不是从经验得来,也不能以经验证实或检验,并且没有这样现成的东西投进经验里面,经验就陷入无政府的混乱状态的时候,他虽然在文字上否定了绝对的可能,但以培养了绝对论的精神。"②康德本意是通过范畴的综合作用,使得经验世界能够成为人的认知对象,这也是近代科学所已经证明了的,但是康德并不想把整个世界都纳入范畴的统一之中,因为即使全部领域能够建立起因果必然性,也并不能实现人的自由,这是卢梭所带来的启示。所以康德试图区分出现象和本体两个领域来限制理性的作用,范畴只能运用于现象领域,本体领域是行动的领域,它不是由因果必然性所主导,所以人的自由是可能的。但是在现象领域遵守自然因果律,在本体领域遵守自由因果律,作为统一的理性主体,时刻面临着这种分裂感,康德也意识到这一点,所以他试图在两者之间构筑起桥梁。不过在杜威看来,康德的范畴学说所带来的问题不仅于此,康德实际上把这种主体提供统一必然性的做法带进了实践领域。虽然康德认为自由来自理性对道德命令的遵守,但是这种绝对的命令反而带来了机械般的遵守和空洞的责任,培养了一种的绝对论的精神,"康德信奉的

---

① [美]杜威:《哲学的改造》,许崇清译,商务印书馆,2013年,第59页。
② [美]杜威:《哲学的改造》,许崇清译,商务印书馆,2013年,第59页。

逻辑使他强调说责任的概念是空洞的和形式。它告诉人们,尽义务是自己最高的行动法则,可是一谈到人的责任具体是什么便不作声了"。①

杜威认为康德并没有理解观念的全部含义,康德的范畴学说只是一种逻辑意义上的考查,是在具体的观念对经验对象进行综合时所进行的先验意义上的考查,范畴的先验综合和具体的观念综合并不是两个过程,而是同时进行的,所以"对于康德式先验唯心主义,杜威认为先验的知性范畴实际上是反思性的经验,目标、构想、预期、选择等思维活动都在经验过程中'先验'地起着调节和指导作用"。② 康德的范畴是先天考查的产物,实际上是一种自我反思的结果,正是这种思维考查的方式,使得康德在建立起经验的联结的时候把整个联结的过程简单化了,康德只是考虑为什么我们的经验综合具有普遍必然性,而没有去想经验综合的整个过程是怎么发生的,或者说没有考查具体的观念如何去把握实在的特性,也没有考虑具体的观念是如何被获得的。从发生学的角度来说,"意义,就其在存在的发生方面而言,就是观念"。③ 观念是对意义的把握,但是这种把握不是一种镜像式的反应,而是一种操作性的行动,"意义,在言语中作为意蕴而被固定下来以后,就可以在想象中被管理着、操纵着、实验着"。④ 获得某物的观念,就是获得它的意义,但是这种获得是通过一系列的操作来完成的,比如,康德经常所举的例子"一切物体都是有原因的",康德认为这是一个先天判断,要获得它的含义只要通过概念分析就可以获得。这在杜威看来是不成立的,因为假如"物体"和"原因"两个概念都不理解,那又如何实现它们的联结? 而要获得这两个概念,只有通过一系列的操作才能达到,只有通过

---

① John Dewey, "On Some Current Conceptions of the Term 'Self'", *The Early Works*, Vol 8, p 146. Carbondale: Southern Illinois University Press. 中文版参见《杜威全集》第3卷,第125页。

② 徐陶:《杜威探究型哲学思想研究》,社会科学文献出版社,2016年,第73页。

③ [美]杜威:《经验与自然》,傅统先译,中国人民大学出版社,2012年,第224页。

④ [美]杜威:《经验与自然》,傅统先译,中国人民大学出版社,2012年,第143页。

触摸物体、使用物体、观察物体、打磨物体等才能确定物体的意义,"原因"概念也是如此。这种操作不一定是现实性的,也可以是想象中进行的,正因为我们能操作概念的意义,所以能够把意义与意义之间进行联结,才能说一切物体是有原因的。

二、观念的来源

杜威认为一切事物的发生和起源都来自自然领域,没有完全脱离自然而独自产生的,即使是超自然的启示概念,也是有它的自然主义根源。对于观念,杜威更是认为源于经验的,它的出现是人与环境互动的产物,也是为了互动而产生的,它的验证也是通过互动的结果来检验,观念的意义也是通过对互动对象的操作而把握住的,所以杜威不能接受康德在观念来源问题上所采取的先验路径。杜威说:"如康德所谓以普遍性和条理性付与经验的,已令我们日益觉得是多余的——是沉溺于传统的形式主义和精巧的术语学的人们所特创的无用的东西。"[①]康德认为经验对象是杂乱的,经验自身是没有组织形式的,如果要让经验被概念组织起来,这种概念只能是来自经验之外,它不能被经验所证明,否则就不是纯粹的和普遍的,只能通过一种先天的阐明,但是这种阐明不是对概念产生的合法性的阐明,而是对概念先天地运用于经验之上的合法性阐明。杜威认为康德的这种做法是对经验的一种轻视,没有站在人与经验实际互动的发生学角度来思考概念的地位,而只是为了满足一种理智对经验世界的统治,把概念外在地强加在经验之上,"它育成了对于事实的藐视,而这个藐视却在失败、愁苦和战争中付出了代价"。[②] 经验有它自己的运动过程和连续性,如果不顾这一事实而只是在表象层面上地来把握经验,那些未被把握的经验事实就会以各

① [美]杜威:《哲学的改造》,许崇清译,商务印书馆,2013年,第57页。
② [美]杜威:《哲学的改造》,许崇清译,商务印书馆,2013年,第59页。

种偶然性的面貌呈现出来,给人带来的是各种障碍和困难。

康德站在自己的先验哲学立场也说明了范畴的来源,康德认为我们形成知识的基础是判断,判断是把一个主词和一个谓词进行联结的活动,但是不是所有的联结都能形成知识,因为很多联结只是想象力的综合,只凭想象力的作用只是盲目的。在这一点上康德和杜威并没有分歧,杜威也认为我们在想象中可以任意对意义进行操作和联结,但是对于如何让想象中的联结变成现实的普遍性知识,两人产生了根本的分歧。杜威认为把想象中的联结带入具体的情境和关联中去,而这是由实践活动所确定的。康德并没有打算把想象力形成的综合纳入现实的经验情境中去,而是通过心灵能力先天地就能让想象力的综合获得普遍性,这就是知性的综合。知性之所以能做到这一点,是因为知性能够先天地对纯粹直观进行综合,这一纯粹直观就是对象能得以被给予我们的先天条件,正是知性的这种先天的综合使得想象力的综合能够获得统一性的表象,从而获得普遍必然性。知性之所以能够对纯粹直观进行综合,就是因为知性能够产生出纯粹概念,即范畴。范畴表达的是知性在判断时所具有的逻辑机能,它规定的是知性在运用概念时所应遵守的法则。康德曾经为了找到知性所具有的全部逻辑机能而在亚里士多德哲学中发现了范畴,但并不意味着像黑格尔所讥讽地那样康德只是很偶然地找到了一些范畴,只是亚里士多德的范畴学说启发了康德最知性逻辑体系的建构,康德认为自己是根据知性在形成判断时所具有的全部逻辑机能来提出范畴体系的,所以范畴是知性提供必然统一的来源。

杜威认为康德的范畴学说只是一种对知性具体操作行动的反思结果,康德的知性综合也是把不同意义的概念进行联结的活动,杜威说:"思辨产生新的对象,用康德的语言来讲,它不是单纯地说明已经具有的东西,而它是'综合的',在这个事实中并没有什么奇怪的东西。"[①]所

---

① ［美］杜威:《经验与自然》,傅统先译,中国人民大学出版社,2012年,第143页。

有的观念都是对意义的把握,"意义乃是由于事物具有能使分享的合作成为可能和产生结果时这些事物所获得的含义"。① 意义是事物所意味的东西,但是它不是由私人所确定的,而是在一种协作和沟通的基础上确定的,它涉及主体、他者和对象三者,正是在这种可合作的层面上事物的意义同时暗示一种行动方式,让不同的人都能通过这种方式获得事物的意义。杜威正是在这种意义上把概念的确定建立在可操作的层面上,比如"三角形"这个观念,人类最初获得三角形的观念只能通过实际的测量,经过实践的操作一番之后才能理解三角形的意义。而对三角形的操作有一种方法论含义,使得不同的人都能依照这种操作方法获得它的含义,有了这种实际的操作之后我们可以对它进行抽象的操作,能够在想象中操作"三角形"来理解它的含义,甚至随着人类发明了符号之后,可以通过符号的方式对它进行理解,由此演变出几何定理。如果没有这种的不同层次的操作,人类不可能理解"三角形"的含义,它对人来说只是一个记号或声音。康德所说的"三角形等于180度是一个分析命题"乃是忽略掉了观念的意义来源,而只是把一系列最初的操作过程都省去之后对所获观念的理解。这种理解并不是像康德所说的那样是先天的,它只是一种思维中的符号性操作而已。

当然,杜威也并不是一概地反对先验观念,只是这种先验观念不能是康德意义上的先验统觉的产物,"杜威的确赞同某种他称作'操作的'先验。他观察到,在探究中我们发展处称作'推理法则'的行动习惯"。② 我们的探究活动之所以能顺利进行,就是因为我们不必每个认知行动都是建立在指涉的基础之上,大量的活动是基于推论的基础之上,康德也说:"每个知性的、至少是每个人类知性的知识都是一种借助

---

① [美]杜威:《经验与自然》,傅统先译,中国人民大学出版社,2012年,第133页。
② [美]拉里·希克曼:《阅读杜威:为后现代做的阐释》,徐陶等译,北京大学出版社,2010年,第181页。

于概念的知识,它不是直觉性的,而是推论性的。"①但是康德所理解的推论是基于思维的形式的逻辑必然性,它是一种纯粹的先天认识活动,包括一般地逻辑推理和先验的认知推理,都是先于经验的,只是康德更重视先验逻辑对认知活动的规定性作用。但是杜威认为所有的推论都是源于探究活动之中的,并没有先天的推论法则,只有当推论在连续的探究活动中所产生的结果不断得到证实和确认,才可以说这种推论法则是成功的,它能够充当探究活动中的指导原则。当这种指导原则因为产生成功的结果而被理解为普遍的法则,并且在连续的探究活动中变成了一种习惯,只要按照这样的推论规则进行活动就能达到圆满的结果,这种推论的法则就会被理解为先验的。正如拉里·希克曼所说:"在操作上先验的东西(这是杜威唯一承认的一种先验)作为之前探究的副产品而被带入进行着的探究活动之中,并不存在康德意义上的先验性,也不存在绝对先于或者外在于经验的先验性。"②

三、观念的目的

康德提出先验范畴学说,一方面是为了建立起对自然世界的认识具有合法性,另一方面是为人的自由行动提供基础,所以康德两次说《纯粹理性批判》既是一门自然的形而上学,同时也是一门道德的形而上学。③ 近代哲学出现认识论的转型,实质是因为上帝退出了作为人与世界之间的调停人角色之后,人与自然世界直接站在对立面,人除了通过认识的方式外别无其他方式来获得关于自然世界的必然性知识,而这种认识的中介就是观念。康德接受了这种观念论的立场,认同我

---

① ［德］康德:《纯粹理性批判》,邓晓芒译,杨祖陶校,人民出版社,2004 年,第 62 页。
② ［美］拉里·希克曼:《阅读杜威:为后现代做的阐释》,徐陶等译,北京大学出版社,2010 年,第 182 页。
③ ［德］赫费:《康德的〈纯粹理性批判〉——现代哲学的基石》,郭大为译,人民出版社,2008 年,第 25 页。

们除了通过观念来把握自然世界外别无他法。当然,在杜威看来,把认知的过程最后追溯到观念的中介作用,这其实是一种反思后的还原结果,真实的认知过程是各种因素掺入其中的结果,包括人的选择、态度、意志、情感等因素,认识是一个人与自然之间互动活动,不存在单一因素的决定作用。但是"《纯粹理性批判》探讨的是认识的有效性条件,而不是其发生的条件。康德追问的不是客观性的起源,而是客观性的条件"。① 所以康德提出先验范畴的首要目的是如何保证我们的认识具有普遍必然性,他并不是在经验中或思维中寻找真理,而是在经验的认识活动中寻找获得真理的条件。先验范畴通过概念的先天综合来为真理性的认知奠定基础,一方面证明了主体是真理的保障,另一方面也表明主体是自由的根源,因为范畴的先天综合是主体纯粹自发性的体现,正是这种自发性让主体能够在经验世界实现自由的可能契机。

不过在杜威看来,康德提出范畴学说的最为重要的原因是他不能理解经验,是在经验面前无所适从的表现,只能逃避到思维中对经验世界进行重构,以符合人的控制需求。杜威说:"在康德的案例中,通过指涉经验可能性来为因果律辩护,这就意味着思维必须不断地把因果律强加入经验中以确保经验不会消失:此经验必须不停地被思维的综合行动所涵盖和强制,否则它将会崩解。简而言之,经验需要因果律意味着它需要某种外在的支撑。"②在康德的眼中,经验世界在被理性能力综合之前是杂乱无章的,康德用"杂多"一词来表示这种被综合之前的经验世界,杜威把康德哲学中的这种杂多称为原子式材料,彼此之间毫无联系,也不存在统一性的可能,导致对实在的把握时刻面临着怀疑论的威胁。康德虽然没有像唯理论者那样强迫对经验的描述符合先在的观念,也没有像经验论者那样把观念的必然性寄托在经验之中,但是康

---

① ［德］赫费:《康德的〈纯粹理性批判〉——现代哲学的基石》,郭大为译,人民出版社,2008年,第36页。

② Dewey, "The Present Position of Logical Theory", p.140.

德的范畴理论把经验世界的实在性奠定在心灵的先天结构之上,而人类的心灵结构是否具有亘古不变的特性是值得怀疑的。康德之后出现的进化论思想给他的设想带来冲击,而这也会带来经验理论的崩塌。

正是因为康德只考虑思维把握实在的理论必然性,而忽视了思维在实际过程中把握实在的整体情况,所以导致康德不能找到通往全部自然世界的途径,只能在现象的意义上谈论自然的实在性。杜威说:"康德的学说是错误的,因为他把感觉和概念之间真正和必然的区别从它们在实际探究中的地位和功能抽象了出来。"①当我们在面对自然对象时,我们的感官之间并不是孤立在起作用,眼耳鼻舌身都在发挥着功能,而且彼此之间是相互作用和联系的,感官所面对的世界也通过各种感官能力被主体所感触,这是一个整体性的探究过程。但是当把眼睛直观到的某种材料从探究的过程中独立出来的时候,它就立刻变成孤立的和零散的,材料之间也显得缺乏联系。但是康德把这种因为某种目的而独立出来的材料当作自然世界的最初状态,这无疑是扭曲了整个认识发生的真实过程。而且,正因为康德没有看到认知活动的实际发生情况,而只是从一种逻辑上的反思角度来探寻经验材料之间的联合何以可能,所以康德看不到真正的联结如何发生,只能把这种联结寄托在思维的先天结构之上。而真正的联结是在认知活动过程中产生的,"有些联系使有机的,从主体的机体结构中产生。另一些联系使由于教育和文化习俗而潜移默化于习惯之中的"。② 表面上看,康德的范畴是知性判断的逻辑机能的展现,但是在杜威看来范畴也是源于主体与环境互动过程中的成功结果,它的合法性需要和认知的结果来验证,康德只不过是把实际认知活动中的这些有效规则进行了归类,使得主体能够脱离具体的认知活动也能进行一种理论上的推论。

①　[美]杜威:《确定性的寻求》,傅统先译,上海人民出版社,2004年,第174页。
②　[美]杜威:《确定性的寻求》,傅统先译,上海人民出版社,2004年,第175页。

　　站在杜威的自然主义立场,观念的出现是因为人与环境的探究活动的需要,当主体对自然对象进行探究时,需要观念来界说它。观念最初只是一种假设,因为它的合法性需要探究的后果来验证,同时观念也是一种计划,表达的是将探究的对象的先在条件得到了具体的改造,使得对象能够实现主体的预期,所以观念不是各种事物的共相,而是事物的价值和意义不断展现的活动。所以杜威说:"观念不是相应于实有之先验的最后特性的心灵先天所具有的特性;它们也不是笼统地和一劳永逸地附加在感觉上的一种先在于经验而使得经验成为可能的先验范畴。"①观念是主体操作对象的一种计划和行动,通过这种操作活动,对象的意义也不断地变得丰富,经验也不断地更新和演进,这种发展同时又为新的观念的出现提供了契机。所以,观念是因探究行动的需要而产生的,它的效果通过探究的结果来检验,它的内涵和意义通过活动的变化而丰富,当观念不能满足探究活动出现的新的情境和对象时,观念也会被新的观念所取代,观念体系也不断地演进。总之,杜威认为观念的合法性只能在观念的使用过程中得到证明,不可能实现康德对范畴的先验演绎所做的工作。由此看出杜威也在某种程度上认同黑格尔对康德范畴学说的批判,康德对概念运用的先验考查犹如要说在学会游泳之前切勿下水一样,这是一种脱离现实的设想而已。

第三节　抽象自我与有机心灵

　　康德把知识所具有的普遍必然性奠定在知性的范畴之中,范畴的综合统一机能又来自先验统觉,也就是自我意识的先验统一,所以自我概念成为康德先验观念论的基石。康德认为能够提供统一性基础的自

---

① 　[美]杜威:《确定性的寻求》,傅统先译,上海人民出版社,2004 年,第 166 页。

我肯定不是经验自我,因为经验性自我是各种被意识到的自我,它是处于变化之中的,缺乏人格同一性,休谟对自我的追问也集中在对经验自我之上,所以最后只能说自我只是一束感觉。康德通过先验方式揭示出所有处于意识之流中的我都属于同一个自我,但是这个自我不是经验性的,而是先验自我,此先验自我正是作为逻辑主词的自我,能够充当一切自我的主体,正是因为这一先验自我的作用,我们才能说"我思、我存在、我快乐、我想",等等。但是这一先验自我作为我们反思后的表象,如果说它也表象着某种对象的话,康德把这一被表象的对象称为先验主体=X。正是因为康德坚持自我的同一性源自先验自我,这种先验自我是不随经验自我的变化而改变的,所以自我的根基在于毫无内容的抽象自我,正是自我的这种自我意识的先验统一,才伴随着范畴去综合经验材料,让经验材料变成对象,让对象变成我的表象。但是,在杜威看来,康德的这种先验自我其实是一种反思之后的结果,而且康德把这种先验自我理解为不变的心灵结构,这是有违事实的。杜威站在自然主义的立场,认为自我并不是一开始就有的,而是随着生命和心灵能力的发展才出现的,心灵也没有不变的认知结构,它是处于发展的过程之中,但是并不代表心灵不能把握住与心灵互动的对象,综合统一的机能就来自这一互动历程。

一、自我观念的发生

康德虽然批判笛卡尔以来的理性主义哲学,但是并不反对主体主义的立场,康德还是认为"我思"作为寻求可靠知识的起点是没有问题,但是认为笛卡尔把自我概念理解错了,导致出现各种诘难。康德不反对笛卡尔把心灵当作自我,但是笛卡尔把心灵当作是个体的自我意识是有问题的,因为个体的自我意识包含了内容,对它需要有感性直观,这就变成了经验性的自我了,经验自我就不能作为知识起点的"我思"。所以,在康德看来,作为知识必然性来源的心灵不能包含有任何质料,只能是作为形式,它是包含各种能力的心灵结构,正是这样的一种结构才能超越于个体性的心灵意识。但是作为形式结构的心灵并不是作为实体单独存在的,也就不是处于与世界相对的两个独立实体,心灵结构只是逻辑上是先于心灵意识的,它并不单独存在,而是存在于对直观的把握之中,或者说它只表现在经验性的综合之中。但是我们如何把握到这种心灵存在呢?康德也是像笛卡尔那样诉诸意识,康德说:"我意识到我自己,既不是像我对自己所显现的那样,也不是像我自在地本身所是的那样,而只是'我在'。这个表象是一个思维,而不是一个直观。"①在此,这个心灵结构不是认识的对象,它是把直观纳入同一个意识之中来的那个行动,我们对它毫无认识,所以康德说我们并不拥有我如何存在的知识,而只拥有我如何对我自己显现的知识,或者说只有通过时间形式对内心的直观我们才能获得自我认识,笛卡尔的"我思"并不能推出"我在",因为其中并不含有直观。康德对心灵的理解通过经验与先验的双重区分来实现自我作为经验世界的基础,这样的建构主义方式是奠基在把心灵抽空的基础之上,让心灵变成了一幅有色眼镜,世界本身是什么不重要,也无从得知,只要被心灵统摄之后的世界就是真实的世界,这种真实是因为共同的心灵结构而变得普遍有效。

可以从康德对自我的理解中看出他基本上还是属近代认识论的路线,因为康德把自我等同于心灵能力正是笛卡尔开始这么理解,正如杜威所说:"笛卡尔和贝克莱一样,把'自我'用来当作是'心灵'的同义语,而且他是自然而然这样做的,视为理所当然,没有试图给予任何证明和理由。"②但是自我和心灵是两个完全不同的概念,康德虽然没有直接区分这两个概念,但是在很多时候对它们的解释还是不同的。康德虽然把心灵概念形式化,但是它更多的是指一种能力结构,更确切地说是

---

① [德]康德:《纯粹理性批判》,邓晓芒译,杨祖陶校,人民出版社,2004年,第104页。
② [美]杜威:《经验与自然》,傅统先译,中国人民大学出版社,2012年,第165页。

我们的心灵能够提供出统一经验对象的形式,包括感性形式、知性形式和理性形式;而自我更多地指先验自我意识,是一种对当下对自我意识的统一,它充当着逻辑主词的作用。但是康德有时候又把心灵的先天结构和先验自我意识等同起来,因为两者都是联结的来源,是认知世界的起点。这在杜威看来是不能接受的,康德把心灵理解为能力结构不能说完全是错的,但是康德把这种能力结构当作静态不变的是无法接受的。杜威早期受黑格尔哲学影响,黑格尔认可康德把自我从笛卡尔的个体性自我中解放出来变成先验自我,但是黑格尔认为康德把这种先验自我理解为静态的形式结构是错误的,因为自我是有一个起源和发展的过程,它不仅仅具有形式结构的这一面,而是还具有具体内容的一面,两方面都是变动发展着的,而且两方面都是紧密结合着,而不是像康德那样把自我变成纯形式之后再去统一变动不居的自我意识,使得自我一直面临着自身的分裂,这是后康德的哲学家都无法接受的。

正是黑格尔哲学的这种影响,所以"对于康德将心灵看作是形式化的、静止的先验自我的观点,杜威持坚决反对的态度,而赞同黑格尔的观点,即赞同心灵是一种在变成中逐渐生成的东西"。[1] 正是康德对自我的这种形式化的理解,使得自我变成了一种孤立的和贫瘠的心灵,[2] 因为心灵从来就不是单独存在的,而是处于一种人与环境互动的过程之中的意义系统,或者说它处于社会习俗和文化背景之中。如果把心灵从这种意义系统中抽离出来,那它就很容易变成超越经验的精神,当面对这种经验背景的时候,心灵很容易走向绝对主义。这也是杜威反对康德先验自我的重要一点,因为康德的这种先验自我不仅仅带来对经验世界的桎梏,而且也会导致对道德生活的扭曲,康德把道德的基础建立在先验自我所提供的道德形式之上,这种道德形式脱离了自然法

---

[1]　张立成:《杜威的心灵哲学》,中国社会科学出版社,2011年,第55页。

[2]　James Scott Johnston, "Dewey's Critique of Kant", *TRANSACTION OF THE CHARLES S. PEIRCE SOCIETY*, Vol. 42, No.4, 2006.

则,使得道德命令容易变成空洞的形式,遵守绝对命令成为无内容的空洞责任。而且,杜威也认为虽然黑格尔恢复了康德的先验自我的运动本性,但是黑格尔把心灵理解为绝对的精神,它依然是超越于自然之上的,自然环境反而变成了心灵自我运动的外化产物,无疑是把心灵与环境的关系颠倒了过来,这在杜威看来是对心灵概念的误解。如果不能理解心灵的生成过程,就不能理解自我观念的发生,因为心灵是先于自我观念的。

二、心灵先于自我

虽然康德并没有直接区分自我与心灵,有时康德直接把两者等同起来,有时又在不同的层面上分别使用两者,但是总体上来说康德还是认为心灵是先于自我概念的,因为康德只是把自我当作是一种先天联结能力的指称,而这种先天联结能力的来源正是心灵结构,也就是作为形式的自我。当康德认为这种心灵能力能够提供形成普遍知识的先天形式之时,就说明康德已经不把心灵当作私人的心灵了,杜威也正是在这一点上认可康德相对近代哲学所取得的进步,但是康德并未说明作为普遍的心灵是如何发生的,而是把它作为整个认知活动的起点,杜威对这一点是不满意的。康德之所以无法解释普遍心灵的发生,关键原因还是因为康德对经验的理解比较狭隘,康德把经验世界当成了由主体联结起来的直观材料,所以经验世界本身是没有意义和统一性的,普遍心灵对这一经验世界是一种居高临下的态度,而不是把普遍心灵理解为居于经验世界之中的。正是这样一种没有发生历程的普遍心灵成了一种形式化的心灵结构,即使康德在逻辑上认为它是先于自我观念,但是在时间上两者是同一的,都是指涉作为自我意识先验统一的先验自我,自我变成了没有生长的形式结构,世界变成了没有变化的表象结构,而这是杜威所无法接受的。

杜威认为传统哲学包括康德哲学在内之所以会出现个人主义,其中重要一点就是没有厘清个人的心灵（individual mind）和具有心灵的个人（individuals with mind），杜威认为这两者是完全不同的。① 心灵作为一整套意义系统，它是居于自然、文化、传统和习俗之中的，正是这样的一种意义系统才使得心灵能够对世界进行观察、分类、欣赏、认识等一系列活动，因为如果没有这样的意义整体作为背景，世界对人来说是不可理解的，"人似乎是在用心灵认识世界，但他用于认识世界的那个心灵其实已经高于他个人的意识了"。② 也就是说，我们之所以能够对世界进行认识，不是因为我们个人的自我能力的作用，而是因为心灵作为一套从事领会、设计和信仰的能力在我们有意识地对对象进行认识之前已经做了准备工作，让这个认知对象处于意义整体之中，我们才能够把认知对象从意义整体中提取出来，否则我们面对一个无意义的认知对象，也无法成为我们的认知对象。杜威所想要表达的意识是表面上看来我们在从事认知活动时是我们自己个人的心灵在起作用，与他人和他物无关，但实质上起作用的心灵并不是私人的，而是普遍的心灵居于个人之中，正是这种普遍的心灵才使得我们能够与他人进行沟通，与他人能够达成一致。所以杜威说："整个的科学、艺术和道德史证明在个人中所呈现出来的心灵，其本身并不就是个人的心灵。前者本身乃是一个关于信仰、认识和无知的体系；一个关于接受和拒绝、期望和赞许这些在传统习俗影响下建立起来的意义体系。"③表面上看我们都是具有个人的心灵，但是实质上我们只是具有心灵的个人，如果不理解两者的逻辑关系就很容易出现个人中心主义。

　　正因为康德没有理解心灵的实质，所以康德试图超越个人心灵的方式只能是把心灵的内容抽空，让心灵成为无内容的形式结构，并且把

---

① ［美］杜威：《经验与自然》，傅统先译，中国人民大学出版社，2012年，第160页。
② 陈亚军：《杜威心灵哲学的意义和效应》，载《复旦学报（社会科学版）》，2006年第1期，第44页。
③ ［美］杜威：《经验与自然》，傅统先译，中国人民大学出版社，2012年，第161页。

这种结构当作是联结形式的来源。杜威认为康德的做法是多此一举，心灵本身就是一种意义系统，不需要作为形式的心灵再通过对经验的心灵意识的综合来赋予心灵活动以意义，当我们对对象进行认识时，心灵自身已经携带着意义，让对象在这种意义整体中寻找自己的位置，正是因为心灵的意义系统不是固定的，它是随着心灵活动和经验世界的敞开而不断延伸，所以心灵能够对意义进行联结。这种联结不是任意的，而是根据具体的情境和条件，使得对象能够与情境达到一种平衡，从而对象就获得它的意义，由此看出对象的意义也不是固定的，它也是随着在心灵意义系统中的功用不同而不断变化，如果离开了作为公共的心灵意义体系的参与，我们连对起码的直观都是不可能的，因为它对我们来说只是一个某物而已。杜威说："即使在从事最简单的观察中，我们也带有复杂的一整套的习惯、一整套公认的意义和技术。否则，观察只是最空洞的一种凝视，而自然的对象只是白痴所讲的一个故事，只是一堆声音和姿态而已。"[①]康德也认识到心灵结构所产生的"我思"表象伴随着一切表象活动，哪怕是感性直观活动，因为假如没有我思的综合在起作用，最基础的统一时空都不会产生出来，康德能够在一种逻辑上把心灵的基础性作用揭示出来，但是他不能解释为什么心灵在逻辑上能够为其他一切认知活动起到奠基性作用，而必然地在现实中也如此。而且，康德一直在尝试解决心灵结构和心灵实质内容之间的沟通问题，这个问题在杜威看来就是自造的麻烦。

正是心灵的这种意义整体性使得它是与环境联结在一起的，包括自然和社会，所以说个人的心灵最初并不是与世界分开的，而是连在一起的。心灵与心灵之间也并不是绝对分明的，个人的心灵，每一个个人的心灵都存在于他人心灵的关系之中，正是这种交互关系才使得人与人之间没有清晰的自我观念。自我观念的产生是因为人与世界的交互

---

① ［美］杜威：《经验与自然》，傅统先译，中国人民大学出版社，2012 年，第 161 页。

关系出现了障碍的时候,杜威说:"个体本身最初是一种潜在性,并且只有在与环境条件的相互作用中才能被认识到。在这一交流过程中,包含某种独特因素的内在能力被改变并称为自我。进一步说,通过遇到阻力自我的特性被发现了。通过与环境的交互作用形成自我观念,并产生意识。"①所以,自我观念并不是一开始就出现的,而是因为个体与环境的互动出现了阻碍,自己的个体性被突显了出来,并且变成为一个表达自己独特个体性的自我观念,但是这一自我观念出现的前提就是心灵早已与世界连在一起,世界通过心灵把意义呈现给自己,自己才能理解自我观念,所以心灵优先于自我观念的产生,而且自我也不能脱离心灵与世界的统一整体,这个整体包括自然世界、社会习俗和精神世界。但是,近代以来的哲学把自我观念的这一承载物遗忘了,以为自我就是和世界处于对立面的两方,自我也失去了追溯它何以产生的根源,杜威说:"在现代哲学中,由于它把自我从社会习俗中孤立开来而又把社会习俗从物理世界孤立开来,结果便夸大了自我的作用。"②正因为近代哲学把自我从它的主客未分的世界整体和意义整体中抽离出来,才使得自我变成了一个没有任何东西可依存的孤独者,自我之外的一切都显得和自我是异质和排斥的,自我对世界也是充满了怀疑和敌意,所以才会出现笛卡尔那样的"我思",世界的一切事物都是可得怀疑的,一切事物必须经过自我的检验才具有存在的权力,而这正是杜威所不能接受近代哲学以及康德哲学的自我观念的原因。

三、心灵的实验性

杜威看得很清楚,康德之所以要把自我的概念抽空,是因为他一方面需要确定经验世界的秩序,但另一方面这种秩序不能来自经验世界

① John Dewey, *The Late Works*, 1934, Vol. 10, edited by Jo Ann Boydston, Carbondale: Southern Illinois University Press, 1987, p. 286.
② 〔美〕杜威:《经验与自然》,傅统先译,中国人民大学出版社,2012年,第165页。

之内,也不能来自超自然的天启,康德的这种意图也是继承了近代哲学的探究方向。杜威说:"在康德的方法中有一个方面可以说是继承笛卡尔的企图。笛卡尔企图在能知的心灵内部去寻求绝对确定性的所在。"①康德看到了笛卡尔把自我观念奠定在思维活动之上,也就是把心灵的确定奠定在心灵活动之上,康德认为这不能证明自我观念的同一性,就像马勒布朗士所批评笛卡尔的那样,是不是停止思维活动的时候自我就不存在的了。康德把心灵概念抽空变成形式化的心灵结构正是为了提供这样一种无可置疑的联结活动,以为只要把心灵从它的生命历程中抽出来就能获得它的确定性。杜威明显地不认同康德的做法,心灵并不是一个固定不变的东西,它时刻处于与世界和他者的心灵的交互之中,而且这种交互关系同时在塑造着自己的心灵,世界也不断地处于变化之中,但是并不意味着心灵和世界之间缺乏联结性。杜威认为心灵在与世界互动的时候它会通过自身的力量来改造自己所依存的条件,在这种改造中产生了智慧,使自己成为个体化的心灵,这一个体化的心灵是有一种冒险的、实验的特质,它能够把一些不确定的媒介在实验的过程中改造为有效的并能够充当工具性的东西,通过这种实验性的过程来实现与世界的联结。

心灵从来就不是一种静态的形式结构,而是一种不断发展的意义系统,与其说心灵是一个名词,不如说它是一个动词,杜威说:"'心灵'最初是一个动词。它表示我们有意识而清楚地对待我们在其中发现的自我情境。不幸的是一种有影响的思维方式将行动的方式转变为一种进行有问题的活动的实体。它将心灵当作一种独立地进行参与、打算、关注、注意和记忆的实体。"②杜威的意思很清楚,心灵本来是一种不断延展和调整的动态系统,它根据有机体与环境的交互过程的变化而调

---

① [美]杜威:《确定性的寻求》,傅统先译,上海人民出版社,2004年,第58页。

② John Dewey, *The Late Works*, *1934*, Vol. 10, edited by Jo Ann Boydston, Carbondale: Southern Illinois University Press, 1987, p. 268.

整，正是因为心灵作为一个动词，有机体才通过心灵的活动把自己与环境交互的结果及其意义呈现给自己作为之后反应的依据，心灵在某种程度上成为自己行动的依据，所以这种作为动词的心灵很容易就当作自我的根源，当作从事着思维、情感和意志活动的实体，一旦把心灵实体化就是把心灵的动态发展系统固定下来，并把与心灵存在内在联系的关系整体清除出去了，心灵的实践性特质也被清除了。近代哲学所面临的困境之一就是因为没有把心灵理解为一种活动过程，而是把它当作了一种个人化的实体。正是这样的一种个人化实体把心灵的整个敞开过程全部分割成独立的静态的个人心灵，脱离了整个心灵活动整体作为背景，导致对心灵的理解变得狭隘。无论是笛卡尔的思维还是洛克的简单观念，都是对这样一种狭隘地对心灵理解的结果，始终无法跳出心灵之内来达到世界整体。这其实是对希腊传统中"努斯"观念的理性化，让心灵与自然本来融为一体的事实被遮蔽了。

正是传统哲学把心灵静态化，所以一直面临一个问题，即如何证明自己的心灵和别人心灵的存在。笛卡尔从个人化的心灵出发来思考自己心灵的确定性，姑且不论这种方式能够确定自己心灵的存在，即使能够从我思确定我在，那又如何证明别人的心灵也同样具有确定性呢？笛卡尔曾遭遇过这种诘问，但是他的回答并不令人满意。所以康德认为只有把个人化的心灵形式化之后让它成为不依赖个人经验的先天结构，但是康德的这种解决方式只是一种从个人经验基础上思考的抽象而已，并不能证明这种先天结构。这在杜威看来并不是一个问题，只要回到心灵活动的真实过程就能明白为什么一个人怎么会知道别人的存在。在自然领域之中，有机体借助信号活动而联合起来，这种功能在人类活动中就变成了语言、相互沟通、言谈等活动。通过这种沟通的语言活动作为桥梁，每个生命体的所经验到的各种结果和内容都能够被他人所共享，随着交互活动的扩展，这种共享的范围也逐渐扩大，人与人之间已形成不可分割的纽带，离开他人的配合，自己也无法存在，所以只要自己存在他人也必然存在。杜威说:"在自己的行为中不仅包括有它自己的这个外在的时空世界,而且也包括有它的同伴们的这个世界。当某些对某人来讲是已经经验到的和已经过去的后果,通过相互的沟通,而成为另一个人所未曾经验到的和尚未到来的后果时,机体上的灵巧便变成了有意识的期望,而未来的事情变成了当前活生生的现实。"①个人化的心灵离开了他人的协助似乎也能按自己的想法行事,在杜威看来这是因为个人已从人与人之间的沟通中形成了习惯,习惯会把心灵与他者的沟通结果保留下来成为常例,而且习惯也会按照未来的可能性在不断地自我形成。正是这种不断更新的习惯会成为心灵活动的指导,使心灵在面对未来的诸情况时不是无所适从地在应对,而是把过去的成果所形成的意义系统带入当下的处境,使自己能够产生智慧性的行动。

康德未能理解心灵的实验本性,所以康德无法解释自我的生命性,自我在康德那里成为一个联结经验世界的最终来源,似乎自我只是一种客观性的保证,在康德眼里先验自我自身不能变化,否则整个经验世界就失去了唯一的确定性来源。在杜威的眼里,正是康德的这种僵化的先验自我扼杀了无限涌动的经验之流,经验在自我那里变成了原子式的杂多材料,经验不会变化,自我不会变化,世界也不会变化,这在杜威看来无疑是可笑的。杜威认为心灵一直在实现经验世界的联合,但是这种感觉联合不是心灵自己的主观行为,而是自己也处于与环境的变化过程中,是在这种变动的过程中不断地实现经验世界意义的发生、操作、联合、发展和统一,这种对经验世界的改变过程反过来也会改变自己,并不是通过固定的一方来控制变化的一方。杜威说:"个体所采取的方式所产生的后果不仅改变了环境而且也反过来改变了这个主动

---

① 〔美〕杜威:《经验与自然》,傅统先译,中国人民大学出版社,2012年,第205页。

的行动者。"①只有把心灵对世界的改变也看作是自我自身的改变,才能理解为什么心灵能够不断地根据情境的变化而自我发生改变。正是这种改变才使得旧的自我不断被新的自我所代替,这种代替不是简单意义上的替换,而是旧的自我作为帮助新的自我实现与情境的平衡力量而被保留下来了。自我的内在生命力也在这种自我改变中不断向前发展,而不是像康德那样通过先验自我对时间之流中的经验自我意识的综合统一。康德没有把心灵看作是现实的有机体活动的展现,使得他只能把心灵看作是一种在时间中号数上的同一,即使他能够意识到心灵的活动本性,但是无法从先验的角度进行说明,只能说它是一种知性的机能,一种主动的倾向性,这实质上是把心灵在实际变化过程中的行动本性抽象出来的结果。杜威说道:"自我作为一个决定因素乃是经常地且普遍地以它的动作呈现在一切情境之中的,这就是我们之所以很少注意到它的主要原因。"②只有恢复心灵的行动本性,才能理解为什么经验世界总能以某种具有意义的整体呈现给自我,而不是一大堆杂乱的材料。

第四节　表象主义与实验主义

近代哲学的一个主要特征就是试图通过意识来呈现世界本身,无论经验论者还是唯理论者都认为我们的心灵可以抓住外在世界,这种抓住就是给予外在世界以确定性。但是近代哲学认为这种确定性是一种还原式的确定性,以为在内心中呈现的观念就是世界本身的反应,殊不知我们的心灵并不是被动的反应或映现,而是心灵的能力已经参与

---

① ［美］杜威:《经验与自然》,傅统先译,中国人民大学出版社,2012年,第180页。
② ［美］杜威:《经验与自然》,傅统先译,中国人民大学出版社,2012年,第180页。

了世界的呈现,所以近代哲学一直在做不可能达到的目标。康德很敏锐地看到了这一点,他不反对世界的呈现需要表达在意识中的反映,但是不认为这种反映只是像镜子式的被动映射,而是心灵主动地对呈现对象的改造,这就是康德所实现的哥白尼式的革命。康德不反对世界是实在的,是独立于心灵而存在的,但是这种实在又是可被心灵所把握的,把握的中介就是心灵所提供的认知形式,所以,世界的存在变成了被心灵概念化的世界,这就是表象的世界。表象世界是被心灵建构起来的,是为了心灵实现对外部世界的把握而建构的,但是这毕竟不是自然世界本身,基于表象世界之上的认识也不是对自然世界本身的认识,所追求的确定性也只是一种希望而已。杜威明确地反对这种被心灵建构起来的表象世界,因为它没有回到经验世界本身,把心灵从它的发生和发展的意义整体中孤立出来,这必然会导致心灵对世界的格格不入,只能站在心灵的一方来追求对外在世界的呈现。这种呈现出来的表象世界从根本意义上来说只是为了满足孤独心灵的自我确定,在杜威眼里,康德所走的这条路终究只是一场迷梦而已。

一、先验观念论作为表象主义

康德认为我们无法脱离我们的心灵机制来把握经验世界,我们始终是凭借着我们的心灵能力来通往外在世界,因为我们无法思考脱离心灵形式之外向主体呈现的世界是什么,所以我们只能在向心灵呈现的意义上来谈论世界。康德把所有向心灵呈现的东西都称为表象,之所以会产生这些表象,是因为有外在的实在对心灵产生了刺激,心灵由此对它发生回应,回应的结果就是表象的形成,所以表象不是心灵任意产生的,它需要有一个客观实在的刺激,但是心灵无法认知这一刺激是什么,因为它不在心灵的形式中显现,康德把它称为物自体。康德也借形成表象的外在刺激来表达一种客观实在论的立场,世界独立于心灵之外的实在性是不容置疑的,表象永远表象着某个对象,这一对象正是独立于心灵的，但是这一对象只能以表象的形式呈现给心灵，康德承认我们无法跳过表象来直接获得对象。而且，虽然表象是表象着某种对象，但是表象并不是对象的直接映现，因为表象的构成包含了心灵所提供的联结形式，这是康德比前康德的哲学家们进步的地方。正是因为表象的内容包含了心灵的形式，让心灵能够通过这种提供表象形式的统一活动来意识到自己，使得心灵能够在表象的形成和综合统一中确认自己作为一切表象活动产生之前的"我思"，即自我意识的先验统一。康德说："如果在一个确定的直观中被给予的杂多表象，若不是全都属于一个自我意识，它们就不会全都是我的表象，也就是说，作为我的表象（即使我没有意识到它们是这样一种表象），它们必须与这样的条件必然地相符合，只有在这一条件下它们才能够集合在一个普遍的自我意识中，因为否则的话它们就不会无一例外地属于我了。"①

　　杜威发现康德把对心灵呈现的所有一切东西都称为表象的做法会带来一个直接的后果，就是会把表象机制看作是构成了认识活动，表象机制由心灵、表象和对象构成，表象成为沟通两者的桥梁。早在康德时期的莱因霍尔德就发现了这一表象结构，莱氏说："在意识中，主体把表象与主体和客体区别开来，并且把表象与它们两者联系起来，而且表象包括形式和质料，表象通过质料的方面与客体相连，通过形式的方面与主体相连。"②莱因霍尔德无法解释表象是如何与主体联结的，又是如何与对象联结的，他把解决这一问题的出路放在了主体身上，是主体是表象成为可能，表象也是因为主体所产生的表象结构而与两者相联结，这又会带来另一个问题，即主体是如何使表象结构成为可能的，莱氏并没有进一步回答。杜威同样也在康德的表象结构中发现了这一问题，它既会让认识的问题复杂化，也会让认识的问题片面化，因为把表象的

---

①　［德］康德：《纯粹理性批判》，邓晓芒译，杨祖陶校，人民出版社，2004 年，第 89 页。

②　［德］迪特·亨利希：《在康德与黑格尔之间》，乐小军译，商务印书馆，2013 年，第 239 页。

结构奠基在主体身上,主体自身的确定性问题又是一个大问题。另一方面,把认识的问题归结于表象结构,会把认知过程中的其他参与的因素忽略掉,无法揭示真实的认识过程。杜威因此说:"把认识看作认知者与对象之间的表象关系的做法产生了两个恶果。心身关系问题已变成认识的可能性这个一般问题的一部分,这使得那个已经使人们绝望地感到不安的问题进一步复杂化。与此同时,实际的认识过程,即受到控制的观察、推论、推论和检验的操作这个惟一具有理智意义的过程却被排除掉。"①康德的表象结构很容易把认识的问题归结为思维领域的事情,认识活动变成静观活动,这在杜威看来无疑是扭曲了认识活动的真实情况,因为认识不仅包括思维,还包括心理活动和实际的探究行为,心灵内部观念的活动其实就是一种心理活动的展现,康德为了获得一种不受心理因素干扰的绝对的认识前提而把心理这一层面忽视了。

很明显,杜威并不认同康德的先验观念论,因为它实质是一种表象主义的路径。至于什么是表象主义,"所有形式的表象主义都主张世界是独立于概念、判读、语言和精神而存在的,同时又可以完全地被词语、判断、指称、语句、观念、图式和概念所想象、表象和建构"。② 简单来说,表象主义的前提是主体和世界之间是互相独立,两者之间的关系是外在的,主体要获得对世界的规定和认识只能通过世界的表象来进行,实在论是表象主义的预设前提,表象主义会把世界是实在的当作是不以人意志为转移的。而且,正因为主体和世界之间是互相独立的,所以主体要把握世界的确定性不能寄托在世界之中,而只能在主体自身内部来寻求这种确定性的根据,通过主体内在性的确定来担保外在世界的确定性,这便是近代主体性哲学所走的道路。从笛卡尔、休谟到康德都是表象主义路径的代表,不过康德的表象主义不同于前两者的表象

---

① [美]杜威:《杜威文选》,涂纪亮编译,社会科学文献出版社,2006年,第93页。

② William Egginton & Mike Sandbothe , *The Pragmatic Turn in Philosophy*, State University of New York Press, 2004, p.50.

主义,如果仔细去考查笛卡尔和休谟的表象概念就会发现他们两者所呈现的表象主义其实质还是图画论的表象主义,其内涵是表象和对象之间存在着一种相似关系,表象是对象的直接映现。不过康德认为不存在这种图画式的表象,因为对象本身是不可知的,所以表象并不是对象本身的呈现,表象的对象也不是对象本身,表象及其对象都是主体建构起来的,所以康德采取的是建构论的表象主义路径。

　　无论近代哲学家们采取何种立场的表象主义,都难免会面临一系列的困境,这是由表象主义自身的逻辑所决定的。首先,实在论是表象主义的前提,对世界存在的预设是表象主义的重要内容,不管是坚持实在论还是非实在论的立场,世界已经存在并且独立于主体而存在。表象是主体通往世界的中介,而且被给予论是表象主义的必然产物,因为即使康德建构主义的表象主义强调主体的能动性,但是建构对象的感性材料不依赖自己而来自主体之外的,是由世界一方所给予的。其次,表象主义会遭遇符合论的诘难,世界是独立存在的,那接下来一个问题就是如何保证对世界的表象与世界本身是一致的。虽然康德认为表象的对象是主体自己建构起来的,但是依然面临建构起来的对象与对象本身之间的符合问题,康德只能建立一种主观意义上的实在论来避免这种难题,真理的基础在于它的普遍有效性,而不是绝对必然性。最后,表象主义蕴含着一种静观主义的态度,虽然表象主义致力于把握世界的确定性,通过主体自身的自明性来确保这种确定性,但是这需要把世界和心灵当作是固定的,只有当世界和主体的心灵都是静态的时候才能揭示他们的结构,这就要求不能把行动和变化引入其中。康德把被给予的世界当作是既定的,主体的认知结构是先天固定的,所以只有通过预先考察主体的先天认知形式才能建构起世界的现象,但是认识与行动的矛盾立马就会显示出来,因为把行动排除在外的话认知就变成了心灵内部的心理活动,但是实际的认知活动是处于行动之中的,所以知行二分的问题是表象主义的必然结果。

二、确定性还是规范性？

康德之所以通过先验主义的方式来确立起知识的必然性基础，是因为在表象主义的基础上任何经验的方式都无法实现对表象的先天联结，只有追问认知主体在认知活动时所具有的先天条件才能担保认知结果的必然性何在。康德不想把这种必然性的基础寄托在任何超验的领域，是因为他坚持启蒙以来的立场，自然是可以被人的理性所理解的，理性可以确立起自然的确定性，这也是近代自然科学所证明的结果。但是康德又发现理性并不是万能的，它只能在表象的意义上实现对自然的确定，如何理性不限制于这一领域的运用就会出现理性的悖论问题。康德一方面要为近代科学能够揭示自然的立场辩护，一方面又要把理性限制于现象领域，所以康德通过一种先验的方式既能确立起一种普遍的必然性，同时又可以防止理性的僭越。康德之所以要对理性进行限制，是因为康德发现寻求对世界的确定性并不能带来行为规则的确定性，如果任由自然领域的理性带入实践领域，就会把因果必然性带入行动领域，这无疑走向了启蒙的反面。所以康德不得不把对世界的确定性和对实践法则的确定性的基础进行区分，两者分别依靠不同的立法基础，杜威说康德的这种做法在他的体系内基本达到了康德所追求的目标，"确定性的寻求得到了满足；在现象领域内有认识上的确定性，而在道德权威的领域内则有实践上的确定性"。①

不过杜威认为康德所追求的这种确定性是建立在一系列错误的预设之上的，导致他的整个先验主义的思考时刻面临着各种诘难。其中最为致命的就是康德对自然的理解是基于牛顿所确立的世界观。康德追求自然世界的确定性的预设前提是牛顿力学证明了世界具有不变的粒子，正是这种粒子才保证了经验世界具有最终的实在性。牛顿获得

---

① ［美］杜威：《确定性的寻求》，傅统先译，上海人民出版社，2004 年，第 57 页。

这种不变的粒子是通过感觉推论出来的,他认为既然我们感知到的一切东西都有广延,那广延必然存在一切物体之中,既然整体的坚硬性来自部分的坚硬性,那必然存在不可分的粒子的坚硬性,它构成其他一切物体的坚硬性,而且牛顿认为正是这些粒子的存在才使得自然是可以永远地存续下去的。但是牛顿无法在感觉中和实验中证实这样的粒子存在,使得这种不变的粒子变成一种假设。杜威认为牛顿之所以会提出这样的设想,是因为他坚持绝对实在论的立场,但是这立场又不能为经验所证明,成为一种实践需要的设想。杜威说:"决定牛顿关于原子的这个根本假定的性质的不是什么实验上的证据而正是这些形而上学上的恐惧心理。"①不难看出康德也认同这种立场,如果世界仅仅是对自我显现的一些原子式的材料,这种显现是依赖于自我意识的思维活动,而且这些呈现的材料只能以一种表象的方式来表象,所以如果世界本身没有某种确保世界得以永恒存在的东西,那我们有失去世界的风险,因为即使对人类都普遍有效也不能保证世界的存在是绝对必然的,它只是一种主观意义上的普遍必然性,而不是客观意义上的必然。所以康德提出物自体的概念从某种程度上讲也是为了保证世界本身的绝对必然,虽然我们不能认识和证明,但这是我们信仰的需要,也是我们理性所推出的理念。但是康德把这一物自体概念带入了认知的结构中,让它充当着刺激来源的角色,但又不能被表象,这必然给康德的先验观念论带来各种麻烦。康德的另外一个预设就是我们的心灵是处于世界之外的,它并不影响认知的对象和认知的结果,虽然心灵能够在进行认知活动之前对对象进行先天综合,把直观表象带入同一个自我意识之中,但是心灵的这种综合是逻辑意义上的活动,并不是对对象进行现实的操作,所以心灵能够获得对所有人都普遍有效的认知结果。

　　杜威为了揭示康德所预设的牛顿自然观是有问题的,直接借助当

---

① 　[美]杜威:《确定性的寻求》,傅统先译,上海人民出版社,2004 年,第 117 页。

代的物理学理论来进行。杜威认为爱因斯坦的相对论已经说明了时空的相对性，不可能存在牛顿意义上的绝对时空，而且事物不存在永恒不变的粒子，因为粒子都是交互作用的，它时刻处于变化之中，不可能把它孤立出来再观测，所以不存在固定不变的认知对象本身。针对康德对心灵旁观者角色的预设，杜威借用海德堡的不定原理来加以说明。根据海德堡原理，当我们用感官去感知一个对象时，这种感触会使对象发生改变，只是我们平时接触的都是比较大的物体，感触对它们的改变微乎其微，但是假如观测非常微小的物体的时候，感触对它们的影响是可以被仪器观测到的，所以不存在不对对象影响的认知活动，旁观者的认知立场是站不住脚的。虽然康德承认心灵对认知对象的建构作用，但是这种建构只是思维和意识上的行动，并且这种建构是为了心灵能获得关于世界的确定性，但是这种建构活动并不对对象产生影响，康德的表象结构也表明这一点，表象不是对象本身，它只是对象本身的呈现，心灵只能形成表象；而且这种形成不是任意的，受心灵的先天认知形式和对象本身的制约，所以康德始终坚持心灵是处于世界之外来观察这个世界的，这也是前康德的近代哲学家们的立场。但是海德堡不定原则已经说明康德的这种立场是站不住脚的。

　　杜威通过借用当代自然科学的成果推翻了康德先验观念论的两个预设，既没有不变的对象，也不存在旁观者的心灵，心灵实际上一直处于认知的过程之中，它也参与了塑造认知对象，同时这种认知活动也反过来改变着心灵自身，心灵正是与对象的这种交互中双方不断地处于变化中，认知活动只是交互的方式之一。既然对象和心灵的交互状态处于动态的过程，所以不可能获得传统形而上学所追求的那种确定性。传统哲学所追求的确定性是希腊人所追求的目标，这一传统一直延续到近代哲学，但是杜威认为希腊人所追求的认识论实质是一种美学需求，并不是为了获得真正的世界本身，"他们借用了希腊艺术所提供给他们的形式，但是他们把这种形式从它的物质应用中抽象了出来。他们的目的在于从所观察的自然界中构成一个艺术的整体,以供心灵鉴赏"。① 在杜威眼里,希腊人所追求的确定性并不是对象所提供的,而是把一些固定不变的特性强加在对象之上,这都是为了灵魂的追求卓越的需要。这种追求确定性的传统经过中世纪的神性转化变成了追求至善的需求,这种追求至善的需求去除了天启的光环之后就成了康德所追求的道德法则。康德自己也很清楚,既然我们无法脱离感官来追求世界本身的确定性,我们获得的只是被我们的心灵中介过之后的世界,这个世界并不是世界本身,我们也不可能获得世界本身的确定性。但是康德囿于受传统哲学的客观实在论的影响,无法接受这世界本身是不固定的立场,所以康德设置物自体来保证世界的最终确定性,我们所能够获得的只是心灵所建构出来的主观确定性。杜威认为康德没有必要再执迷于传统的观念,我们所追求的不是世界本身的确定性,而是追求我们关于世界的信念的可确定性,也就是追求我们关于认知的规范性,这种规范性的权威不可能奠基于对象之上,也无法奠基于主体之上,因为两者都是处于变化之中的,它只能奠基于我们与对象的交互结果之上,能够对情境的问题解决有效。

三、走向实验主义

在杜威看来,康德先验观念论的初衷是为了确立起经验世界的确定性,但是最后的结果只能是达到一种认知的规范性基础。他把这种基础立于人类普遍的心灵之上,但是康德不承认这种规范性是随着主体与经验世界交互的过程而发生改变的,所有他只能寄托于抽象自我所提供的一种先天概念。归根到底,康德无法把规范性的基础置于经验之中以及主客交互的过程中。从根本意义上来讲,康德不认为经验世界本身是有序的,本身能提供人类行动的法则,经验作为一堆凌乱的

---

① ［美］杜威:《确定性的寻求》,傅统先译,上海人民出版社,2004 年,第 88 页。

材料,只能是被人钳制的对象,否则就有被失去的风险。杜威站在自然主义的立场,无法接受康德对经验的看法,认为康德完全误解了经验的特性,经验并不是一堆原子式材料的组合,等待被心灵去统一,而是经验本身是包含着秩序、联系和发展的生命经验,它的基本特征是实验性的。他说:"经验就它的那种'充满活力的'形式而言是实验性的,是一种存在改变所予之物的努力;它以设计为特征,以力图达到位置之物为特征。它与未来的联系使它最突出的特征。"①为此,杜威区分了两种经验,一种是经验性的经验,另一种是实验性的经验。前者是通过感觉和实践活动的经验但是它对当前的行动不受因果关系的理解所限定,所以它的作用只是一种尝试的结果,并不是依赖对它的理解。而后者作为经验是受条件和后果的关系的理解所形成的,我们所获得的经验都是包含着对它的理解,这种理解基于经验所倚赖的条件以及它产生和可能产生的后果。

康德先验观念论的一个很大的不足就是它并没有考虑我们实际上的认知过程,只是探究在思维中如何获得对思维对象的确定性,但是实际的认知过程并不仅仅包括思维行动,而且我们获得关于对象的确定也不仅仅是为了思维本身。杜威认为正是因为康德以及近代哲学家们忽略了实际的认知程序,才导致把认知和行动两者分开,以为认知只是思维的事情,但是思维并不能提供关于对象的知识,它只是对已提供的材料的加工而已,所以首先必须有行动为思维提供材料,而这种行动不是任意的活动,而是在观念指导下的活动,它通过一系列外部活动改变了我们与环境的关系,最后形成了一个新的关系。比如,我们碰到一个不认识的物体,我们仅仅通过观察是不能获得它的认知,我们需要对它进行触摸、敲打、摇晃、使用等行动让它发生变化,通过这些变化让这一物体的特性能够凸显出来。如果没有这一系列的行动,我们就无法获

---

① [美]杜威:《杜威文选》,涂纪亮编译,社会科学文献出版社,2006年,第64页。

得物体真正的材料,如果只是关于直观的材料,这并不能帮助我们获得对物体的理解,就算一个玻璃杯放置在眼前,如果仅仅通过感性直观,我们只能看到一个在时空中存在的物体而已,我们既不能判断它是玻璃做成的,更不能理解它是作为杯子的,只有通过对这一玻璃杯的行动,我们才能把它理解为一个杯子。杜威认为,这种知行合一的方式才是我们实际的认知方式,它包含着实验性的探究活动,如果忽视了实验性的这一维度,认知就只会变成了一种思维游戏。但是为什么日常的很多认知并不需要实际的行动就能获得对它的认识,比如康德所说的 $7+5=12$ 这个数学命题,我们在思维中就能完成对它的认识。不过在杜威看来,如果不能在实际操作中理解什么是数,什么是加法,那就不可能理解这一数学命题,只不过我们在日常生活中已经通过实践操作理解了这一些概念,我们才能把这种理解作为我们理解这一命题的条件。康德也说我们理解这一命题是通过把 5 这个数一个一个地加到 7 之上,实际上康德也认为综合活动是建立在一种行动之上的,只是康德把这种行动抽象化了变成了思维的行动而已,如果脱离了人与世界之间的生存实践活动的话,抽象的行动也是不可理解的。

康德对真理基础的思考很大程度上被当时的自然科学所影响,因为在康德所处的时代伽利略和牛顿的物理学已大获成功,他们不再像前现代的科学那样把科学的真理寄托在对象中固定的实在特性之上,而是通过实验去揭示对象在时空运动中的各种关系。这种关系不是对象本身固有特性所具有的,而是对象在与其他对象的交互作用所形成的固定关系。这种交互作用是满足各种条件所形成的状态,但是和对象的固有性质无关,所以可以用数字来描述对象的性质,只要满足同样的定量关系就会出现同样的结果,所以近代科学所追求的真理是从传统的定性研究走向了定量研究,整个世界可以被纳入经验对象所处的量化关系中,可以用各种公式定理系数等来描述自然世界。这种量化关系也是一种形式化的关系,它基于实验操作之上,实际上走出了前现代科学的静观立场。杜威认为康德只看到了伽利略和牛顿物理学把自然科学的研究从定性研究走向了定量研究,所以康德能够从思维中找到这种量化研究的所倚赖的形式来源,就是心灵所提供的认知形式。但是杜威认为康德没有看到伽利略和牛顿所采取的实验立场,正是这种实验立场才使得伽利略和牛顿能够在自己与实验对象的实践操作中发现这种形式关系,因为这种形式关系需要机遇对象发生的条件和后果;正是在这样的条件和后果链条中我们才能理解对象所具有的形式关系,而这样的因果链条是离不开我们与对象的操作关系状态,而对象形式关系的揭露并不是对象本身的揭示,只是对象处于某种运动状态下的关系揭示,它指示我们有待进一步地去对它进行操作,以便我们能够掌握变化的进程,这样的过程没有尽头,只是依不同的情境和条件的发生和问题解决为依归。所以杜威说:"科学所关系的是这些经验到事情的发生情况。所以依照科学的目的看来,这些经验到的事物就是一些发生的事情。科学的目的在于发现他们发生的条件和后果。而且只有当我们改变这些现有的性质,把关系显露出来时,我们才能发现事情发生的条件和后果。"①

很明显地看出,杜威是站在一种发生学的角度来考查知识作为一种规范是如何发生的,我们对事物的认识过程是怎样的,我对事物性质的揭示不可能脱离我们行动的参与,包括有外部表现的行动和无外部表现的思维行动,这种行动必然会改变与对象的交互状态,所以我们不可能去揭示对象本身固有的实在,既做不到也无必要。我们能做的只是去揭示对象发生所依赖的各种关系,揭示出来的关系又帮助我们进一步地对它进行操作,以致认识不断加深,这才是我们认知的真实过程。康德正确地意识到了我们不可能知道对象本身的特性,只能站在主体的角度来把握对象存在所具有的形式和关系,虽然它反对唯心主

---

① ［美］杜威:《确定性的寻求》,傅统先译,上海人民出版社,2004年,第102页。

义的人类中心立场，但是康德的先验主义路径实际上还是把经验世界当作了为主体而存在的，用麦克道威尔的话来讲，主体通过表象结构紧紧地抓住了世界以防它流失。这是因为康德把对象的形式和关系的基础建立在主体之上，认为主体的心灵结构是确定性的来源，而忽视了实际的认知过程是怎么发生的，对象是处于不断的变化之中，我们的心灵也在不断地发生改变，我们与对象也不断地处于交互状态，没有哪一个是静止固定的。但是我们的交互状态本身会达到一种平衡稳定的状态，这种状态就是确定对象关系的来源，不是说对象、心灵和交互状态处于变动中就没有稳定的东西，而是他们会在满足一定的条件之后会达到一种平衡，这种平衡就是一种实验的结果。这也是自然科学和我们日常知识实际发生的情况，规范的权威性不是来自某种假设的固有心灵结构，而是来自实验主义基础上的交互结果。

第五章　杜威的实验观念论及其基本内涵

　　虽然杜威一生的思想历程经历了多次转变,他要解决的问题也是多样性的,但是从哲学角度讲,杜威终其一生都在试图解决传统哲学所带来的二元论。因为杜威在他所处的时代深刻地体会到了二元论所带来的各种对立和分裂的问题,所以不难理解为什么杜威无论出于其思想的早期、中期还是晚期,都对康德的先验观念论持批判态度。在杜威看来,康德的先验主义路径既是对近代哲学乃至希腊传统以来的二元论解决的尝试,同时也是二元论以新的形式和新的问题出现的典型代表。康德试图去弥合传统哲学中的心灵与世界的分裂,但其代价是自我的分裂和世界自身的分裂,站在康德直观主义的先验观念论立场是无法解决这些问题的。康德之后的德国观念论者也都看到了康德先验观念论的困境,也以解决这一困境作为自己的志业。杜威对康德先验观念论的批判在不同的时期受不同的思想和哲学所影响,早期主要站在黑格尔哲学的立场来对康德进行批判,因为黑格尔深刻地指出了存在自身的运动和概念之间的有机统一,使得康德的物自体和各种二元论成为多余的,这给杜威带来很大的影响。虽然杜威后来逐渐远离了黑格尔主义的立场,但是黑格尔哲学的精髓一直保留在杜威的整个思想体系之中。杜威之所以会放弃黑格尔主义的立场,是因为他受到当时的有机生理学和实验心理学的影响,认为哲学应该基于心理学之上,意识并不是局限于心灵之内有待于被先验自我综合的对象,而是已经包含了对世界的理解，并且意识处于与世界的交互之中，所以康德的自我意识的先验统一是经不起检验的。但是，真正让杜威感觉到找到了一条比较满意的解决途径还是实验主义的立场，因为这一立场吸取了早期的黑格尔主义和中期的实验心理学，并且汲取了经验自然主义和现代自然科学的成果。杜威认为我们所面对的这个世界并不是独立于我们之外存在的，而是与我们处于交互之中，我们本来就是与世界融为一体的，不存在最初的分裂，各种二元对立的问题都是人为制造出来的。我们与世界的交互状态具有一种实验主义的特征，因为这种交互状态是处于变动和发展中，不可能通过以不变的法则来掌控变化的世界，但是这并不意味着我们不能获得关于世界的确定性，这种确定性只能基于对象所处的情境条件和结果链条来确定，是一种对当下情境的暂时确定。它的最终目的不是为了获得关于世界本身的确定性，而是为了帮助我们行动变得顺利和自由，所以我们依然可以对世界获得认知的规范性，但是这种规范性不能基于先天的心灵结构，而是置于心灵与世界之间交互的实验状态。这种实验的状态不是只局限于我们对世界的认知，而且也表现于人与世界打交道的方方面面，包括我们伦理价值的形成和审美经验的培育。杜威把它称之为实验主义方法，只是当它运用于认知领域的时候，它能够帮助我们形成认知领域的规范，这种规范的权威来自我们与世界交互的生成实践活动。正是这样的一种实验主义路径，能够在生存论的立场上把知识与行动、自然与自由、理性与价值、自然和道德等诸多貌似对立的双方统一起来。而杜威把实验主义方法在认知领域形成规范的方式称之为实验观念论，它正是立足于对康德先验观念论的超越之上。

第一节 观念的发生与作用

近代哲学的一个核心问题就是如何理解观念的形成,因为无论何种哲学立场都无法否认观念在认知问题上的核心地位,我们关于对象的知识即使由观念构成,对对象的把握也只能通过观念作为中介来实现,这不是什么创造性的设想,而是主体性哲学的必然要求。无论经验论者还是唯理论者,都认为观念是认知世界的桥梁,但是对于观念如何形成的这一问题莫衷一是。唯理论者认为观念是天赋的,不可能从经验中获得,因为任何经验中得来的观念都是靠不住的,而天赋观念独立于经验领域但能实现形成经验世界的构想,认识天赋观念就能事先地掌握经验世界的本质。从某种程度上讲观念就是经验世界的根源,但是面临一个问题,即天赋观念形成的知识如何就成为现实必然的,两者的相关性如何保证?经验论者无法认同这一立场,认为观念是源于经验世界的,它是我们关于经验对象的印象,关于某个事物的观念就是对它产生了印象,但是印象有强有弱,有直接的和间接的,如果感官没有直接感触对象那是不是可以说观念就不存在了呢?经验论者在这些问题上也是倍感压力。在杜威看来,经验论者和唯理论者都预设了固定实在,它们要么把观念当作这个实在的影像,要么当作它的根源,无法说明观念的现实必然性,说到底还是把经验世界当作是独立心灵之外的东西,如何跳出心灵通往经验世界是他们面临的共同困难。如果真正地去追求真实的经验世界是什么样的,就不应该把它当作独立于人之外的固定存在,它时刻处于与人交互中的活的有机体,观念也诞生于这一交互过程中。我们没有必要追求实在本身是什么,因为它不处于我们的观察和实验范围内,我们真正能把握住的就是我们和经验对象之间的关系,这一关系不是通过直观或者思维就能抓住的,而是通过我们的实验性的生存活动去获得。观念也是在这一意义上来理解的,脱离了我们与对象之间的探究关系是无法理解对象的观念的。

一、观念的自然根源

杜威认为我们所有的观念都是来自经验世界,不存在天赋观念,唯理论所追求的自明观念是站不住脚的,经验论者是承认观念论源自经验世界的,在这一点上杜威赞同他们。但是对于观念是如何发生的,经验论者和唯理论者都无法说明。康德的先验观念论也没有对这一问题作出清晰的说明,康德不否认我们关于经验对象的观念受心灵之外的经验对象所制约,但是它不能决定一个观念的形成,必须有先验自我对该对象形成先天判断之后,把该对象的感性材料纳入先天判断之下,由此才形成该对象的观念。所以很多人批评康德只不过是调和经验论者和唯理论者的立场而已,虽然不尽全面,但是也不无道理。杜威从根子上否认了康德的先验主义立场,因为不存在固定而普遍的先天自我,纯粹的范畴并不是心灵先天具有的,而是心灵与环境互动中形成的有效方式而固定为习惯。所以,杜威认为一切观念都是源自经验之中的,任何非经验的天赋观念或先天范畴只有在主体对经验对象的探究活动中才能成立,杜威也只承认这种探究或者操作意义上的先天概念。

传统哲学之所以无法说明观念是如何起源或者发生的,是因为他们没有真正地把握住经验概念,没有站在一种发生学的角度来理解观念是如何在我们的生存活动中出现的。杜威认为观念的发生必须有先在的经验作为前提,"先在的经验为引起观念提供条件,是思想所必须加以说明,加以考虑的。先在的经验既为我们达成意愿造成障碍,又为我们达成意愿提供所必需的资源"。① 在这里如何理解先在经验成为关键,传统哲学把这种先在经验理解为独立于心灵的客观实在,观念如

---

① ［美］杜威:《确定性的寻求》,傅统先译,上海人民出版社,2004 年,第 167 页。

何反映这种客观实在一直是一个问题。先验经验从来就不是一种独立我们之外与我们无关的东西，而是被纳入我们的探究活动之中，虽然没有被当作确定的东西，却构成了我们探究活动的实践背景。杜威说："离开语言和所附加上去的和所推论出来的意义以外，我们继续不断地从事于无数这种最细微的、极为复杂的、直接有机的选择、排斥、欢迎、驱逐、占有、退缩、扩张、得意或失意、攻击、防守等活动。对于许多或大部分这类的动作所具有的性质，我们是没有觉察到的，我们也没有在客观上对于它们加以区别和指认。然而它们仍然作为感觉性质而存在着，而且对于我们的行为具有巨大的指导作用。"[1]先在经验不是固定的实在，而是处于我们与自然的交互中，只是没有被我们的意识察觉到而已，它一直构成我们有意识的行动背景，杜威说它构成指导我们推理动作的"触须"，它给我们暗示一种行动的方向，使我们的动作不是漫无目的。

先在经验不同于原初经验，原初经验是未经分裂的反思前的经验，它是经验世界的统一体，主客双方或者主体与对象都是从这统一体分裂出来的，这是在自我意识觉醒之后出现的。而先在经验是直接处于意识与内容的交互过程中的，它构成了意识内容的可能范围，被意识到的内容就是意义的发生，这就是观念。先在的经验从来就不是康德意义上的不可知的物自体，而是一个充满意义的体系，它构成了我们理解和领会的背景，我们之所以能够获得某个观念，就是因为有一个未被察觉的先在意义体系在充当观念的来源。杜威说："模糊而广大的背景在每一个有意识的经验中都呈现出来，所以它并没有说明任何特殊经验的特征。它代表着已为我们所使用而视为理所当然的事情，而这个中心的部分则是那种迫切而具有关键性的东西。但这个事实并不能作为理由来在理论中忽视和否认每一个清晰思想所具有的这个暗淡的和全

---

[1]　［美］杜威：《经验与自然》，傅统先译，中国人民大学出版社，2012 年，第 220 页。

面的意识背景。"①杜威举了读书的例子,我们之所以能够理解意识当下所聚焦的东西,就是因为有之前的先在经验做背景作为支撑,先在的经验和当前的意识内容构成一个完成的意义体系,只是意识把当前的内容从中挑选出来而已,对它的理解是建立在先前的意义整体中,否则对当下的意识内容是无法理解的。正是这种先验的经验构成了形成观念所必须的感知和感触,让意识在把握当下内容的时候能够把先前的经验带入当下的聚焦之中,让过去的经验能够渗透到当前的经验之中。

先在的经验为什么会促成观念的发生,站在传统的经验主义立场是无法说明的。杜威认为经验作为主体与自然互动的产物,这种互动不是漫无目的的行为,而是充满目的、计划和价值的有机行为,主体一直受从经验中形成的观念、目的和计划的指导来进行自己与环境的互动,自然本身是连续的,所以经验本身也是追求连续的。当经验出现断裂时,说明主体与环境的互动出现了障碍,主体从之前的观念体系或者意义体系中不能直接地找到某种观念或者规则来处理当下的问题,这时主体就会把当下的障碍当成材料,它指向某种问题,通过我们对它的操作或探究,形成了一个新的情境,理解了问题的全部特性之后就能形成一个新的观念。这个观念既是对当下情境的掌握,也是指示对当下问题的处理,使得主体与环境的互动重新顺畅起来,恢复自然的连续性。这个过程不是一次性的,而是循环往复的,新的问题情境促使新的观念的出现,新的观念指导行动出现障碍时就会变成旧的观念,旧的观念又会被新的观念所代替。正如杜威说:"在观念有意指导下的人类经验便不断地使它自己的标准和尺度演进着而且借助这种观念所构成的每一次新的经验又为新的观念和理想造成了新的机会。"②用杜威所举过的读书的例子来说,先前的内容构成了一个观念体系,它为每一个当

---

① ［美］杜威:《经验与自然》,傅统先译,中国人民大学出版社,2012年,第224页。
② ［美］杜威:《确定性的寻求》,傅统先译,上海人民出版社,2004年,第167页。

下的理解构成了指导观念,但是当通过先前的观念对某个内容的理解出现了障碍时,这时主体就会重新理解这个障碍构成的情境,理解它的全部含义之后形成一个新的观念,这个新的观念是对当下问题的解决,同时又构成了接下来的阅读的指导观念。观念系统或者意义体系正是通过这样的方式不断地发生、发展和更新的。

二、观念的操作主义特征

对于观念的意义是如何获得的这个问题,杜威既不同意经验论者把它当作是经验对象的影像,也不同意先天论者把它当作是心灵的产物,杜威认为观念的确定只能在我们与对象的交互中,既然我们事先还不确定对象的观念,所以这种交互只能是实验性的,通过一系列的操作行为来展现观念所具有的意义。由于杜威坚持观念是意义的发生,而意义是处于意义系统之中的,它指引着行动的进行,所以观念本身就包含着一种指引行动的操作手续,获得某个观念就是执行了或者理解了它所隐含的一整套行动过程,观念的意义获得也是在这样的一种行动过程中实现。杜威举了科学的例子来说明:"要发现一个对象的长度,我们就必须进行一定的物理操作。当测量长度的操作手续已经确定了的时候,长度的概念便也被确定了;这就是说,长度的概念只包括这一套决定长度的操作手续。总之,所谓概念我们是指一套操作手续而言;概念和相应的一套操作手续是具有同一意义的。"[1]杜威的意思很明确,观念的获得不是像传统哲学那样依靠直观和意识,而是通过行动把观念所包含的操作程序确定下来,观念意味着行动,它的意义是通过行动造成某种后果,这种操作行动是在经验范围内进行的,而不是康德意义上的抽象思维活动。观念不是独立存在的,它是处于经验之中,感觉性质是引起观念的必要材料,但是感觉性质要呈现它背后的事实或事

---

① [美]杜威:《确定性的寻求》,傅统先译,上海人民出版社,2004年,第109页。

物的话必须和操作行动或者观念联系起来,因为感觉性质不是被动地反映,而是暗含着某种操作的行动让它产生变化,以此来揭示感觉性质的真正地位。

　　很明显,杜威关于观念的这一思考受到布里奇曼的操作主义思想的影响,杜威在《确定性的寻求》中也明确地承认这一点。杜威之所以会赞同布里奇曼的操作主义立场,是因为布里奇曼很敏锐地发现了现代物理学超越传统物理学的关键地方在于现代物理学在方法上的突破,这就是爱因斯坦提出相对论时期提倡的概念分析法,其核心就是操作分析。布里奇曼认为相对论和量子力学等理论突破了传统物理学的范围,一个基本的要素就是对经验个体行为的依赖,这种个体行为具有目的性和过程性,所以布里奇曼把它称之为操作主义。操作主义立足经验之内,认为经验不是固定不变的,而是处于川流不息之中,用来把握经验的概念也必须随之变化,但是概念要如何确定呢? 布里奇曼认为必须把经验分解为各种可理解的要素,而要理解这些要素就必须找到描述它们的方法,当通过操作行动能够再现经验时,这时操作时所使用的概念也就确定了。概念的正确性必须由操作方法来检验,虽然不同条件下的操作实践都是不同的,也难以获得绝对的确定性,但是依然存在不可以重复的操作,因为实行一种操作也就是在确定一种关系,而关系是不变的,所以操作是可以被重复的。① 但是这种重复是基于关系结构来说的,而不是关于对象来说的,操作关系结构中的经验主体是可以替代的,但是经验主体在操作中的作用是不可替代的,这与传统哲学或者物理学的立场是完全不同的,以相对论和量子力学为代表的现代物理学强调经验主体的个体性和不可替代性,因为经验主体通过与对象的相互作用而一同塑造了经验结果,脱离经验主体来谈论经验对象是没有意义的。布里奇曼把这种操作主义方法推向极致,认为科学

――――――――

① 　余灵灵:《操作主义及其现代意义》,载《博览群书》2007 年第 7 期,第 50—57 页。

就是科学家的活动,这种活动也是科学家个人的活动,所以不存在外在于经验主体的不变真理,我们能做的就是通过操作分析来描述经验的过程,操作的过程性和对象的过程性是同一的,对象只是过程中的存在,我们操作的目的不是为了寻求不变真理,而是为了促成行动的实现。[①] 不难看出,布里奇曼是站在一种实用主义真理观的立场上来谈论科学真理,真理不是固定的和绝对的,而是动态的和相对的,它的存在不取决于某种先在对象,而是取决于我们对它的操作方法。

不难理解,杜威欣赏布里奇曼的操作主义思想不仅仅是因为它对现代物理学方法的深刻洞见,而且是因为布里奇曼通过操作主义方法对现代科学的解读之后让真理问题回到了实用主义立场。但是,杜威对操作主义的理解不同于布里奇曼的地方在于他没有把它局限于科学活动领域,而是把操作主义理解为人类生存实践中获取观念的基本方式,所以操作不仅仅指科学的操作,它还指基本更原始的操作活动。所以杜威说:"目前的探究在实验室中所运用的最精密的技术就是这些简单的原始操作的推广和改进。"[②]与其说是杜威对观念操作主义维度的理解受布里奇曼的启发,不如说是布里奇曼的观点佐证了杜威的实验观念论的立场,因为杜威是在一个更为基本的层面上来谈论观念的形成。杜威一直坚持观念作为意义的发生和生成,它必须在主体与对象的交互中才能成立,这种交互的过程是一种不断试探、不断确定、不断修正和不断更新的实验性状态,交互作用不是一种随机和偶然的方式,而是通过之前形成的意义系统和成功经验来形成一种有效的方法,方法成了主体与对象交互活动形成确定意义的基础,因为主体和对象双方都是处于变动状态,都不能决定意义的形成,也就不能确定观念的形成,只有通过采取一套有效的行动方法才成为可能,这就是操作主义所

---

① [美]布里奇曼:《布里奇曼文选》,杜丽燕、余灵灵编,余灵灵、杨富芳译,社会科学文献出版社,2009 年,第 20—50 页。

② [美]杜威:《确定性的寻求》,傅统先译,上海人民出版社,2004 年,第 122 页。

代表的方法论。这种方法论不是一蹴而就的,而是为了获得更加合适和更加容易的操作而不断地改进和更新操作的方法,并不存在某种固定的方法或原则来指导操作的进行,而是通过操作活动和操作结果来不断改善。"因此,我们就可以用操作来界说观念,而决定这些操作的并不是什么先验的验证和规则。这些操作本身就是在实际探究进程中通过实验发展出来的。这些操作是从人类的自然动作中创造出来的,也是在做的进程中验证和改进的。"①

既然主体与对象的交互双方都是处于变化和交织的,所以操作所要揭示的不是它们双方,而是为了揭示关系,对象之间的关系是不变的,这是由它们在生存实践中的地位所决定的,观念也是从这种关系的意义上来讲的。比如长度这个概念,单独一个对象本身无所谓长度这一特性,它自身也无法界定长度这一概念,只有当它和另一对象齐头比量的时候,通过多次这样的操作我们就获得了长度这个概念,长度这个概念既是对一系列操作的表达,同时也是对两个比量的对象之间的关系的揭示。一个梨子的甜这个概念不能通过这个梨子自身来说明,因为它自己是不断变化的,只有通过行动尝了几次这个梨子,再和其他尝过的水果比较起来,才能明白所尝的这个梨子的味道是甜这个观念,如果没有这种关系性的操作对比那就不能理解一个对象上的特性的。杜威所想要表达的是,对象本身是没有固定的特性,它所呈现出来的特性都是处于关系之中的,只是我们很容易忽略这种关系的存在而把关系的一端当成了对象本身的特性,这就是传统哲学所出现的错误。不但我们的日常生活是通过这种操作性的关系来形成各种观念和习惯,而且科学活动也是在追求科学对象之间的关系,比如科学家研究"冷"的物理现象,它并不是科学对象本身的性质,而是一件可以通过测量工具加以测量的事情。但是冷并不是测量仪上的数字,而是表示我们能够

① ［美］杜威:《确定性的寻求》,傅统先译,上海人民出版社,2004 年,第 123 页。

把它和其他的事情或变化关联起来看待，以此来观察它和其他关联对象之间的变化关系，这不是为了去获得冷的本质，而是为了去寻找控制它的方法。杜威说："既然我们已经废弃了具有固定孤立而互不作用的特性的、不可变化的实体，我们也势必要废弃用赋予固定对象以固定特征的办法来达到确定性的这种见解。……因此，确定性的寻求就变成了控制方法的寻求了。"[1]所以，通过操作主义方法获得的观念不是为了去揭示操作对象的特性，而是为了揭示对象所展现的变化以及控制这种变化的方法和可能行动，这就是典型的实用主义立场的观念论。

三、观念的工具主义维度

既然观念不是为了揭示对象固有的实在特性，而是为了界说对象之间关系，所以观念能够把各种不同的事物关联起来。杜威说："如果在把（长度）这个概念和其他的一些操作，如那些界说质量和时间的操作等，关联起来，我们就具有了用以建立物体之间的多种关系的各种工具。"[2]之所以能够这样做，是因为观念不是为了展示对象的本质，而是确定它在变化中可能与其他对象所形成的关系，这种关系不是定性的，而是定量的，它可以通过数字来呈现。比如红色代表一定数字的色调，绿色代表另一数字的色调，可以把两个数字关联起来理解红色和绿色之间的关系，如果我们想要预期某种颜色就可以控制色度数字的变化而形成。如果站在传统哲学的立场，我们所面对的经验对象都是有固定性质的，是这种固定性质决定了该对象之为该对象的原因，不同性质的对象之间往往相互隔绝而难以发生关系。但是在杜威看来，这种固定的性质只不过是实在论的一种臆想而已，因为在现代科学的理论已经充分证明这种固定的性质是不存在的，也就不存在固定的永恒的实

---

①　［美］杜威：《确定性的寻求》，傅统先译，上海人民出版社，2004年，第126页。
②　［美］杜威：《确定性的寻求》，傅统先译，上海人民出版社，2004年，第124页。

体,所有的性质都是处于变化和关联之中的,它可以被看多一种关系,一种可以被操作的观念。当观念由传统的反映实在的角色转换为建立关系的角色时,不同性质的经验对象之间就不存在天然的隔阂,都可以在一种操作关系中被关联起来,不过,"关系只有处于活动中才有意义"。①

　　既然观念能够把不同属性的经验对象关联起来,那观念之间同样可以进行关联,观念之间是可以统一起来的。杜威非常不认同康德的先验范畴之间的独立性,而认同黑格尔恢复了概念之间的有机统一,在黑格尔那里概念不是心灵的主观创造,而是精神的表达,它通过自身的运动能够使得观念只是对同一精神的不同表达。但是杜威不认同黑格尔对概念的先验处理,而是认为概念就是我们探究活动中的工具,但是这种工具依然是可以统一起来的,概念作为操作的结果,而操作本身是包含蕴含关系的,所以概念之间也同样具有蕴含关系。观念与观念之间的联结不一定需要对象的中介,而观念本身就可以充当成为自身与其他观念相联结的中介,观念之间是可以互相参照的,不过这要求操作与具体活动分开来,通过一种符号化的方式来进行操作,也就是说观念可以进入符号化的操作,一旦进入符号化的操作之后就不局限于具体的经验对象了,而是可扩展到可能性的操作,而这种可能性的操作就可以使观念形成一个观念体系。杜威举了数学观念这个例子,我们之所以会有数字观念,是因为我们在工作或游戏中有记筹和计分的操作,没有这种动作就不可能理解数字是什么意义。我们能够利用数学观念来测量土地或建造谷仓,这时我们所理解的数学观念是具体的,是通过具体的操作活动形成的,当我们理解了数学概念之后就可以脱离具体的应用来进行操作,比如计算由符号表示的面积或数量,这时的数学就成

① Raymond D. Boisvert, *Dewey's Metaphysics*, Fordham University Press, New York, 1988, p.141.

为抽象的操作的了，它不再需要具体的操作来作为它关联的操作，而是自己就可以成为数学符号的参照，由此可以形成一个概念体系。杜威认为即使这些抽象的或者可能性的操作脱离了具体的操作活动，但是它们的根源依然是最基本的操作行动，传统的形式逻辑或者康德意义上的先验逻辑都是建立在此之上的，否则就无法理解它们的起点在哪里。

观念的另一个问题就是观念的有效性问题，经验论者认为观念的价值在于符合对象的固定实在，唯理论者认为观念必然性在于它是来自严密推理的产物，推理的基础性观念则是天赋的自明之理，观念的必然性虽然不是源于经验，但是它依然能够揭示对象的实在。杜威站在操作主义的立场，认为这种把观念理解为对实在的揭示这种观点是站不住脚的，观念不是通过感官或者心灵推理得到的，它是通过操作行动获得的。"这些概念和观念的价值是由这些操作的结果所决定的。如果在这些概念和观念指导之下的操作达到了我们所要求的结果，它们便是正确的。思想的权威在于它指导我们的操作过程中把我们引导到怎样的后果。思想的任务不是去符合或再现对象已有的特征，而是判定这些对象通过有指导的操作以后可能达到的后果。"①杜威的意思很明确，观念的有效性不再依靠对固定实在的符合，而是通过指导操作所达到的效果来检验，但是这种效果不是一种实在意义上的效果，而是在一种行动层面的效果，是否使得行动能够顺利进行。比如数量这个观念，它既是通过对对象的计数操作获取的，同时也帮助对对象进行思考和操作的有效方式，两种不同属性的物品之间如何比量和交换的问题，数量观念可以帮助它们进行量化比较，一个物品的价值就是它能值多少钱，由此不同的物品能够进行交换。但是数量观念并不是揭示物品的固定实在，而是一种呈现物品与物品关系的方式，若能够帮助物品能

---

① ［美］杜威：《确定性的寻求》，傅统先译，上海人民出版社，2004年，第136页。

够互相转化则说明数量观念是有效的,促进了物品交换和流通的进行。既然观念是跟操作行动联结在一起的,所以它就不是普遍有效的,而是和自己所充当的特定角色相关,数量观念对思考物品交换是有效的,但是对于思考物品的性能就不一定是有效的。所以传统哲学把观念局限在感官层面的做法是狭隘的,这跟传统哲学对实在论的执迷有关,从而忽视了观念在行动层面的意义来源,由此导致了知识与行动的分裂。

观念不是为了与固定的实在相符合,杜威早在《实验逻辑论文集》中就已经批评了这种符合论的观念论立场,杜威说这种符合论的立场"就像一种发明和发明需满足的条件之间的符合"。① 杜威认为促使观念出现的材料因素只是观念形成的条件,而不是观念的原型,不存在符合或者映现的可能,因为观念是行动的产物,而且观念也是为了行动的顺利进行而形成。为什么观念会出现,这是因为我们在探究活动中遇到了问题,所探究的对象作为材料向我提出了问题,或者说旧的观念所指导的探究活动不能解决当下面临的问题,而必须形成的新的观念来完成。"所以观念提出了关于使我们困惑的对象的问题,所获得的答案得借助实验的有效工具,假如事情没有解决的话必须重新回答。鉴于这种方式,观念在探究行动中有着巨大的作用,但是它们是主导者,而不是复制员。"②观念作为操作行动的工具,它是我们思考对象的基本媒介,既然是工具所以它不是先天固定的,而是在行动中不断改进和更新的。比如古代社会通过时辰这个观念来计时,这是为了方便个人的行动安排,同时也是为了统一不同人的行动,但是时辰毕竟是不精准的,尤其是近代科学出现了之后对时间的计时精度要求越来越高了,所以时辰这个观念就不再适用于科学兴起之后的人类行动,新出现的小

---

①　John Dewey, *Essays in Experimental Logic*, Dover Publication, 2004, pp. 24 - 25.

②　Robert E. Dewey, *The Philosophy of John Dewey: A critical exposition of his method, metaphysics and theory of knowledge*, Springer Sciences+Business Media B. V. Press, New York, 1977, p. 148.

时、分、秒、毫秒、微秒等观念就是因应新出现的探究障碍。观念之间没有必然的优劣之分，只有有效与无效之分，能否帮助人类生存实践行动的顺利进行是决定观念的核心因素。

第二节 行动的基础性地位

杜威认为我们作为有机体中的一种时刻都处于与自然的交互中，我们的这种交互不是一种静态的直观或者思维，而是行动，我们首先是作为一个行动者存在于世界之中的，我们必须通过行动来从自然中获得生存所需的条件，必须通过行动来解决与自然互动中产生的问题，必须通过行动来协调与他人的关系，等等。正是在行动的意义上我们才首先享有这个世界，我们对这个世界索取、占有、打探、利用、感受等行为，如果没有这种行动的交互活动，世界就会变成人的对照面，人与世界的分离问题就出现了，随之而来的主客观问题、实在与非实在问题、现象与本质问题，等等，都成为理所当然的问题了。近代哲学之所以会出现这些问题，从杜威的角度来讲，就是因为他们没有看到人与世界的原初关系是交互地融为一体，而是直接地把人当作了意识的承载者，世界只是成为意识的反映对象，成了自我的表象。随之而来的困难就出现了：自我是如何与对象相关的？世界的秩序或者统一性源自何处？世界的实在性如何保证？等等问题。更为严重的问题就是对知识的高度信任，而对行动的弃之不理，这不是他们主观的意愿，而是他们在整个哲学的起点就已经埋下了这个因子。既然世界是如此呈现给主体，那主体的首先任务就是如何能够证明这种呈现就是世界本身，只有证明了这种反映式的真理，才能够给我们的行动提供指导，所以知识是把握世界最可靠的方式，而行动是以知识为前提的，由此形成的知行两分称为传统哲学不言而喻的立场。

正是这种行动以知识为前提的思维,导致了传统哲学把行动当成是不可靠的经验活动。康德是这一立场的典型,康德认为实验性的行为充满不确定性,不具有坚实的基础,只有具有先验法则的行为才可以具有普遍性,这就是道德行为。为此,"康德把 pragmatic 与 pratical(实践的)这两个词区别开。后一个词被应用于道德法则,康德认为这些法则是先验的;前一个词则被应用于技艺和技巧的法则,这些法则建立在经验之上,并被应用于经验"。[①] 康德用"实践"一词专指道德实践,而把一般的行动排除在外,这在实用主义者看来无疑是有问题的,因为康德没有看到观念的行动基础。康德的这种做法使得皮尔士不得不使用"实用的"(pragmatisch)一词来区别于康德的"实践"一词,因为皮尔士认识到一个观念的意义在于它对行为所产生的影响,观念的意义的确在于通过行动对它实行的操作,一块石头的硬在于经过对它轻刮过之后不可能划破而获得"硬"的观念,观念应用于存在也是需要行动的中介。杜威很认同皮尔士的这种观点,他说:"行动的作用是一种中介物的作用;为了能够把意义赋予一些概念,人们必须能够把这些概念应用于存在。正是借助于行动而使这种应用成为可能,从这种应用中产生的这种存在变体构成概念的真正意义。"[②]杜威的实验观念论比皮尔士的这种行动立场走得更远,观念不仅仅通过行动应用于存在之上,而且观念本身就是行动的展现,观念本身就具有行动的力量,认知首先是一种行动,其次才作为理论,这既是对传统静观主义的颠覆,也是从经验的发生角度来恢复行动的原初地位。

一、认知作为行动

既然观念不是客观实在的反映,而是操作经验对象的结果,那有由

①　[美]杜威:《杜威文选》,涂纪亮编译,社会科学文献出版社,2006年,第3页。
②　[美]杜威:《杜威文选》,涂纪亮编译,社会科学文献出版社,2006年,第5页。

观念所构成的知识也不是对客观实在的揭示,因为这种客观实在不是我们所能观察或者把握的。杜威认为传统哲学之所以认为认知应该是为了对对象客观性质的揭示,这是为了满足一种形而上学的需求,为了在川流不息的经验世界之中追求一种确定性。而能够赋予外部经验以一种确定性的就是经验对象本身所包含的这种固定的特性,这种立场从希腊哲学到近代哲学都是如此。这种对象的固定特性不是直接展现在感官中的,希腊人无法从认知的角度去把握对象的这种本质,而是从美学的角度把艺术提供的形式用来描述自然的现象,使得对象的形式好像展现在感官中,这至多只是达到一种心灵的鉴赏,而不是心灵的把握。杜威认为希腊哲学那种认为仅通过直观事物外表和理性的思维就能获得对象的性质的观点是错误的,事物的性质从来就不会在直观中直接地展现出来,仅凭借静观的方式是不可能得到对象的性质特征的,而近代哲学尤其是康德的先验观念论都是把知识建立在这种静观的基础之上,其结果注定只是一种主观地臆想。近代科学知识之所以能够有效地呈现经验对象的特性,不是因为它更能静观到对象的本质,而是它通过行动凭借工具让对象发生变化,使对象在这些变化中不断地呈现自身的特性。杜威说:"近代科学利用仪器使得直接知觉的材料发生了变化,不过它并没有脱离观察材料的本身而只是脱离了事物原来'自然地'被观察到的时候所具有的那种性质特征。"①如果仅仅从观看外表来认知对象的特性,毫无疑问是不可能获得对象的真正知识的。

杜威认为我们对自然领域的探究关系是我们在生存论上的基本特征,脱离这一探究模式来谈论任何对象和活动都是偏颇的,实验观念论是这一探究模式在认知领域的集中体现,所以知识的获得也是这一探究关系的结果。从实际的认知过程来说,经验对象之所以会进入认知活动,不是因为它本身的固定特性,而是因为它在探究过程中引起了问

---

① [美]杜威:《确定性的寻求》,傅统先译,上海人民出版社,2004年,第87页。

题,最初进入认知活动的不是对象,而是素材。杜威认为对象和素材是不一样的,对象是已经形成的东西,已经是完备的最后东西,只需要被分类、界说和推论等行动,而"素材是指'运动的材料',它们是征兆、证据、标志,某些尚未达到的事物的线索;它们是中间的而不是最后的;是手段而不是终极的事物。"①也就是说经验对象之所以会引起认知活动,不是它已经是完备的东西,那已经形成了某种认识,而是它引发了疑问和困惑,对象的特性并没有直接被显示出来,不可能通过直观就一目了然。既然它提出了疑问,那就不可能只是凭借意识的活动就能把握,而是需要通过行动对素材进行操作,让素材产生变化,在这种变化中发现变化之间的相互关系时我们才能说了解了对象的特性,脱离变化是不可能了解对象的。我们掌握这种变化之间的关系不是为了掌握对象固定的实在,而是为了掌握控制变化的方法,这正是现代科学所实现的伟大变革。实际的认知活动并不是为了抓住经验对象的实在,这既是不可能的也是不必要的,而是为了掌握对象在探究实践中产生的变化之间的相互关系,只有这种关系才是稳定的,通过这一稳定的关系可以去调节其他的变化。牛顿提出第三定律并不是为了揭示物体的性质和运动的性质,而是为了揭示物体的重量变化和运动变化之间的关系。爱因斯坦相对论的提出并不能说明牛顿力学是不科学的,而是说牛顿定律在当时的探究条件中并没有引发疑问,所以它就是科学的;随着人类探究活动深度和广度的增加,牛顿定律在爱因斯坦时期引发了疑问,它已不能解释全部的质量变化和运动速度之间的关系了,而相对论更能解释这种变化。这并不是说爱因斯坦的相对论是绝对的科学,而是说在现有的探究条件和探究活动类型中它是有效的,所以它是科学的,也有可能随着人类未来探究活动的加深而不能适应,那时又得新的理论来解释和掌控变化之间的关系了。

---

① ［美］杜威:《确定性的寻求》,傅统先译,上海人民出版社,2004年,第97页。

在杜威看来,前现代的科学为什么进步缓慢,是因为他们的研究对象更接近于常识的认知材料,"古代科学是从感觉材料的表面来接受这种感觉材料的内容的,然后它是运动逻辑的定义、分类和三段论式的包含法,按照这种感觉材料的本来面目把它组织起来"。① 很明显地,杜威认为古代科学和传统哲学一样,都是站在一种审美基础之上的认知论,理性的地位也只不过是通过思维找到感觉属性背后的形式,然后把这种形式界说为对象固有的实在特性。至于对象在实际行动中所产生何种变化则不管,因为它不能反映对象的固定形式,反而是遮蔽和干扰对象固定性质的呈现,所以行动和认知则分属两个不同的层面,前者是低下的,后者是至高的,知识是揭示实在的唯一方式,知识与行动的分离也成为必然,这也不难理解为什么康德会把行动排除在实践这一概念之外了。正是这样的一种知行分离,导致传统哲学只能凭借思辨的方式试图不断地完善揭示对象实在的方式。虽然康德已经意识到了这种对象本身的实在是不可能被我们所把握的,能把握的只是在我们感官条件中呈现的实在,但是康德依然是把直观当作进入实在的唯一渠道,世界成为直观的表象世界,但是我们的实际行动又表明世界不仅仅是表象的,对于这种违反常识的问题他只能通过划分世界的方式来解释。杜威认为康德把心灵的思维活动当作是独立于行动的这种立场是站不住脚的,这只不过是康德孤立地来看待整个探究的过程而已,实际上,"杜威认为内心活动所发生的地方是从属于操作行为的,这是在人们试图解决如何与环境进行顺利交互的问题时发生的"。②

杜威认为认知从来就不是与行动分离的,它本身就是行动的一种方式,他说:"认知本身是实践动作的一种方式,而且是使得其他自然间

---

① [美]杜威:《确定性的寻求》,傅统先译,上海人民出版社,2004年,第86页。

② Robert E. Dewey, *The Philosophy of John Dewey: A critical exposition of his method, metaphysics and theory of knowledge*, Springer Sciences+Business Media B. V. Press, New York, 1977, p. 145.

的交互作用从属于我们指导之下的唯一交互作用的方式。"①这不仅仅是现代科学所证明的,而且就是我们日常认知的真实情况,我们从来不会在探究行动之外来形成关于对象的认知和观念,水是凉的火是热的,从来不是为了认识而去认识他们,他们正是处于我们与自然的交互中形成的。而且形成凉与热的观念并不是为了认识水和火的本质,而是为了掌握这种观念来指导引起其他变化的可能性,比如水是凉,它会引起物体的降温,所以可以用凉水来冷却需要降温的对象,火是热的,它可以提高别的对象的温度,所以可以用它来取暖。正是在这样的一种实践关系中我们才能够掌握事物变化之间的相互关系,这种相互关系才是我们认知的目标,而不是对象的固定本性。知识一词很容易引起实在论的思维倾向,也容易把认知和行动分离开来,杜威经常使用动名词"认知"(knowing)一词来指认知活动,这就很容易看出认知和行动的统一性。由此可以看出,杜威的实验观念论所指向的不是像康德意义上的思辨活动,而是知行合一基础上的认知过程,它是为了展现认知活动作为一个动态的过程是如何发生的。

二、反旁观者立场与反被给予论

杜威通过对认知过程的发生学还原,发现认知活动从来就不能脱离实践行动,它本身就是作为行动作为整个探究活动的一部分,这既颠覆了传统哲学对认知与行动二分的立场,同时也表明了心灵静观的立场是不成立的。我们的认知行动从来就不是等着对象已经形成再对它进行直观,而是在形成认知对象的过程中心灵与对象早已交织在一起,这种交织不是康德所说的对象表象与自我表象的互相依赖,而是心灵在认知一开始就已经在改变着对象的原貌,所形成的对象是心灵和原初材料共同塑造的结果。杜威在他的经验自然主义思想中就提出经验

---

① 　[美]杜威:《确定性的寻求》,傅统先译,上海人民出版社,2004年,第105页。

是心灵与自然交互的结果，心灵不可能脱离这种交互作用的影响来客观地看待经验结果，但是这种交互结果又不同于康德意义上的建构结果。康德是因为承认受感官条件限制无法直观到经验对象本身，但是他承认这一经验对象本身是独立存在的，并不受主体的影响；而杜威是不承认这种独立的认知对象存在的，只要它进入了认知过程中，主体就会实实在在地改变着经验对象，而不是改变它在意识中的印象。由此可以看出，杜威是反对表象主义立场的，因为它不承认心灵与对象之间的互相独立，而是坚持两者的交织，这也就反对心灵的旁观者立场。杜威说："传统的学说主张心灵是从物理的和社会的事物世界以外去观察或把握对象的东西，而我们主张心灵是一个参与者，与其他事物交互发生作用，而当这种交互作用是在一种明确的方式之中被控制着的时候，心灵便认知了这些事物。这是一个本质的区别。"①

实验观念论超越传统观念论的一个重要方面就是主张心灵参与塑造经验对象，而不只是充当经验对象的镜像。近代哲学的一个典型特征就是把心灵当作一个独立的旁观者，认为只有这样才能保证经验对象的真实性而不会被外在因素所影响，所以旁观者立场是和这种实在论立场联结在一起的，它会带来一系列的问题，比如我们的心灵能力是否足以胜任去报导世界？如果确定我们复制对象后的观念是先于我们已经拥有的观念？这些都根植于对心灵的错误理解之上的。② 我们的心灵本来就处于发展之中，因为它也是随着与环境的交互作用而改变自己，即使是作为生物意义上的心灵机能也是如此，达尔文的进化论已经证明了这一点。正因为心灵和对经验对象本身都处于变化之中，而且两者的交互作用也一直在变化，所以不可能有任何独立的一方来窥

①　[美]杜威：《确定性的寻求》，傅统先译，上海人民出版社，2004 年，第 105 页。

②　Robert E. Dewey，*The Philosophy of John Dewey：A critical exposition of his method*，*metaphysics and theory of knowledge*，Springer Sciences＋Business Media B. V. Press，New York，1977，p. 145.

视另一者。旁观者的立场虽然表面上号称是为了保持经验对象的独立性,但是因为坚持感官能力和意识的主体性,所以最后实际上所获得的结果也只是把心灵的形式赋予认知对象之上,整个认知的过程是心灵居于主导地位,所达到的结果也只是呈现为心灵而存在的经验对象,而不是出于实际认知过程中的经验对象。而杜威的实验观念论立场主张认知的过程中心灵和对象都不是认知的中心,两者的交互作用才是认知的中心,心灵从一个旁观者角色转变为一个奔涌向前的世界中的积极参与者的角色。普特南评价杜威的这一思想实际上是打破了传统哲学中的上帝视角的立场。无论近代经验论者还是唯理论者,虽然他们都坚持人的理性是整个认识事业的基础,但是实际上所做的探究都是把主体代替原来上帝的位置,以一种俯视的态度来看经验世界的构成,以此作为确定性的理想。然而实际上有囿于人的心灵条件的限制而无法实现这一理想,各种问题就在这种理想与现实的纠葛之中出现了。

既然心灵不是站在经验对象之外的旁观者,而是参与了塑造经验对象的过程,所以就不可能存在经验对象被给予的问题。对象之所以会被认知,不是它被给予我们的,而是我们在认知的探究活动中出现了问题,素材指出了问题,它本身并不是问题,而是它因为探究的目的而成了问题,所以它被挑选出来成了认知的对象,对它的认知也不是为了它本身的特性,而是为了找到解决问题的线索和证据。所以素材不是被给予的,而是主体主动选择出来的,杜威认为应该用"被采取的"(taken)一词来替换"被给予的(given)"一词,这才符合我们实际认知过程中发生的情况。杜威举过几次医生诊断病人的例子来说明这一道理,医生看到的病人是呈现出多种感官素材的,但是只有一些是有关症状的素材,这就需要从中选择出来。而在这些与症状有关的素材中又有一些素材是指向病症的核心素材,这整个的过程是一个主动选择和筛选的过程,这些素材不是认知的对象,而是要去认知的问题,需要从它们身上找到解决问题的线索。这个过程需要专门的操作行动,而且需要在已经形成的观念、理论和知识的指导下进行,这些素材在这种观念指导下的操作才能得到解释,否则这些素材是没有意义的。医生必须在自己所学的理论和所积累的经验的指导下来解释这些症状表明了病人得的是什么病,病得多严重。如果站在传统观念论的立场,这些素材就是认知的对象,好像认知到了病人所呈现的感官知觉就是认知了病人的病情,这无疑是站不住脚的,所以杜威批评康德的立场犹如知觉病人就是认知了病人的学说。

正如前文所指出,对经验对象进行认知的目的是为了确定对象之间变化的相互关系,所有对象的性质和特征都可以转换为这种变化关系,认知的目的为了找到这种关系后确定控制变化的方法和工具。但是这种变化关系从来就不是通过直观获取的,而是通过操作行动把引起变化的特性在实际过程中展示出来,并把这一变化与其他变化关联起来形成变化关系。正如医生通过触摸病人额头的烫与否症状来展示病人体温的变成程度,然后再把体温的变化和身体机能的边关联起来,体温超出正常数值越高说明身体机能下降越多,只有把体温降下来才能回复身体的机能。但是在实际过程中不但常人容易把感觉素材从它在认知过程中的角色中孤立出来,而且科学家和哲学家也容易出现这种倾向,最后把感觉素材孤立为一种单独的实在,导致感觉素材之间缺乏联系,整个经验世界在认知活动之前好像就是一团凌乱的原子式材料,经验世界最后变得井然有序是因为原子式的材料被给予我们之后,我们通过心灵的能力把它们组织起来了。杜威早在《实验逻辑论文集》中就指出了由于科学家和哲学家预设了探究方法的有效性来快速地指出什么经验是有问题的,所以它们很容易忘记所有的素材是通过行动被挑选出来的,是通过细致的确定工具来选择的,导致把我们最初经验到的事物当作是没问题的和不可还原的素材,这种素材缺乏内在的复杂性,因此变得清晰可见。①

三、教化中的理智行动

站在杜威的实验观念论立场,我们作为主体从来就不是站在自然之外的旁观者,而是处于自然之内的行动者,我时刻与环境处于各种交互状态,而"'行动'一词是用来说明一种交互作用的方式的名称,这是从有机体的立场出发而命名的"。② 所以任何人类活动包括认知活动都是发生在自然之内的事情,而不是以一种上帝的视角来窥探自然界的奥秘。而且,我们与自然的交互状态是处于变化之中的,它虽时空的变化而不同,也就是说我们是一直处于各种经验情境之中的,情境是生命活动的基本特征之一,不可能脱离情境来谈论经验世界。杜威把情境分为两类,一种是最小限度控制下或者人完全不干预的情境;第二种是人主动采取行动而发生的情境。在第一种情境中人完全是被动的,人没有主动对情境施加行动,情境也没有被人所理解,情境中也不会存在疑难问题,不需要人主动的回应,人在这种情境中完全是以一种局外者的视角来对待,这样的情境充满了神意和偶然,人在其中也被宿命论所主宰。而第二种情境是人主动对环境进行作用,人也意识到人与环境的这种互动是不可取消的,情境也不是与自己无关的外在,而是与自己的生存实践息息相关的周遭,人都是利用情境中的条件来实现自己的生存活动,情境对人来说也是充满意义的。"这种意义是我们以明确的连续性去代替经验到的不连续性或去代替由于孤立所产生的片面性时进行操作的丰富的结果。"③很明显,情境中的意义是因为人采取了理智操作之后的结果,否则情境自身不会产生出意义。

---

① 　John Dewey, *The Middle Works*, 1916 - 1917, Vol.9, edited by Jo Ann Boydston, Carbondale: Southern Illinois University Press, 1980, p.345.

② 　[美]杜威:《确定性的寻求》,傅统先译,上海人民出版社,2004 年,第 247 页。

③ 　[美]杜威:《确定性的寻求》,傅统先译,上海人民出版社,2004 年,第 245 页。

人在情境中的操作行动不是任意和无原则的,而是理性的行动,杜威为了把这一理性与传统哲学中的理性(Reason)区别开来,使用了理智(Intelligence)一词。杜威认为传统哲学中的理性包含两个方面,一方面指经验世界中不变的自然秩序,另一方面指掌握这个自然秩序的普遍心灵,前者可追溯到希腊哲学中的"逻各斯",后者追溯到"努斯",但是经过基督教化之后,"努斯"变成了上帝,所以秩序也来自上帝赋予的。到了近代哲学,上帝退出了自然领域之后理性又重新恢复了"努斯"的维度,这在康德哲学中表现的最明显,康德认为理性只能是人的理性,而理性能力发生的来源就是人的心灵。正是因为理性是心灵能力的展现,所以理性不是处于自然之中的,而是外在于自然的,但是从现象主义的角度讲所有的现象都是符合理性形式的,所以理性成为自然世界中法则的来源,也成为实践行为的规则来源。杜威认为这种高高在上的理性并不是理性发生的实际情况,人之所以会做出理性的行为不是因为他以一个事先已经确定的先验法则作为指导,而是在与自然互动的过程中通过对条件的安排、后果的预测和目的的选择来决定他怎么做。"一个人之所以是有理智的,并不是因为他有理性,可以掌握一些关于固定原理的根本而不可证明的真理并根据这些真理演绎出它们所控制的特殊事物,而是因为他能够估计情境的可能性并能根据这种估计来采取行动。"①理智行动是跟判断连在一起的,而不是跟法则连在一起,我们做的每个行动都是一种选择,这种选择是根据情境和周围事物或者已经形成的经验的提示而做出的。正是因为我们在对经验对象的操作行动中获得了对象变化之间的相互关系,我们掌握了哪些变化会引起其他变化的发生,所以当我们想让这种变化发生时就会顺势而为,若不想就会通过控制这种变化而不让它发生,这是与我们所追求的目的相关的。

---

① [美]杜威:《确定性的寻求》,傅统先译,上海人民出版社,2004年,第214页。

　　所以理智行动离不开认知活动的指导,正是因为已经形成了发生于自然之内的认知结果,才能让我们的理智行动能够获得事先的判断。同时,这也说明理智也是发生在自然之内的,而不是像传统哲学所认为的那样理智是属于独立心灵的特有能力,理智的发生离不开它的作用,只有当理智被用于指导交互活动的时候才能说它存在,不可能存在一个不发生作用而暂存在心灵中的能力。也就是说脱离自然来谈论理智的特性是无意义的,因为连心灵都是处于自然之中发生的。不过人与自然之间的交互作用也离不开理智的指导,否则失去理智指导的交互活动所产生的结果也是无意义的,因为它不符合人的目的,也就不处于意义的系统之中。杜威为了说明理智和自然的紧密关系,他说:“人的理智活动并不是什么外在地附加在自然之上的东西;它就是自然,这时自然为了更丰富地产生事件而实现着它自己的潜能。在自然以外的理性意味着固定和限制,而在自然以内的理智则意味着解放和扩展。”①这也说明了为什么自然本身是有序的,是一个充满活力的有机统一体,因为处于自然之内的理智在指导着交互活动的进行,理智的作用不是为了钳制自然,而是促进它的延伸。这完全颠覆了近代机械论自然观的立场,康德认为自然领域是杂乱材料的堆积,如果没有主体赋予它以统一性和秩序的话,它对人来说就是杂乱无章的,人也就失去了经验世界,所以只有通过代表理性最高能力的先验统觉的综合,经验世界才会必然地处于人的控制之下,世界也就变成了固定的表象世界,这完全无法解释生生不息变动不居的自然世界。正是因为理智发生在自然以内,才使得自然是可理解的,这种理解“不是通过一个外在地对自然加以思考的心灵,而是通过一种在自然以内所进行的操作;这种操作使得自然产生了许多新的关系而这些新的关系又是在产生新的个别对象的

----

① ［美］杜威:《确定性的寻求》,傅统先译,上海人民出版社,2004年,第216页。

过程中所概况出来的"。① 很明显,杜威所说的自然可理解性受到了黑格尔逻辑学的影响。黑格尔所探讨的逻辑不是思维形式的逻辑,而是存在的逻辑,是事物得以被理解的可能性结构,它不是任何外来附加上去的,而是绝对精神运动的逻辑结构的产物,它外化在各个领域,包括自然领域,正是因为存在的逻辑作为可理解性结构才使得自然本身是可被理解的,具有可理解性,而不是主体外加上去的。杜威的做法是把黑格尔自然中的可理解性结构去绝对化,而把它自然化和可操作化。

既然理智对交互活动的指导是跟判断联结在一起的,所以理智行动在很大程度上体现为判断行为,判断不是理智凭空进行,而是需要根据情境所提供的条件,对这些条件的运用不是有先天的法则可遵循,而是需要理智自身审慎地运用。传统哲学认为实践活动没有先天的理性原则的指导就是盲目的行动,行动自身不可能使自己变成理智的行动,但是杜威认为"理智是有所指向的行动所具有的一种性质,而有所指向的行动乃是一种成就而不是一种本来的禀赋"。② 杜威的意思很明确,形成理智的行动不可能是一开始就有的,也不可能是一蹴而就的,人类的最初行动就是盲目的、偶然的,它是在一种毫无指导下的任意行为;但是随着人类与自然的交互中通过各种情境、条件、变化、后果的不断试探,逐渐形成了一整套适合自己在自然中生存的经验总结,通过利用各种条件来控制变化使得情境出现符合自己目的的后果,这种经验总结会通过重复和交流而成为习惯。但是从个体来说,个人最初的行动也是盲目的,最后形成理智的行动不仅仅通过与环境的调适来形成习惯,而且主要是通过教育、见闻、知识、交流、体会等途径来理解和形成理智行动。总之,理智行动需要通过教化来形成,而教化就是我们整个的经验世界所承担的。这也可以理解为什么杜威在晚年希望通过"文

① ［美］杜威:《确定性的寻求》,傅统先译,上海人民出版社,2004 年,第 216 页。
② ［美］杜威:《确定性的寻求》,傅统先译,上海人民出版社,2004 年,第 218 页。

化"一词来代替经验,因为他不想在一种生物的意义上来理解经验世界和人的活动,而是希望在一种教化的意义上来理解人与自然交互所形成的世界。在这一点上,后来的新实用主义者麦克道威尔与杜威有不谋而合之处。

第三节　规范性权威的形成

在杜威看来,近代哲学之所以会强调认识的优先性,而把行动贬斥为次要的,这除了受希腊哲学所强调的理论高于实践的传统有关外,更重要的是上帝退出人类活动领域之后人类所依赖的确定性从何而来,这已无法通过启示来获得,而只能通过人自身的理性能力,这就是启蒙运动所秉持的核心原则。近代哲学的经验论已经证明了确定性不能奠基于世界之中,因为通过认识的方式无法获得属于世界之中的确定性。唯理论证明了基于天赋观念之上并通过推理所形成的确定性无法说明这就是世界本身的确定性,所以从心灵和世界两方都无法通过认识的方式来形成关于世界的确定性,这实际上已经说明了追求固定实在意义上的确定性是不可得的。康德看到了近代哲学所面临的困难,但是康德并不认为这种确定性是不存在的,而是近代哲学妄图去追求超出人的认知能力之外的确定性,即世界本身的确定性,这种确定性对人来说就是物自体,人能够确定的就是感官领域的确定性。不难看出,康德实质上已经否定了追求实在意义上的确定性的可能,他所追求的确定性是一种对人类普遍有效的确定性,而不是揭示实在本身的确定性。在杜威看来,康德所建立的这种确定性只是规范性而已,因为他的目标是为了解释知识为什么是普遍有效的,而不是解释为什么物自体是实在的。但是康德并没有去探讨这种认知意义上的规范性是如何发生的,而是依然坚持理论与行动二分的前提下把这种规范性的基础奠基于心灵的结构之中,所以他的重要工作就是如何解释心灵是如何保证这种规范性的有效性的,在这里不得不预设心灵的普遍性和固定性。毫无疑问,杜威否认了这种意义上的心灵存在,世界本身是处于变动发展的,与它交互的心灵也是处于发展之中的,而且认知活动从来就不能单靠大脑的思维活动,认知从一开始就是奠基于行动之上的,所以康德对规范性探讨是建立在很多错误的预设之上的。但是,否定了世界本身和心灵的固定性,就不代表不能形成有效的规范性,人与世界处于交互作用中,交互过程中所形成的经验、条件、结果、价值、目的等都可以成为人在行动中的指导,依然可以成为稳定的规范。正如拉里·希克曼所说:"(杜威的)规范或标准作为实践的副产品而出现,而且,在它们遭到成功的挑战之前,它们是可以被普遍运用的。在这个意义上,规范或标准可以具有普遍性。"①

一、前件转为后果

杜威认为传统哲学之所以会出现各种二元对立的问题,这与他们所采取的静观立场直接相关,这是受希腊哲学传统的影响。"理论"(theory)一词就是从希腊词"旁观者"(theoros)演变过来的,而"旁观者"(theoros)又是和希腊词"神灵"(theos)相关的②,所以希腊人认为通过旁观来洞察事物的本质不仅仅是靠个人的理性力量,同时也是神灵在借助人在观察,人的至高理性的来源是神灵,而不是靠人自身的禀赋。同时,对事物的洞察也是对神圣事物的观察,关于对象的真理不是靠主体来保证的,而是由神意担保的,所以人的任务就是通过沉思观察自己的灵魂,在灵魂中发现神灵的指示。但是到了近代,所有的神意都

---

① [美]拉里·希克曼:《永远年轻的杜威——希克曼教授讲杜威》,王成兵主编,林建武、陈磊、林航等译,中国政法大学出版社,2015年,第49页。
② [美]拉里·希克曼:《杜威的实用主义技术》,韩连庆译,北京大学出版社,2010年,第143页。

退出了认知领域,即使谈论灵魂也是在现象意义上来讲。所以近代哲学面临一个问题,在缺乏任何外在启示的帮助下如何能够通过静观来获得关于对象的真理,这时就出现了两种立场,即把真理分别置于对象之中和心灵之中,这就是经验论和唯理论所做的事情,用当代认识论的话语来讲,两种立场可大致归于反映论和融贯论旗下。反映论面临如何证明真理与对象相符合的问题,融贯论面临真理如何与对象相关的问题。从某种程度上来说,康德调和了两种立场,先验观念论通过表象主义的立场使得真理与对象相符合,因为对象就是由主体建构出来的,另外通过物自体的刺激给予材料来保证真理与对象相关的问题。虽然康德表面上很好地调和了符合论和融贯论的问题,但是康德把问题的重心转移到了真理的前提性问题,即为什么由主体建构的真理刚好就符合实在对象。康德先验观念论的主要任务就是证明先验条件如何保证了真理的成立,承担这一任务的就是心灵能力。

虽然康德通过先验观念论很严密地证明了真理是如何奠基于心灵结构之中的,但是杜威认为康德所做的工作是经不起检验的,因为"在康德的机构中没有任何外表的、可以观察得到的和有时间性或历史性的东西。这个机构是在幕后进行工作的。只有结果是观察得到的而且只有一个严密辩证推理的过程是他可以断言有他那一套形式和范畴存在。"①很明显,杜威认为康德所倚赖的心灵机制是不可观察的,而且心灵在康德那里变成了没有时间性和历史性的东西,这既不符合近代科学的立场,也与人们的日常观念不容。试图在心灵中找到确定性存在的前提条件是徒劳的,因为心灵从来就不是静止不动的,也不是孤立存在的,而是时刻处于与自然的交互作用之中,没有任何先验的东西存在,并能够成为指导交互活动的先天原则,我们能够确定的就是这一交互活动的结果。即使有任何前提性的条件存在,它也是作为过去交互

---

① [美]杜威:《确定性的寻求》,傅统先译,上海人民出版社,2004年,第292页。

经验的结果,而不是独立交互活动之外存在的。既然我们唯一能确定的就是交互作用的结果,这就使得我们对确定性的追求从以认知的前提作为保证转变为以认知的结果作为标准。所以杜威说:"旧的中心是心灵,它是用一套本身完善的力量去进行认知的,而且它也只是作用于一种本身统一完善的事先存在的材料上的。新的中心是自然进程中所发生的变化不定的作用,而这个自然进程并不是固定的和完善的,而是可以通过有意操作的中介导致各种不同的新的结果的。"①虽然我们在与自然的交互活动中没有先天的原则或理论可循,所有的原则、观念、知识或价值都是在这种交互或者之中产生的,我们不可能在交互活动进行之前就已经获得了对它的指导观念,所以基于静观立场上的理论活动都不是对交互活动的确定,而只是一种事后反思的结果,但是这并不代表交互活动没有章法可循,否则就变成无意义的任意活动了。我们通过操作活动获得了对象的观念,这种观念表达了一种事物变化之间的相互关系,任何对象观念的获得时我们都已经知道了它与其他对象交互时可能产生的所有后果,而对哲学后果的预见就使得我们能够顺从或者规避,通过控制变化的条件来实现,这又取决于我们的目的。

把对认知活动的前提性条件的追问转变为对认知活动结果的控制,这是杜威对近代哲学一种革命性的超越,这种超越不是杜威主观意愿上的行为,而是杜威扎根于对认知活动的发生学意义上的考查结果。传统哲学之所以会孜孜以求地追求对象的确定性,就是以为思维活动能够揭示对象的固定实在,这种实在就是确定性的保证,由这种确定性来承担人在自然中行动的指导。但是实际的认知过程并不是靠行动之前的思维结果来保证的,因为在与对象打交道之前我们并不具有关于它的全部特性的知识,而仅靠直观对象的外表是不能获得关于对象的关系特性的,对象只有在对它的操作行动中才展现出它的各种变化,所

---

① [美]杜威:《确定性的寻求》,傅统先译,上海人民出版社,2004年,第293页。

以仅靠直观不能获得它的确定性。其实,康德也意识到了通过直观不能获得关于对象本身的确定性,我们能获知的只是在直观的意义上的认知规范性,这种规范性在直观领域是有效的。但是,康德依然认为这种规范作为认知活动的指导它是先于行动的,所以对它的保证只能通过考察它的前提来达到。杜威认为这就是康德为什么无法实现世界统一性的关键所在,因为康德一直在预设一种二元立场来解决之前的二分问题,而不是立足于在一切反思活动发生之前的经验过程,我们行动的规范或者标准从来就不是源于自然之外的,而就是处于自然之中,我们通过对各种变化的调节来达到预期的结果,这里需要调节的工具和手段,在行动之前所获得的观念、理论和知识都是这一调节的工具。正是这样的一种调节模式和调节结果,只要它能成功地促使交互活动的进行,它就能成为规范和标准,但这是一定范围的规范,一旦出现了新的问题情境而不能适应的话,旧的规范又会被新的规范所取代。

　　杜威明显是不赞同符合论或者融贯论意义上的规范标准,因为他们都不是立足于真实的认知交互活动之中,而他所确立的以后果为依据的实用主义规范标准正是回应这一问题的。不过,有学者批评杜威只强调认知的结果而忽视认知的前提条件是有偏颇的,刘易斯说:"杜威过于甚至绝对地强调朝前看知识的内容和工具性功能的原因之一在于,对传统的关于知识的正当性的问题他根本不感兴趣。"①很明显,刘易斯还是站在一种基础主义的视角来看知识的合法性问题,认为知识的基础应该不随认知活动的变化而改变。但是杜威并不认同这种立场,在他看来任何基础和前提都是人为的预设,真实的经验过程并不存在这种东西,即使存在也是经验过程中暂时的经验结果。但是,对知识的合法性问题真正重要的不是它的前提或基础,而是它的结果,因为它

---

① ［美］詹姆斯·坎贝尔:《理解杜威:自然与协作的智慧》,杨柳新译,北京大学出版社,2010年,第58页。

的真正价值还是要落实在人与自然的交互过程中究竟起到何种作用。所以对认知来说,最重要的任务不是朝后看,而是朝前看,因为"我们不是生活在一个固定的完成了的世界中,而是生活在一个持续变化的世界中,这里我们主要的任务就是前瞻,在这里回顾——所有不同于思想的知识都来自回顾——的价值在于它们为我们面对未来提供了某种稳定、完全与滋养"。①

二、工具的中介地位

如果从表面上来看,杜威的实验观念论和康德的先验观念论一样,都是坚持一种建构主义的立场,因为两人都认为认知对象都不是事先就存在的,而是通过认知过程建构起来的,而且两者都坚持观念的主动性,观念从来就不是像近代经验论者所认为的那样只是对象的印象,而是主体的一种构造。但是,两人的建构主义在根本意义上是不同的,康德的建构论实质是一种心灵或者思维建构论,具体来说就是主体先天已经携带了一幅有色眼镜,能够透过眼镜呈现给主体的部分就是人所能认识的实在,实质上主体并没有对对象施加什么影响,只是相对主体来说它被主体把握到的结果是经过过滤的。所以,康德的建构主义本质上还是一种反映论,只是这种反映不再像经验论那么乐观地认为是对实在本身的反映,而是对被静观部分的反映。而杜威的建构主义并不是一种思维意义上的建构,而是一种生产性的建构,主体并不仅仅凭借思维对它进行操作,而且是通过行动对对象进行改造,让对象在探究活动中呈现出各种特性,因为事物的特性永远不可能只靠旁观就能呈现出来,而必须通过操作让它产生变化,在变化中发现变化之间的相互关系。由此可以看出杜威并不认同传统意义上的固定实在论,因为这

---

① John Dewey, *The Middle Works*, *1916*, Vol. 9, edited by Jo Ann Boydston, Carbondale: Southern Illinois University Press, 1980, p. 158.

在逻辑上不可证实,在事实上也被现代科学所否定了。正是杜威坚持一种生产性的建构主义,对他来说最重要的不是建构一种确定性,而是形成一种工具,它能够用来把有问题的情境转变为无问题的情境,能够恢复事物断裂之间的连续性,能够帮助主体成功地进行与自然的交互活动。总之,在杜威这里,知识是操作行动形成的结果,它的价值在于充当工具,这种工具的价值就在于促进探究活动的顺利进行,或者说"杜威的'新中心'最重要的方面不是形而上学的——否认传统对心灵与自然之间等级的划分,而是方法论方面的"。①

　　杜威认为我们和自然对象打交道从来就不是直接的,而是中介性的,或者说是需要工具来进行的,这一点也是实验观念论的基本要义之一。杜威之所以会反对传统实在论的立场,是因为传统哲学家没有凭借任何手段来证实或者观察这种实在,而仅凭一种推测和心理需要来设定实在,而现实的情况是实在是随着我们探究活动的前进而发生变化的,这种变化的关键就是我们探究时所采用的工具。希腊人为什么只能从一种常识或者审美的层面上来接受自然呈现的感觉材料,是因为"当时人们或是没有工具和器械来改变这些通常观察到的对象,把它们分拆成为它们的要素,予以新的形式和安排,或者说,他们并没有运用他们当时所具有的工具和器械来从事这些工具"。② 他们只能通过纯逻辑或者思维的工具来弥补这种缺失,而近代科学为什么会有突飞猛进的发展,这跟近代科学所利用的仪器设备有直接的关系。正是这些实验工具的出现,使得事物的变化不再是避之不及的东西,而是成为科学的真正研究对象,因为近代科学可以通过所利用的工具让事物的变化能够处于控制之中,而且让事物能够在更深入的层面出现新的变化,使事物的特性更多地呈现出来。比如,古代社会对水的认识只是一

---

① David L. Hildebrand, *Beyond Realism and Antirealism: John Dewey and the Neopragmatists*, Vanderbilt University Press, Nashville, 2003, p. 61.

② [美]杜威:《确定性的寻求》,傅统先译,上海人民出版社,2004 年,第 86 页。

种感官层面的知识,能灭火,能解渴,能涵养生命。但是到了近代出现了新的实验手段之后,水变成了二氢一氧(H_2O)的分子,对水的认知不再从直接经验中去把握,而是使它置于新的控制手段之下,让它产生各种变化以及与其他事物交互时的变化关系,对象的性质也是以这种可以观察到的变化关系的形式展现出来。

如果站在传统实在论的立场是很接受杜威的立场的,因为传统实在论认为经验对象本是先于认知活动而存在的,它的特性也是固有的,不会因为对它操作的方式的改变而发生变化,即使康德的先验观念论也不会承认认知活动改变了对象本身的特性,而只能改变我与它接触的方式与效果而已。所有这些实在论的观点都是基于知行二分的基础之上的结果,只是把认知当作思维的作用而已,而不是对它的行动操作,但是实际认知过程是知行合一的,知识的最基本的维度是实践性,认知是一个操作的过程,而操作的方式和方法直接决定了认知的结果,这就是工具所起到的关键作用。杜威说:"当我们经验到由对象的相互关系和交相作用所构成的那一方面时,我们便有可能有新的方法来应对它们,从而最后产生了一种新的经验对象,这种新的经验对象并不是比以前的对象更为真实些,而是比它们更有意义,更少外力的阻碍和压迫。"①比如,自然领域中存在的铀矿如果在古代社会它只是一种自然存在物而已,与它交互的方法只能是日常生活中的方式,它也只是作为一种与一般的土没有区别的事物,这就是当时的操作方法所决定它只能作为自然界的一种土壤。但是随着现代科学方法的出现,可以从铀矿中提取铀,它就变成了工业原料,再可以通过实验方法让它产生核裂变,它就成了原子核。如果想让这种核裂变以最快速度发生,就任其反应,原子核就会变成原子弹;如果想控制这种核裂变的速度来控制它所产生的能量,通过新的方法原子核就会变成核反应堆,它所产生的核能

---

① ［美］杜威:《确定性的寻求》,傅统先译,上海人民出版社,2004年,第221页。

为人类所用。从铀矿到核反应堆的过程并没有说谁更真实或者实在，而是我们不断以新的方式来调控与对象的交互方式。这种交互的结果也会以新的经验对象而出现，这种新的经验对象不是新的实在，而是新的经验形式，它产生出了更多的意义，每个阶段的新对象都是作为一种新的意义出现，它让事物的特性更能解放出来，而这都是奠基于工具的中介作用之上。所以杜威说："任何认识上的结论的价值都依赖于达到此结论时所运用的方法，因而方法之改进、智慧之完善，乃成为具有最高价值的事情了。"①

工具不仅仅指科学意义上的工具，在方法论意义上它是人类探究活动的中介，行动对对象操作的过程，同时也在制造工具，因为每一个操作结果的出现都是为了情境问题的解决，同时又会成为下一个操作行动的工具。杜威曾经说："当一个人思考知识事业的重要性时，就不会奇怪，为了获得知识，就要发明出恰当的工具，而这些工具在预先存在的材料中没有原型，它们是真实的对象，但他们仅仅是自身所是的真实对象，而不是一些其他的对象。"②很明显，我们在操作行动中所产生的直接结果是意义，它脱离了原来的事物形态，而变成了可供人操作的对象，意义变成可操控的对象表示它就是工具，而且这种工具是最基本最初始的工具，它可以脱离对象而凭自身就可以得到检验，所以对意义的操作可以在思维中进行，对意义的操作是可以互相参照的，因为彼此包含蕴含关系，这就是形式逻辑的基础，或者推论的基础。正是这种脱离了原初形态的意义操作，使得思维的反思活动能够得以进行，如果忘了意义的工具性作用，就很容易把意义误解为思维操作的结果，而不是思维操作的中介，这正是传统哲学犯的一个错误。杜威认为传统哲学正是因为没有看到实在是作为使用工具之后的功能，而把两者分开后

---

① ［美］杜威：《确定性的寻求》，傅统先译，上海人民出版社，2004年，第200页。

② John Dewey, *The Middle Works*, *1915*, Vol. 8, edited by Jo Ann Boydston, Carbondale: Southern Illinois University Press, 1979, p. 78.

使得作为功能的实在变成了作为前提的存在,也就把实在实体化了,哲学的谬误也由此产生了。[①] 实验观念论的要义之一就是坚持工具论的基础地位,脱离了工具的中介作用不但认知活动不可能,连新的经验对象的产生也不可能。在此,不难看出杜威受黑格尔逻辑学中的中介概念影响,存在既是自身的存在,同时又是自己的中介,中介实质上充当着存在转换的前提,离开了中介的作用存在也不可能,也不可能有发展。从这种意义上来讲,杜威的工具论不是一种实用性的方法,而是具有基础地位的中介作用。

正是因为工具的基础性作用,所以杜威也直接用来他界定真理概念,真理首先作为一个动词,表示它在探究活动中作为工具所起到的效果,如果它成功地达到探究的目的则说明它是真的,否则就是假的。在此,有很多批评者经常批评杜威的真理概念充满功利和市侩,因为如果事物的价值就在于满足人的目的,那就会出现法兰克福学派所批判的工具理性问题。如果这样来理解杜威的工具概念就大大地误解了他的意思,杜威是站在一种作为基本生存方式的探究活动基础上来看待工具问题,人类的探究活动终究离不开制造工具和使用工具,包括认知活动中,但是对工具的使用是被目的所引导的,所以"工具—目的"的方式是杜威界定合理性的基础,这个过程也是理智行动的过程。但是在此的目的并不是人为主观的目的,也不是人类共同设想的目的,而是起源于自然领域之内的,作为"可见可即的目的"(ends-in-view)。也就是说,目的是在人与自然交互的探究活动的情境中产生和发展起来的,它并不是事先已经具有的,正是这种在使用工具时才活跃起来的目的使得人类不至于走向反自然的方向,而是引领探究活动走向与自然的统一。所以,工具的中介作用不是为了实现私人的目的,也不是为了把人当作工具,"工具理性并没有剥夺价值、意义,反而让生活具有了更多的

---

① ［美］杜威:《经验与自然》,傅统先译,中国人民大学出版社,2012年,第24页。

意义和更真实的、更贴近当下语境的价值"。①

三、有根据的可断言性

在杜威看来,认知活动是一种动态的过程,它是基于探究行动之上的结果,所以它不可能像传统哲学所认为的那样只是心灵内心的活动。认知的过程不是单个因素所主宰的,而是所有因素都参与其中,这就是一种交互作用的状态。所有各种因素参与其中所起作用的方式不是任意的,而是被目的所引导着,它们也是作为认知的手段来进行。正是这样的一种动态的交互作态,使得我们不可能找到一种固定的确定性来指导认知活动的进行,所以认知的规范不能寄托在某种先在的实在之上。但是每一种探究活动都是在情境中进行的,有问题的情境才引起认知活动的发生,而问题的解决就代表情境的恢复,这种恢复的情境正是我们可以确定的东西,所以认知的规范不是奠基在对象之上,而是基于解决问题的情境中,杜威把这种认知称为"有保证的可断言性"(warranted assertibility)。杜威之所以会使用"有保证的可断言性"这一词,是因为他想表明知识是一种实在,而是一种属性,一种探究活动中的属性,它是探究行动中的断言性行动,这种行动不是传统哲学所轻视的那种无根据的活动,而是处于手段—目的关系之中的理智行动,手段和目的都不是主观任意形成的,而是和情境与自然相关联的。正是这样的一种理智断言活动,使得知识不是一劳永逸的,而是当下手段—目的框架所决定的结果,情境发生改变,手段—目的的框架也会随之改变,认知的结果也会发生变化。

杜威之所以会使用"有保证的可断言性"一词,而不是知识或理论,是因为他想突出认知活动的过程和认知结果的可辩护性,如果把认知的过程忽略掉,或者把认知的活动从情境中抽离出来,认知的结果很容

① 徐陶:《当代语境中的杜威哲学》,湖南大学出版社,2016年,第92页。

易变成抽象的实在,而且这种实在会变成一种理所当然的先在,主体和客体的分离也随之出现。杜威认为在认知的过程中,所有参与其中的内容都是工具,它们只有功能上的差异,而不是实在程度的差异,包括主客体的区分也是因为所起的功能不一样而已,脱离这种过程性就很容易把没有本质区别的功能性内容变成彼此独立的实在内容,而且这些独立的内容又反过来变成了外在的东西闯入了自然领域,这无疑会带来很多不必要的问题。所以杜威批评康德时说:"康德的学说是错误的,因为他把感觉和概念之间真正和必然的区别从它们实际探究中的地位和功能抽象了出来。康德的学说把这种区别概况成为一些固定的和笼统的区别,忽视了这种区别在获得那些经过验证,保证安全的信仰时所具有的特殊作用。结果便产生了这种人为的错综复杂的情况和不可解答的疑难问题。"①同时,杜威还想表达认知的合理性在于结果的可辩护性,它可以通过是否有效来检验它的真理性,在这种检验中可以不断地修正,如果按照康德的先验观念论立场,知识的真理性在于心灵事先所形成的先天综合判断,但是康德无法解释为何一种知识被一种知识所取代但两种知识都是正确的这种问题,因为康德眼里的知识是通过前提来保证的,而不是后果,也就无法解释知识的更新换代,也无法解释知识的价值所在。杜威说:"当知识理论忘记了其自身价值在于解决确保行动方法的问题时;当知识理论忘记了它必须寻找一种可行的条件,在这个条件下,个体可以自由地指导自己的行为而不失去任何人类文明的历史价值——当知识理论忘记了上述所有这些的时候,它就会变成一种阻碍。"②"有保证的可断言性"正是为了突出认知结果的形成有赖于它所凭借的条件和工具,而且这种条件不是心理意义上的条件,像康德的先天认知条件,而是实际探究活动中的行动条件,这表

① [美]杜威:《确定性的寻求》,傅统先译,上海人民出版社,2004年,第174页。
② [美]杜威:《杜威全集·早期著作》第5卷,杨小薇、罗德红等译,华东师范大学出版社,2010年,第15页。

明知识与行动的源出统一的关系。

不过也有很多批评者认为杜威过于强调认知的过程性,而忽视了知识的实在基础,如果没有事先的固定实在存在,那认识活动从何开始? 比如莱维斯说:"杜威专注于知识的朝前看的功能,而忽视了向后看的基础和预设。杜威不喜欢抽象,也怀疑任何尝试划分因素或相关联的问题的做法。总之他十分强调活生生的过程统一体"①在莱维斯看来,认知不仅有前瞻性的一面,同时它也有回溯性的一面,杜威过于迷恋认知活动和过程而遗失了知识的根基。很明显,莱维斯的观点还是站在实在论的立场上来看杜威的主张,杜威从来没有否认知识有回溯性的层面,也就是是反思性的层面,杜威认为这是知识活动很重要的组成部分,因为没有反思性的经验的话很难形成统一性的经验。"反省的知识是进行调节的唯一手段。它作为工具的价值是独特。结果这些从事于迷人的反省思想的哲学家们便把知识和它的结果分割开来了。他们忽视了知识来源和知识功能的全部联系而把反省知识当作是和一切有效的经验范围是相等的。"②如果把知识的回溯性层面拔高而从认知的过程中孤立出来,就会出现把知识当作是经验的整个范围,这就是近代哲学所出现的问题,但是如果把反省性知识当作是探究过程中的一种有效工具的话,它只是经验范围的一部分,而不至于把经验局限于认知领域,这样就能重视所有在认知过程中所呈现出来的各种形式的经验,包括情感的、审美的和意志的等方面。

"有保证的可断言性"表达的是一种规范有效性的来源,所有的认知情境都是不一样的,但是所有的认知活动都可以形成有效的认知结果,这种认知结果不是部分性的,而是可以具有普遍性的。这种普遍性不是一个完成时,而是一个进行时,因为情境的变化都会使得规范在不

①　David L. Hildebrand, *Beyond Realism and Antirealism: John Dewey and the Neopragmatists*, Vanderbilt University Press, Nashville, 2003, p.67.

②　[美]杜威:《确定性的寻求》,傅统先译,上海人民出版社,2004 年,第 220 页。

断地修正,但这不代表没有认知规范,否则就没有共同的认知结果。是什么保证了认知规范的有效性呢? 答案是探究活动的内在模式,正是这种模式不断地引导我们的探究活动走向成功。这种探究模式简单来讲包括几个方面:首先,探究过程中出现新的问题,正是这种问题激发我们去对它进行研究;其次,对这个问题我们提出假设,并推出其他具体的命题,具体命题是有假设跟其他命题关联起来所形成的;再次,通过实验行动来对这些假设进行试探活动,检验哪些命题是有效的;最后,形成可靠的结论,这就是有保证的可断言性。正是这种程序使得现代物理学不断地走向成功,它们所倚赖的不是追求先天的实在,而是遵循着实验性的方法,而且这种方法可以移植到所有的科学研究领域,由此产生一种方法论上的普遍性,这便是科学所揭示的规范基础。杜威的实验观念论也是为了从一种程序性上和方法论上来突显出传统哲学尤其是康德的先验观念论所寻求的规范基础缺乏了方法论环节,使得康德所建立的认知规范性体系充满了问题,而杜威的实验观念论正是为了从根源上找出康德的问题,杜威的这种方式是一种经验发生学层面的基于生存活动基础上的探究模式。

第六章　杜威的哥白尼式革命

众所周知,康德在近代哲学史上实现了一次认识论意义上的哥白尼式的革命。因为前康德的近代哲学虽然试图只凭借理性来获得世界的确定,但是这时的理性已不是近代之前的宇宙理性,而是变成了人的主观理性,人的理性必然会受到主观条件的限制,所以不可能实现宇宙论意义上的理性与自然的一致。虽然近代哲学家们没有主动地意识这一点,但是通过他们的哲学探讨所出现的问题从客观上说明了这一实情,站在人的理性角度既无法说明实在必然和理性相符,也无法说明实在必然和理性相关,所以怀疑论和独断论是逻辑必然的事情。康德很敏锐地意识到了这些问题,他认为问题的症结就在于没有对理性有一种正确的认识,理性变成人的理性之后必然会受到人的诸种心理条件的限制,所以它不是万能的,它对实在的把握只能在直观的领域进行,这就是理性运用的范围。而且,理性对实在的把握不是去追求实在本身的固定本质,这已经超出了理性的能力,理性所把握到的实在是经过理性对它的构造,或者说进入到理性运用范围的实在都必须是符合理性所提供的形式的,否则实在不能被理性所把握,所以在直观领域被把握到的实在都是符合理性形式的。从这种意义上来讲,认识不是主体围绕着对象,而是使对象符合主体的认知形式,否则认知不可能发生,这就是康德的哥白尼式的革命,也是康德先验观念论要说明的内容。可以说,康德先验观念论是对近代认识论转向后的主体哲学扎下了牢固的根基,因为先验观念论对认识的前提条件的考查使得认知合理性不再受认知结果和过程的影响,这也是传统哲学对确定性追求的一次方向转型,让哲学能够为认知和行动提供权威的规范性。

不过,杜威认为康德所做的工作并没有达到他所标榜的革命性的成就,"他的'革命'是从神权走向人权的过渡,除了这一点以外,他只是明白地承认哲学家们在他以前从古典哲学一脉相承之下所无意地主张过的东西。因为这种传统思想的根本假设是:理智和自然结构是内在地相符的,——斯宾诺莎曾经明确地陈述过这个原理"。[①] 很明显地,在杜威看来,康德虽然意识到了主观化的理性已经不能再像古代哲学所追求的宇宙理性或者天启理性那样直接地就是和自然相符合,人类的任务就是在自然中认知这种一致结构。但是康德把理性限制为主观理性之后,只是把自然和理性的一致结构放在了心灵之上而已,对象符合心灵形式其实就是对象和理性相符合,所以从这个层面来说杜威的批评是很到位的,康德的贡献只是把这种一致性的结构更换了基础而已。如果依然坚持理性与实在的相符合,那必然会预设一系列的二元立场,比如对象与心灵、内容与形式、现象与本体、理论和行动,等等。康德虽然很好地化解了近代哲学所出现的困境,但是又重新制造出了新的难题,如何弥合这些二元对立的问题是康德哲学体系所做的主要工作。而且,康德所预设的静态自然、表象结构和心灵结构是他所跨不过去的坎,因为这些问题让康德的先验观念论只能在理论内部是自洽的,但是面对实际认识的过程性和历史性等问题则无法解释,这也是后康德的观念论者一直攻击康德的重要靶点。

杜威认为他所走的路才是真正意义上的哥白尼式的革命,因为杜威不是从一种反思性的立场出发寻找不变的起点,而是立足于真实的经验世界,经验世界不是像康德所认为的那样只是认知意义上的,也不

---

① ［美］杜威:《确定性的寻求》,傅统先译,上海人民出版社,2004年,第290页。

是一堆凌乱的材料等待被综合,而是一种生生不息的经验过程,它是有机体与自然交互的产物,同时也是进入自然的媒介。认知活动也是交互的一种方式,只不过是最有效的交互方式,所以知识对人类探究活动来说还是具有优先的作用。正是因为认知不是一种旁观者的被动反应,而是有机体对经验对象的操作过程,这种操作过程不是一种特定的行动,而是生存活动的基本特征,它是朝向前的探究活动,所以也是实验性的。正是这种实验性的操作过程无法事先确定任何一种固定的因素,因为所有的因素在探究过程中只充当工具性的角色,所以只能通过结果来评价和检验每一因素的价值。所以实际的认知过程中不可能有先天的必然性,所谓的确定性只是一种有保证的可断言性,它是操作主体面对问题情境时根据所具备的所有条件对这一问题情境进行解决,问题的解决就代表认知的有效,它所形成的规范只要没有被挑战之前就可以作为普遍有效的规范。所有认知活动只是遇到问题情境时才会出现,它是为了恢复经验世界的连续性,所以把认知当作经验的全部的立场是完全站不住脚的,而且认知结果也不具有固定实在意义上的真理性,它也是作为人与自然交互时的工具,会随着情境和目的的改变而发生更新或者替代。人类追求确定性的终极目的是为了在与自然交互时具有依靠和安全感,但是杜威基于现代科学理论对实际的经验世界和认知过程进行分析之后指出这种普遍的确定性是不存在的,它是人类的一种美好愿望,如果它不能扎根于现实之中就会被现实所遗弃,这也是哲学在现代科学蓬勃发展的时候所遇到的尴尬。但是哲学不再追求那种设想的确定性并不代表人类的探究活动没有规范可循,而是可以基于被现代科学所证明的实验方法之上,也就是说规范不能指望立基于对象之上,而是建立在可靠的方法之上,方法论优先于实在论是杜威不同于传统哲学的关键地方之一。而且,哲学的任务要发生改变,因为传统哲学所预设的立场和观念是有问题的,所以哲学追求绝对永恒真理的传统使命也已不合时宜,哲学要回到统一的经验世界,回到人与世界的交互活动之中,促进这种交互活动就是促进人类的自由行动。

第一节 颠覆知识中心论

杜威非常不能接受的是传统哲学把认知当作进入经验实在的唯一通道,甚至直接在两者之间画上等号。经验世界作为自然本身,它是所有有机体生命活动的场域和背景,有机体和自然之间的交互活动并不是一开始就出现认知活动的,最初开始的只是一些最基本的生物性活动,随着这种交互活动的深入和意义体系的扩展,人类的官能和心灵也在这种交互进程中不断进化,只有出现了高级智能之后人类才开始有了思维能力,认知活动也是基于这种思维能力之上的。作为具有高级智能的人类,首先的一个事实就是人类已经享有了这个经验世界,在这经验世界中从事一切的生存性活动,认知活动只是其中的一种而已,但是所有的活动都是探究性的,没有任何绝对必然的行动,人类就是通过实验性的方式在自然之中进行探究,这种探究活动不只是人类日常所从事的,还包括作为生物的生命活动。人类的探究性活动和生物探究活动不存在断裂,两者之间是连续的,但是两者之间存在界限,这一界限就是人类的探究性活动是理智性的行动,而不是本能性的反应。正因为探究是一种理智行动,所以人类能够在探究的不同情境中找到最合适的手段和工具来达到自己的目的,人类也是通过这种情境中的理智行动来建立安全感的。

一、认知作为次级经验

杜威的哲学立场区别于传统哲学的关键地方之一就在于他的经验概念,他认为传统哲学之所以会出现各种问题,其关键在于他们所预设的世界观是有问题,这直接表现在对经验的立场之上,因为经验和世界在很大程度上是直接等同的,所以杜威认为只有从根源上挖掘传统哲学的问题因子才能真正地寻找到走出哲学困境的出路。杜威的经验概念吸收了黑格尔经验概念和达尔文进化论的思想,他认为经验根本就不像传统哲学所认为的那样要么只是认知性的经验,要么就是无意义的经验,如果要避免经验成为无意义的话就必须让它置于主体的控制之下,这种控制的方式就是认知。而在杜威看来,经验非但不是僵化无意义的,反而是充满生命力的。经验概念在杜威那里具有双重含义,首先是作为动词的经验,其次才是作为名词的经验,因为杜威首先把经验看作是一个动态的过程,这个过程是与自然交互的过程,所以经验到任何对象也就是处于这个经验过程之中。任何经验都是自然的,杜威说:"被经验到的并不是经验而是自然——岩石、树木、动物、疾病、健康、温度、电力等。在一定方式之下相互作用的许多事物就是经验;他们就是被经验的东西。当他们以另一些方式或另一种自然对象——人的机体——相联系时,它们就又是事物如何被经验到的方式。"①很明显,杜威认为经验不仅仅包括经验的对象和经验的过程,还包括经验的方式,总之,经验就是自然的过程。

既然经验是自然的过程,所以经验就不能仅仅局限于认知领域,经验是含主客观的统一体,认知经验的产生是主客体的分裂,它是建立在反省方式的基础上,让连续性的经验发生断裂,断裂成为主客体两方,然后再通过静观的方式解决主客体之间的符合问题或者相关联的问题,所以认知经验并不是原初的经验,而是反省基础上的次级经验,如果把经验认定为认知经验,那认知经验的前提即整全性的经验就被遮蔽了。而这一整全性的经验才是未被区分的原初经验,这种原初经验提供了"一种指称统一和全体:在被经验到的事物和起被经验的方式之间,是一种全体,这个全体是被打断之前的全体,是在通过一方面像世

---

① ［美］杜威:《经验与自然》,傅统先译,中国人民大学出版社,2012年,第3页。

界、事物、对象,另一方面像心灵、主题、个人、意识这样的词将要做出的区分之前的全体"。① 正是这样的一种未经分化的经验充当着我们与自然交道的基础和背景,杜威举了生活这个例子:"生活是指一种机能,一种包罗万象的活动,在这种活动中机体与环境都包括在内。只有在反省的分析基础上,它才分裂为外在条件——被呼吸的空气、被吃的食物、被踏着的地面,和内部结构——能呼吸的肺、进行消化的胃、走路的两条腿。"②也就是说,我们与自然交互的过程在发生学意义是一个连续性的未经分化的过程,如果遗忘了这种连续性的统一体就会带来诸多问题。传统哲学之所以会把认知和经验等同起来,就是没有看到这种原初的统一性经验。所谓的认知对象并不是最初的,而是经过反省过程的结果,但是传统哲学并没有看到这一点而误以为它是原初被给予的,很自然地就会追问主体如何能够把握住这一被给予的对象,主客分离成了不言而喻的前提,所做的大量工作都是为了恢复主客之间的连续性,这在杜威看来无疑是画地为牢,自己给自己设置了无法逾越的障碍。

杜威的实验观念论首先做的事情就是重新确立世界观基础,这一世界观就是经验与自然的连续统一体,这一统一体是变动、生成和连续的过程,这一过程不是一种外在的客观对象,而是人类本身就置身于其中,我们就处于这种经验生成的过程之中。人类在这一过程中不是被动的旁观者,而是积极的参与者。经验过程本身无所谓确定性的问题,只有相对人类来说才有这个问题,而且经验本身也不会提供这种确定性,因为它一直处于生成过程之中。但是,人类会通过方法和工具把不适应的经验情境变成稳定有序的经验情境,这就会让经验在人的控制之下产生出新的意义,当然这种新出现的意义也是自然过程中的一部

① John Dewey, *The Middle Works*, 1921 - 1922, Vol.13, edited by Jo Ann Boydston, Carbondale: Southern Illinois University Press, 1983,p.350.

② [美]杜威:《经验与自然》,傅统先译,中国人民大学出版社,2012 年,第 10 页。

分,只是它是由人类特有的方式的中介下发生的,这就是认知的方式。杜威说:"并不是所有一切的存在都要求被人类所认知,当然也不要得到思维的允许才能存在。但是当有些存在被经验到的时候,这些存在便要求思维在它们的进程中去知道它们,使它们成为有条理的和美好的东西,从而引起人们的崇拜、赞许和欣赏。知识为达到这样新的安排而提供了唯一的手段。经验世界的各个部分一经重新安排以后,便具有了更明朗和更整饬的意义,而它们的意义可以久经时间的蚀啮而变得更加可靠。"①杜威实验观念论所试图做的事情不是为了故意针对传统的知识中心论,而是从一种更基本更自然的角度来还原认知的过程是怎么发生的,它在人类与自然的交互进程中是处于什么样的地位,只有还原出认知的真实地位才能明白认知活动只是人类用来整理和调节经验的一种方式而已,让经验释放出更多的意义来满足人类生存的需要。传统哲学的一个重要缺陷就是把认知活动从它在人类的探究进程中抽象出来,这样认知活动就变成了唯一与经验发生关系的中介了,很自然地就会把认知和经验等同起来。

二、生存论基础上的知行合一

在杜威看来,近代哲学所出现的认识论转向实质上是把对确定性的追问建立在内省的基础之上,这种内省的方式使得人与世界的关系呈现为表象的关系,心灵与世界之间的沟通问题一直成为核心议题。内省的基础是意识活动,所以意识如何把握被意识到的世界是其任务,任何变化和运动都会威胁到这种意识呈现,所以对于世界的确定性问题知识比实践更具有优先地位。但是这种的一种优先性使得实践依附于知识之下,实践必须在知识的指导之下才能具有效果,知识本身是具有稳定性的,因为它是对世界客观性的追问和把握,这种客观性是以一

---

① 〔美〕杜威:《确定性的寻求》,傅统先译,上海人民出版社,2004年,第299页。

种先在的实在为保证的。但是这种先在实在性的存在是如何证明的，这一问题一直是传统哲学面临的问题，因为内省的哲学只能证明意识自身的确定性，这就是"我思"的确定性，但是无法说明"我思"对象的确定性，笛卡尔所能确定的"我在"并不是实在性意义上的存在，而只是一种分析命题意义上的结果，康德也早已指出过这一点。康德的先验观念论也无法说明这一点，只是以一种预设或者假设的方式来把这种固定实在当作不言而喻的东西，物自体在经验意义上一直是无法说清楚的东西，这和笛卡尔的思路没有质的区别。毫无疑问，内省或者反思的哲学路径使得近代哲学无法说明世界本身的确定性，最终达到的只是自我意识的确定，或者说，近代哲学没有看到知识或者认知的真实发生过程，知识脱离了它所具有的实践维度使得知识成了一种抽象意义上的假设。

杜威的实验观念论直接跳出了传统哲学所采取的内省路径，而是采取一种经验的直接描述方法，它不再是去寻找何者的优先确定性，而是在一种发生学的意义上来揭示认识的发生。认识不只是内心的意识活动，它首先是处于人对世界的操作过程之中，杜威说："认知不是一种外在旁观者的动作而是参与在自然和社会情景之内的一分子的动作，那么真正的知识对象便是在指导之下的行动所产生的后果了。"①很显然地，认知首先是一种行动，它是人对自然操作行动过程中的一部分，也是有机体生命活动的体现，这也是实验观念论中"实验"一词的要义，脱离这种行动的维度来谈论认知活动会导致知识成为无源之水、无本之木。而这一点正是建立在杜威的哲学世界观之上，他是以一种生存论的视角来谈论人与世界的关系以及认知活动的发生，确切地说，"我们首先是作为行动者存在于世界之中的，我们和世界首先是一种前反思的'享有'关系、实践关系。这是我们不以理论建构方式而以直接描

---

① ［美］杜威：《确定性的寻求》，傅统先译，上海人民出版社，2004年，第197页。

述方式进行哲学谈论的起点,是非反思态度的必然结论。否定我们在世界中存在这个第一前提,就会使我们处在旁观者的位置上"。① 我们作为有机体是在世界中存在的,我们与世界打交道是最基本的存在方式,所以实践关系是我们与世界最基本的关系,所有其他关系都不能脱离实践关系来谈论,包括认知活动。这一实践关系用杜威的术语来说就是探究或者操作,在方法论意义上就是实验。认知活动不会无缘无故地发生,而是当人与世界的实践操作出现了障碍或者生活之流出现了断裂,这种断裂向人提出了问题,我们不得不采取反思的方式对其进行研究和解决,认知活动由此产生。所以传统哲学把知识和行动分离开来的做法是有问题的,这种脱离真实过程的认知必然会带来一系列的分裂问题。

很明显,杜威从一种经验的直接描述法来追溯认知活动的发生与海德格尔对存在的生存论分析不谋而合。伯恩斯坦也说:"当海德格尔追问上手状态的意义和结果以及它如何与应手状态相关时,这表明他从基本上改变着我们理解我们的'在世界中存在'的方式。尽管'在世界中存在'不是古典实用主义者所使用的表达方式,但是它漂亮地表达了实用主义对于发生在有机体与环境之间的交互作用的理解。"②海德格尔认为"在世界中存在"是此在最基本的存在属性,"在世界中"不是一个存在者在另一个存在者之中的存在关系,"'在之中'不意味着现成的东西在空间上'一个在一个之中';就源始的意义而论,'之中'也根本不意味着上述方式的空间关系。'之中'意味着:我已住下,我熟悉、我习惯、我照料。"③也就是说,"在世界中存在"不是一种空间关系,而是一种最基础的生存论关系,我们在世界中通过与世界打交道来揭示世

---

① 陈亚军:《超越经验主义和理性主义》,江苏人民出版社,2014年,第104页。

② Richard J. Bernstein, *The Pragmatic Turn*, Polity Press, Cambridge, 2010, p. 20.

③ [德]海德格尔:《存在与时间》,陈嘉映、王庆节译,生活·读书·新知三联书店,2006年,第63页。

界的整体性,世界也是通过这种打交道显示出来,世界在这种打交道中首先呈现为一种"上手状态","上手状态"不是一种认知的状态或者理论的状态,而是通过一种"为了作……"的结构的指引通向它的合用性。海德格尔把人在这种上手状态中的活动称为操劳,操劳作为最基本的活动样态,这与杜威所强调的探究或者操作处于同样的生存论地位。可以看出,杜威和海德格尔都揭示出人与世界首先是一种生存论的关系,人处于世界中首先是一种实践性的关系,这是为了满足人生存的目的,世界也在这种意义上作为工具而使自己的意义被揭示出来。手段—目的的模式不只是具有简单的功用意义,它在生存论上具有源始性的意义,杜威强调所有的事物都具有工具性意义也可以从这个角度来理解。

正是因为人和世界首先是一种实践性的关系,所以实践具有基础性的地位,实践并不像传统哲学所认为的那样缺乏规定性,它有自己的确定性,杜威称之为行动的目的,海德格尔称之为规则。海德格尔说:"其实行动源始地有它自己的视,考察也同样源始地是一种操劳。理论活动乃是非寻视式地单单观看。观看不是寻视着的,但并不因此就是无规则的,它在方法中为自己造成了规范。"①也就是说实践本身并不是毫无方向的任意动作,而是朝"何所用"的方向形成一种意义系统,人在这种意义系统的指引下顺利地实现各种操作活动。认知之所以可能,也是因为有事先的实践所形成的意义作为理解的前提,否则认知将不可能形成。杜威认为认知的意义之所以获得,也是因为事先的意义系统作为背景,为认知的结果指明了方向,而意义的形成不一定是通过认知实现的,它在更基本的层面上是由实践活动形成的。所以认知不是心灵内部的单独活动,而是根植于生存实践之类的行动样式,认知和

---

① [德]海德格尔:《存在与时间》,陈嘉映、王庆节译,生活·读书·新知三联书店,2006年,第63页。

行动在源始意义上是合一的,两者之间不存在分裂的问题,只有从这个层面讲知行是统一的。

不过,虽然杜威和海德格尔都立足于一种生存论的视角来强调知行之间的源始统一,但是两者的初衷是不一样的。海德格尔对此在的生存论分析试图找到存在的基本建构和样式,实践先于认知不是为了发现规范的行动基础,而是为了揭示认知作为在世样式的存在意义。海德格尔并不想通过一种反传统形而上学的方式来建立一种形而上学,虽然他意识到自己早期的努力无意中产生了这种倾向,他认为囿于任何形而上学的问题都会遮蔽存在的问题,近代哲学所出现的认知论转向正是这一问题的展现。所以站在海德格尔的角度来看,不会认同杜威试图通过一种生存论的发生学方法来为规范找到真实的基础。罗蒂也说:"对于海德格尔来说,杜威对哲学史的种种描画最多只是可悲地体现了用形而上学的语汇(比如'经验''自然')来克服形而上学这一企图的无益。"①哈贝马斯也说:"海德格尔把通往真理的特殊通道留给了诗人和思者;他把这种通道与'纪念'一种高高在上权力的命运这种恭顺联系起来。相反,杜威的研究则开始于人'在充满危险的世界中寻求确定性'的两条途径的分叉。"②杜威所揭示的知行合一是为了在日常生活中找到规范的统一性基础,为消除各种二元分裂的问题找到出路,这也是实验观念论的理论旨趣。海德格尔分析日常生活是为了超越它,因为它是此在逃避追问存在意义的避难所,唯有从日常生活脱身而出才能承担起存在的任务。而杜威回到日常生活是为了还原它本来的面貌和意义,通过一种经验的直接描述方法来揭示日常生活本身的统一性和历史性,正是在这样一种时间性的日常生活为生存实践提供统一而适时的规范。

---

① [美]罗蒂:《实用主义哲学》,林南译,上海译文出版社,2009 年,第 62 页。
② [美]杜威:《确定性的寻求》,傅统先译,上海人民出版社,2004 年,第 5 页。

第二节　情境中的真理

杜威的实验观念论所强调的一个重要方面就是认知的情境主义维度，这不仅是因为自然本身的时间性使然，而且也是操作行动的原因，因为不同的操作行动会造成不同的操作结果。杜威说："当我们采用不同的操作去解决由先在经验情境所引起的问题时能够得到多少结论，我们便有多少种类有效的知识。因为解决不同问题时所采用的操作手续是从不重复的并且也不会得出完全相同的后果的。"①杜威认为我们所获得的知识是通过操作活动行程的，而不是通过静观的沉思获得的，操作活动受时空条件和主体心理条件的影响，所以操作条件也是变化的，导致每一次认知活动都是相异的，所以并不存在先在的实在作为认知结果的保证，而是通过利用情境中的条件来控制认知活动的进行，使之达到预期的目的，任何揭示先在实在的想法都是一种臆想，既无可能也无必要，因为现实的认知活动并不是为了揭示固定实在，而是为了解决情境中的问题和促进行动的顺利进行。所以不存在传统哲学所标榜的固定真理，真理一词首先是动词意义上的，它是在行动的作用下使其达到目的；其次是形容词意义上的，真理的意思是什么东西是真的，它暗含着真是建立在条件基础之上的，如果忽视这些情况而一般地来谈论实体意义上的先在真理，就会陷入各种无法解决的争执。

一、破除确定性的迷思

杜威认为传统哲学追求确定性的背后是人类追求安全的观念表达，因为人类所生活的这个世界是充满变化和不确定性的，人在这种巨

---

① ［美］杜威：《确定性的寻求》，傅统先译，上海人民出版社，2004 年，第 197 页。

大的不确定性力量面前显得无比的渺小与脆弱，所以如何在其中寻找确定性是获得安全的前提性条件。人类会通过各种方式来构造安全，各种劳动实践和发明创造通过利用自然的力量来改变自然世界，以便获得利于人类生存的条件。同时，人类也会在情感和观念领域来获得确定性。但是，在行动领域和观念领域获得确定性的程度是不一样的，行动所施行的领域是变动不居的自然世界，而观念所涉及的是固定不变的实在。杜威说："实践活动所涉及的乃是一些个别的和独特的情境，而这些情境永不确切重复，因而对它们不可能完全加以确定。而且一切活动常是变化不定的。然而依照传统的主张，理智却可以抓住普遍的实有，而这种普遍的实有却是固定不变的。"①传统哲学对实践与理论区分的这种理解导致对确定性的追求寄托在理智身上，因为理智不需要跟现实的经验世界打交道，它可以凭借自己的特性而可以把握固定的实在，这种固定实在便是确定性的保障，以真理一词来表达。对确定性的追求从外在行动转为了理智活动，认为只有不变的实在领域才是确定性的来源，真正的知识是和实在相符合的。希腊以来的哲学传统基本上都是对这一理念的重复表达，理智主义的传统是与实在论连在一起的，只是对理智的理解出现了变化，对实在的追求才由近代之前的存在论转变为近代的认知论，但是这只是对实在追求径路的区别，其终极目标并没有发生改变，都是为了证明把握固定实在的最佳进路。这便是杜威所批评的理智主义的传统，试图通过理智的方式来追求确定性而排除外在行动的参与，其最终的结局就是观念领域的理智游戏，所追求的确定性和安全在现实中并未实现。

　　杜威认为传统哲学的这种理智主义传统并未能实现他们所追求的目标，一方面，固定实在只是一种理智假定，因为这种实在既无法观察也无法确定，近代科学的成功正是建立在否定这种固定实在的基础之

① ［美］杜威：《确定性的寻求》，傅统先译，上海人民出版社，2004年，第197页。

上,自然世界是处于变化之中的,并不存在永恒不变的固定特性;另一方面,传统哲学把所追求的安全转变为理智领域的确定性,现实的不稳定因素依然存在,所以传统哲学排除外在行动的做法无异于缘木求鱼,因为真正的安全只能通过行动来改变自然世界中的不稳定因素,使之处于行动的控制之下,由此才能达到人类所追求的安全。杜威为什么会以康德的先验观念论作为批判的焦点,首先是因为康德哲学正是这种理智主义传统的典型代表。虽然康德认识到通过认知的方式不能获得固定实在的知识,但是依然相信这种固定实在是存在的,也就是物自体,它是知识实在性的来源,只是因为认知主体自身的条件限制无法通达这种实在,但是人类依然可以通过理智的方式来获得具有普遍有效的主观必然性,这便是他的先验观念论所致力于的内容。杜威认为康德的这种先验哲学的径路注定是走不通的,因为他把它建立在一种无法证实的假设之上,把人类经验中因习惯而形成的东西当作是先验固定的,无疑是一种错误的理解。另外康德对实践行动的鄙夷使得他的观念论缺乏一种现实的维度,似乎经验世界对康德来说是固定静止的,只要理智凭借自己的先天条件就能把握住经验世界的结构。

杜威的立场是很清楚的,传统哲学对确定性的追求实质上是一种心理需求,它最终的目的是为了人在自然世界的生存变得更加顺利和通畅,也就是说认知的终极目的是为了实践,但是传统哲学把这一关系颠倒了,理智认知变成了终极目的,似乎只要把握住了终极实在就能确保人类在自然领域中的安全。但是现实世界是不存在这种固定不变的确定性的,因为一切都处于变化发展之中,但这并意味着人类在这种变化中是无规则可循的。追求确定性的目的是为了在现实世界中有可靠的依据,也就是说是为了给行动确定可靠的规范。但是阻碍行动的并不是不能获得固定实在的知识,而是现实情境中各种不稳定的变化因素,只有通过行动把这些变化处于控制之下才能为实践活动减轻障碍,所以经验世界中的变化并不是避之不及的事情,而是应该面对的主要对象,理智的作用也是为了实现对不稳定因素的控制和消除,而不是为了逃避和忽视。所以确立现实世界中的规范才是追求确定性的真正目的,这种规范不能在理智领域中寻找,只能在现实变化的经验世界中,而且是通过行动的方式来获得。

杜威的实验观念论正是打破了传统哲学对确定性的迷思,它不再致力于寻求不变的确定性,而是试图立足于现实变化的基础之上确定变化之间的关系。这种变化之间的关系是固定不变的,它是可以成为行动的可靠依据,人类可以根据这种变化关系来引导、顺应和控制这种变化关系。而且这种变化关系不是通过理智反思获得的,而是通过实际的操作行动实现的,这种操作行动不是有事先的目的在指引,而是通过实验的方式在实践中不断修正和改进,这种修正的效果是通过结果的检验来验证的。杜威为了避免传统哲学所执着的确定性所带来的负面影响,他不想用知识一词来表达这种通过实验行动获得的确定性,而是通过有根据的可断言性来表达,可断言性不是一种理论的态度,而是基于实践行动之上的知行合一。杜威之所以通过发生学的视角恢复认知的实践基础,除了打破理论和实践之间的二元分裂外,更重要的是试图实现两者领域规范性的统一,因为传统哲学对理论优先性的强调导致行动和认知两种领域规范性权威的分裂,行动所遵守的价值和理论所确定的价值之间存在断裂,两者的分裂无法带来自由的行动,这也是康德哲学所出现的问题。

二、认知的情境主义维度

杜威认为我们无时无刻不处于与自然的交互作用中,无论是有意识的还是无意识的,这种交互作用是受各种条件作用的,所以交互作用是处于情境之中的,认知作为交互活动之一理所当然的处于情境之中,杜威有时候把认知的对象成为事件,因为认知的对象是处于时间的序列和环境的整体之中。他说:"在现实经验中,从来没有任何孤立的单一对象或事件;一个对象或事件总是被环绕的经验世界——情境的特殊部分、阶段或方面。单一对象被明显突出,是因为在特定的时间,在总体的、复杂的环境呈现的使用和享受的某一问题的规定性中,它的特别地重要的和具有决定性的位置。"①这就是杜威非常强调情境的原因,因为有机体的生存活动始终是处于环境之中的,作为有机体与环境互动产物的经验也必然是情境主义的。这种情境不是孤立静止的,而是处于变动的过程之中,情境之间既彼此区别又相互联系,整个经验整体就是由情境构成的。情境是经验的一个片段,正是在情境中经验和自然连在一起,认知经验的发生是为了突出情境中的某个方面而把其他内容暂时忽略了,如果认为突出的内容与其他被隐藏的东西之间是无关的,那就割裂了整个情境的整体性。传统哲学的一大问题就是忽视了这种情境的作用,认为它对认知来说是一种障碍和限制,获得普遍认知的前提就是消除这种情境的限制,在杜威看来这无疑是一种错误的理解。

认知的情境主义维度不仅仅指自然方面的,还包括社会文化层面,因为交互作用不仅仅产生自然事物,同时也会产生文化和传统,这便形成了语境,它是人们通过语言交流产生的情境。这一情境对认知来说是直接影响的,因为它限制着语词的理解和话语的表达,脱离了这种情境我们是无法思考的。杜威说:"我们之所以能把握住我们自己的语言中的话语的意义,不是因为不需要对语境有所意识,而是因为语境如此不可避免地就在这里。各种话语习惯,包括句法和词汇以及揭示方式在内,都是在话语的那些有关的、规定性的情景中形成的。因此,这些情景蕴含在我所说的和听见的大部分话语之中。我们之所以没有明确地意识到语境的作用,恰恰是由于我们的每一句话都如此浸泡在语境

---

① [美]杜威:《杜威全集·晚期著作》第 12 卷,邵强进、张留华、高来源等译,华东师范大学出版社,2015 年,第 72 页。

之中,以致语境成为我们所说的和听见的话语的意义。"①更明确地来说,我们之所以能够对认知的对象有理解,那是因为我们处于语境之中,这种语境已经为我们提供了前理解了,或者说语境就是一种意义系统的展现,我们对任何认知对象的理解其实都一直置身于一种意义系统之中,对对象理解的方向也被这种意义系统所规定了,只是很多时候认知主体没有意识到这种意义背景的存在而已。杜威想说明的是认知活动表面上是主体主义的展现,实质上是情境主义的结果,妄图把认知当作主体主观能动性的结果只会把认知活动的全貌给遮蔽了,认知活动不仅仅包括主观性的维度,它还具有更广泛的自然维度和社会维度。

　　正因为认知活动是具有情境主义的维度,所以它不是超越时空环境的,认知活动是具有历史主义维度的,它是在具体环境具体条件之下所展开的交互活动。而这种交互活动之所以会展开,是因为情境出现了问题,认知的目的在于把有问题的情境转变为没有问题的情境,可以看出认知是为了解决问题,而不是为了获得固定实在的知识。杜威的实验观念论就是立足于情境中的交互作用,正因为情境的不同所以采取的操作类型也是不同的,操作的结果也是相异的,这就是为什么杜威会把确定性的追求转变为对规范性的确立。这种规范是对当下情境中行动的展开具有指导作用,而不是超越情境之上的普遍有效性,所以规范是有它的历史主义维度的,任何脱离历史维度的规范都是一种抽象,因为它不能联结每一种不同的历史情境。正因为规范是情境中的规范,所以规范的形成离不开情境中所提供的条件,这些条件便是可断言的根据。传统哲学的一个迷思就是认为规范应该是不受经验条件限制的,虽然它是有经验基础的,但是它主要是理智推论的结果,正因为如此规范才具有普遍性,但是杜威认为这种理解是有偏颇的,即使是推论活动它依然是情境中发生的,只是人类发明了符号来代替情境中的具

---

① 　[美]杜威:《杜威文选》,涂纪亮编译,社会科学文献出版社,2006年,第202页。

体事物,使得推论活动与实际的情境保持一段距离,但是不能否认它有情境的根源。正因为传统哲学忽视了情境的基础地位,使得经验主义哲学无法解释数学和逻辑的形成,只有从情境中的操作行动才能解释。

当然,杜威所揭示的情境主义维度也面临一些诘难,比如情境的范围问题。罗素曾经说:"一个情境有多大? 就历史知识来说,杜威博士是过去——现在——将来的时间性的连续。这很明显,如果我们要探寻潮汐,太阳和月亮必然要被包括在内。根据杜威博士的原则,我不明白,一个情境就能包含整个宇宙,这是坚持连续性所不可避免地产生的结果。"①罗素的这种诘难其实不是杜威要说明的问题,罗素的问题只是一种逻辑上的质疑,而杜威想表达的是情境是一种动态的过程,它作为经验的一个阶段是由问题来决定的,对问题的理解不同也会对情境的划分也不同,总之问题域是理解情境范围的一个重要因素,而不是从一种逻辑范围来理解情境范围。另外,情境主义经常被批判有相对主义的嫌疑,这对杜威来说也不是问题,因为规范的价值不在于它本身,而在于促进自由的行动和情境问题的解决,它的标准在于运用的结果,成功的结果是情境主义的统一基础,而不是多样的表现形式,相对主义的质疑对杜威的情境主义立场来说是不适宜的。

三、真理的真诚性

杜威的实验观念论对传统观念论的超越之一在于把对确定性的追求由内在的心理领域转为外在的行动领域,这种确定性也不再是传统哲学所标榜的绝对确定性,而是一种有根据的可断言性,因为它是立足于动态的情境之中,所以探究是形成这种有根据的可断言性的前提。杜威说:"我主张一切知识或者由有根据的断言都依据探究,而探究不

---

① Bertrand Russell, "Dewey's New Logic", in Paul Arthur Schillpp and Lewis Edwin Hahn, ed. *The Philosophy of John Dewey*, Southern Illinois University, Carbondale, 1939, p. 39.

言而喻地与可疑之物（和被质疑之物）有联系；我的这种主张包含一种怀疑论因素，或者包含皮尔士称之为'可错论'的那种东西。不过，它也在拒斥一切内在地独断的陈述这个方面，为或然性、为确定或然性的程度提供了一些准备。"①也就是说，探究所形成的断言性并不是最终的真理，它本身包含有可被修正的因素，只是这种因素需要其他条件的出现才会起作用。比如，牛顿的经典物理学在绝对的时空条件下是没有问题的，它是根据绝对时空的条件所作的断言，它能够对绝对时空条件下的情境有效，但这并不是代表它超越一切情境都是有效的，在相对时空条件下它就会出现问题。但是这种蕴含可错因素的有根据断言并不是说它错还是对的，而是看它是否有效，需要把它当作某种工具达到某种后果来检验是否有效。

正因为有根据的可断言性是情境主义的，所以当用真理一词来表述知识的有效性时，它不再是绝对意义上的名词，而是一个普通性的个别名词，表示在当下的情境中它指导我们时是真的。所以杜威说副词的真（truly）比形容词的真（true）和名词的真（truth）更为重要，因为它代表了一种行为的状态。但我们为什么还需要使用真理一词来表述信念的可靠性呢？这乃是因为一种社会性的需要，因为有根据的可断言性不仅仅需要得到个人的辩护，同时也需要他人的认可，由此才可能成为可靠的信念，这就需要某种标准来表示这种共同的承认，它代表了一种表达事实的理想。真理一词便成为理想的表达事物的方式，它不是事物本身的特性，而是表达事物时的一种状态，这与希腊以来对真理的看法大相径庭了，真理最重要的不是对象本身，而是表达真理时的真诚性。杜威说："真理就这个方面而言首先是真诚性，是一种用以满足从交往中产生的某种需要的社会美德，而不是一种逻辑关系，尤其不是一种认识关系。人们之所以把一些单纯的事实和单纯的事件从事实和事

---

① ［美］杜威：《杜威文选》，涂纪亮编译，社会科学文献出版社，2006 年，第 326 页。

件的地位提升为真理的范畴,这是因为人们看出某些社会后果依据与它们的呈现方式。真理的对立面不是错误,而是谎言,是对别人的故意误导。"①

当杜威说真理在于它有用时,它的结果不能离开它的呈现方式,或者说检验的结果不能离开它的检验过程和工具,否则撇开呈现方式来谈论结果很容易使真理变成一种相对性的或相反性的。比如罗素曾经为了批评杜威的真理效果论举了一个例子,交战双方的一方通过情报手段获得了对方的军事布置图,这张军事布置图也是真实的,但是获得情报的一方对其进行进攻后失败了,如果根据杜威的效果决定论的话那这张军事布置图是假的,但是实际上它是真的,罗素试图通过这个例子来反驳杜威的有根据的可断言性立场。② 在此,罗素的反驳并没有真正的驳倒杜威的立场,而是误解了杜威的观点,结果必须和呈现方式是连在一起的,而不是分开来谈论。例子中的军事布置图是真实的,这是作为得到检验的结果,而不是一种假设,它的检验是在绘制布置图时实现的,而不是通过得到布置图之后的进攻行动来证明的,军事布置图并不构成进攻行动的原因和根据,进攻失败作为结果它的根据不在于布置图本身,而在于进攻情境中的各种条件的出现和运用,正是这一情境中的各种条件的综合作用才使得进攻行动失败了,离开这一结果的呈现方式来单独谈论结果,就会出现相反的解读。相对主义的出现在很大程度上也是因为脱离结论的条件和情境使然,杜威的实验观念论站在情境主义的角度来反对相对主义的威胁,他的目的是建立一种变化多元中的统一性。

---

① 〔美〕杜威:《杜威文选》,涂纪亮编译,社会科学文献出版社,2006 年,第 271 页。
② 徐陶:《当代语境中的杜威哲学》,湖南大学出版社,2016 年,第 228 页。

第三节　指向探究理论

杜威所论述的实验观念论不仅仅是为了解决康德先验观念论中的问题,批判传统观念论最后证明了实验观念论作为一种揭示现实的认知程序的合理性。但是实验观念论不仅是一种认知模式的揭示,同时也是一种行动理论,它呈现的是人在与世界打交道过程中如何以观念的方式来指导行动的,认知也只是行动的一部分而已。实验观念论只是从观念的角度来呈现人的认知发生情况,还未从时间过程的角度来展示整个知行合一的过程,杜威用"探究"一词来表示。其实,杜威在论述实验观念论的过程中已经暗示了探究的基础性地位,因为实验观念论的重要特征就是实验性的,它表达的是在观念指导下通过不断地试验和试探来为问题情境的解决找到出路,这其实就是一个探究的过程。探究并不只是某个情境之中或某个时刻的情况,而是生命体的本质特征,换言之,探究是整个生命活动的基本特征,生存过程就是一个探究的过程。但是探究并不是杂乱无章或随意偶然的,而是遵循着一定的逻辑,这便是杜威所说的探究的逻辑,甚至逻辑在某种意义上也是在探究之中才可以理解的。

一、探究的生存论维度

虽然杜威在谈论实验观念论和探究理论的时候侧重点不一定,前者侧重观念论,后者侧重整个认知过程,但是它们所面对的背景都是一样的,都是基于生命体的生存过程,所以探究并不是工具性的、暂时性的,而是生存论意义的生命活动。生命体为何会需要以探究的方式来作为自己对待环境的方式,或者为何生命体与环境的交互过程呈现为探究的状态,关键在于环境本身的特性,是因为生命体所依存的世界是动荡不安的。杜威说:"这是世界是一个冒险的地方,它不安定、不稳定,不可思议地不稳定。它的危险是不规则的,不经常的,讲不出它们的时间和季节的。这些危险虽然是持续的,却是零散的,出乎意料的。"①生命体所面对的是一个变动不居、动荡不安、无法控制的世界,这对生命体来说是充满挑战的,因为它的任何活动都是为了满足需求,而满足需求的前提是能够控制对象,让对象为自己所用,这就产生了第一需求即追求确定性。生命体的世界包含两个部分,一部分是不确定的且一直变化着的世界,另一部分是通过理性的力量所确定的世界。正是世界的这两部分同时存在,导致生命体或者人类一方面想获得确定的世界而排斥不确定的部分,另一方面朝着人类而来的世界只是不确定的部分,由此生命体依靠已确定的部分去面对不确定的世界,这就是探究的发生。杜威说:"在自然中又疑问的特征和确定的特征这两者的结合,使得每一个存在,乃至每一个观念和人类的动作,即使不是在拟计上,也在事实上都有一个试验。要抱有理智的试验态度,就只要意识到自然条件的这种相互交叉的情况,因而从中取得利益,而不是对它唯命是从。"②

　　既然探究是生命体的生存活动特征,那生命活动的模式就是探究的本质,这一生命活动并不仅限于人的活动,杜威首先是指一般意义上的生物活动,这也是杜威经验自然主义的基本立场。生命体的存在必须是与环境的交互过程中,它从环境中汲取能量同时排泄废物,它的每一种功能的发挥都是能量之间的相互作用,所以它必须依靠环境才能生存,它需要和环境之间保持平衡。这一平衡并不是固定不变的,而是一直在生命体与环境的交互过程之中来实现,所以"生存应视为不均衡与均衡之恢复的连续旋律。有机体越高级,干扰也会越强,而其恢复也

---

① ［美］杜威:《经验与自然》,傅统先译,中国人民大学出版社,2012年,第33页。
② ［美］杜威:《经验与自然》,傅统先译,中国人民大学出版社,2012年,第53页。

越需要更有力的努力。被扰乱的均衡的状态持续着需要。朝向复原的运动是寻求和探索,而恢复则是充足或满足"。① 很明显,生命体的生存过程就是一个和环境不断交换能量的过程,对生命体来说就是一个充满挑战的过程,它需要不断努力的满足需要,这就是探究的发生。探究最初只是生命体一个简单的刺激—反应的动作,随着这一动作的重复最后构成了机体和环境之间的整合互动。这一连续的刺激—反应序列形成了习惯,习惯意味着有机体能够以有效的方式来维持自己与环境的互动,这也是探究的发展,所以探究模式的本质就是生命活动的模式。

探究的活动起始于生物性活动,但不仅限于生物性活动,它还会进一步发展成为社会性的活动,也是文化的活动。这一活动相较于生物性活动而言,社会性活动是理智的运用,而生物性活动只是预示着理智的运用,它为理智活动的到来开辟了道路。所以在杜威的立场上来说,生物性活动和社会性活动不是截然分开的,而是紧密地联结在一起。如果要追问生物性活动是如何过渡至社会性活动的,杜威认为是语言的作用,因为"语言是其他习俗和获得的习惯被传承的载体,而且它把所有其他的文化活动的形式和内容都充实了。进而,它有自己独特的结构,可以抽象为一种形式"。② 语言之所以能够在社会性活动的形成中承担关键角色,是因为语言的表达功能,它能够承载意义,才导致沟通活动得以进行。但是,语言所表达的意义并不是固定的,而是在后天的文化群体中形成的,是共同规定的结果,所以不同的文化群体对同一事物的意义规定是不一样的。正因为语言表达意义活动受共同体影响,所以情境或语境出现了,不同的情境中的意义表达不一定是一致

① ［美］杜威:《杜威全集·晚期著作》第12卷,邵强进、张留华、高来源等译,华东师范大学出版社,2015年,第21页。

② ［美］杜威:《杜威全集·晚期著作》第12卷,邵强进、张留华、高来源等译,华东师范大学出版社,2015年,第34页。

的,由语言奠基的社会性活动也是情境的,所以作为社会性层面的探究活动也必然是情境性的。

探究活动处于情境之中,从根本上来说是因为生存实践处于特定的时空之中,时空的差异意味着实践环境的变化,所以生命体的依存环境也必然是变化之中的。探究是生命体为了维持自己和环境之间的平衡而不断努力的过程,其目的是把生命体所面临的有问题或有障碍的情境转变为解决问题的情境,所以它并不是一劳永逸地解决所有的问题,只是解决情境之中的问题。但是情境并不是偶然的、特殊的、抽象的,而是因为其直接的普遍性而成为一个整体,某个特定的情境是一个把性质相同的不同个体对象和事件整合成才一个整体,而且它是直接给予的,而不是通过反思或抽象形成。正是因为情境直接的普遍性,所以我们才能在某个情境之中形成某一种印象或感受到某种情绪,并不是感受到某种情境,而是因为情境才能感受到,情境具有一种整合功能,提供了统一的背景。杜威说:"普遍性情境不仅将构成成分连接为一个整体,而且是唯一的;它使每一个情境都成为个别的情境,成为不可分割、无法复制的。"①正因为情境的统一性和具体性,才使得探究能够依于情境又突破某一情境而步入下一情境之中,探究才具有连续性。

二、探究作为认知过程

实验观念论是从观念的角度来理解知识是如何形成的,而不是应该如何形成的。康德在提出先验观念论的时候也是为了解释真正的知识应该是如何奠基于观念之上的,康德没有从一种时间发生学的视角来理解,而只能从一种抽象的逻辑角度来理解,最后结果就是康德的先验观念论并不能揭示知识真实发生的情况。而杜威认为自己的实验观

---

① [美]杜威:《杜威全集·晚期著作》第 12 卷,邵强进、张留华、高来源等译,华东师范大学出版社,2015 年,第 50 页。

念论能够反映事实,这不仅有实验科学的佐证,而且还有日常的认知情形来证明。不过实验观念论并不是从一种形而上学实在论的角度来理解知识的性质,而是从一种情境中的认知行动来理解它的发生,所以不可能承认有传统理智主义所追求的能揭示实在本质的永恒知识,我们能获得的只能是特定情境中所暂时达到的确定性,这便是"有保证的可断言性"。但是作为情境中的认知过程,实验观念论只是观念层面的理解,探究则能呈现这一过程。杜威认为信念比知识更能表达探究的性质和目的,因为信念表示某一特定情境之中所持有的知识主张,脱离这一情境信念内容就可能发生变化,换言之,信念比知识更能揭示认知行为的情境性,杜威说:"信念可以理解为探究结果的某种合适指示。疑问让人不安。它是探究过程中得以表达并出现的紧张。探究终结于达成所设定的东西。这种设定条件是真实信念的某种划界特征。"①

正是因为作为探究的认知活动都是处于情境之中的,才使得最后能达到的结果是"有保证的可断言性",所谓的"有保证"是指根据情境之中所提供的所有相关条件,只有聚集更多的条件才能更大程度地为结论提供担保。每一种情境之中所包含的条件都是不一样的,所以它们之间存在质的差异,杜威说所谓的直接所予就是某个具有延展性的质的情境,被给予的不是情境之中的具体内容,而就是情境本身,是作为直接普遍性的统一性。但是,现实中的感觉被给予,则是在情境被给予的前提之下把情境之中的某些要素或者材料挑选出来的结果,如果只根据这些被挑选出来的要素来作关于情境本身的断言,毫无疑问就会出现以偏概全的问题。情境之中所包含的各种要素在认知活动中承担着不同的功能,它们并不因为承担功能的差异而得出何者更为优先或根本的结论,实际上它们并无地位上的主次,只是角色差异而已。杜威正是

---

① [美]杜威:《杜威全集·晚期著作》第12卷,邵强进、张留华、高来源等译,华东师范大学出版社,2015年,第7页。

给予探究活动中的情境统一性来看待传统哲学为何会出现诸多问题。

传统经验论和唯理论之争的实质就是把认知情境中的要素进行片面化理解,没有看到整个认知情境之中所有要素的不同角色和不可或缺性,"经验论的每个变种都坚信知觉材料在知识中的必要性;历史上的理性主义却认为,只有概念主题才能为我们提供完全意义上的知识"。① 在杜威看来,感觉材料和理性观念看起来是性质完全不一样的,但是它们只是在探究中承担的功能不一样而已,不过经验论和唯理论为了达到不同的结论而故意强调探究情境中的某些要素,所得出的结论必然无法准确呈现认知活动所面对的问题情境,而只能达到片面的结论。康德先验观念论所出现问题的根源也是如此,康德也认为感觉材料和知性概念是来自两个不同的领域,前者来自外在的自然领域,而后者是主体的理性能力,两者存在质的差异,但是现实的认知活动又不得不让两者结合在一起,所以康德不得不通过范畴演绎的环节来解释两者联结的合法性,但是依然面临很多的质疑之声。杜威认为康德的问题跟经验论者和唯理论者一样,都是未看到认知活动发生的情境全貌,只是片面地强调某种因素或者人为地解释它们的功能。他说:"康德的学说认为,这两种质料是从两个不同且相互独立的来源中产生的,然而没有认识到它们在探究过程中相互协作的共轭性功能;而正是在这些探究过程中,问题情境得以从某个角度进行分析,从而转变未统一的情境。"②

无论经验论、唯理论还是康德,他们都未真正揭示认识的发生过程,站在杜威的探究理论立场上,最初被给予的只是认识活动的情境,整个情境中的要素也是被一同纳入视野,并无主次之分,被给予的并不

---

① [美]杜威:《杜威全集·晚期著作》第 12 卷,邵强进、张留华、高来源等译,华东师范大学出版社,2015 年,第 389 页。
② [美]杜威:《杜威全集·晚期著作》第 12 卷,邵强进、张留华、高来源等译,华东师范大学出版社,2015 年,第 390 页。

是对象,对象是探究活动所建立起来的。但是,探究活动形成某个观念并不是无理由的,而是为了进行探究性的操作活动,所以观念并不是就其本身而言的自身,而是相对于探究操作活动中的功能而言才成其为自身。探究作为连续性的活动,它包括多个不同阶段的活动,其中之一就是推论阶段,任何作为观念的元素都是能够协助推论活动的进行,它能作为指示某种东西的证据,一旦某个观念被认定为具有推论作用就会被当作对象,所以观念是在探究的推论过程中起某种作用的,它首先是具有表象作用的,即表象性(representative),它能够表象某个物理性对象,由此才能完成探究活动。但是,传统哲学的问题是把观念当作来自心灵活动的产物,把它变成抽象的东西,所以就切断了它与情境之间的联系,观念的表象性功能转变成为作为名词的表象(representation),传统哲学所做的只不过是把作为心理意识的表象提升为毫无内容的智性表象,最后观念还是精神性的东西,不能对现实的探究活动起到推论作用。

三、探究的内在逻辑

实验观念论只是从观念的角度揭示认知活动的实验性特征,而探究则把认知活动还原至整个生存实践活动中,所以探究是从整体上来理解认知的发生过程,它侧重把认知理解为对问题情境的解决和消除,更能体现出认知活动的生存论意义。杜威说:"探究是对于一种不确定情境的受控制或有方向的转变,使其中作为构件的诸特性和关系变得如此确定,以使原有情境中的各要素转变为统一的整体。"①但是这并不代表探究本身是无逻辑的,它作为生命活动的基本模式依然呈现着逻辑性,它本身是以促使生命体活动的顺利进行且维持自身与环境之

---

① 〔美〕杜威:《杜威全集·晚期著作》第12卷,邵强进、张留华、高来源等译,华东师范大学出版社,2015年,第78页。

间的平衡,所以探究必须具有连续性。探究首先起源于不确定的情境,正如实验观念论那样,认知活动不会无缘无故地发生,而是因为实践活动遇到了障碍,此障碍对生命体来说就构成了不确定的情境。不确定的情境其特征是可质疑的、未确定的、失常的、麻烦的、含混的、冲突性的和隐晦的,等等。正因为不确定情境的这些特征导致生命体不得不对其发生质询或质疑,这跟病态性或主观主义的怀疑是两回事,而且只是生存论意义上的一般特征,它是为了消除有机体与环境之间的不平衡状态而发生的。

不确定情境对生命体来说之所以是含混的、隐晦的和冲突性的,是因为在此情境中无法预知其结局,即使依据某种方法也不能清楚确定结果,所以生命体不得不对其进行质疑,质疑的结果就是确立起问题,正因为如此才把不确定的情境转变为问题情境。对不确定情境提出问题不同于一般意义上的提问,它并不是生命体依据主观意愿而提出的反映个人意志的问题,而是由不确定情境所呈现出来的客观特征所决定的问题。这一问题能够真实反映或呈现不确定情境的本质特征,或者是,是不确定情境表达为某个问题,这一问题只是被生命体读出来了而已。如果生命体没有对不确定情境提出真正的问题或者提出的方向不对的话,接下来就会直接影响生命体的探究活动方向,问题一旦有误,探究就不可能真正解决消除不确定情境所蕴含的各种障碍。另外,对不确定情境提出问题也不是一蹴而就的,它是一个渐进性的过程,它需要生命体对情境之中所包含的各种信息和要素进行解读和理解,然后再转化为某个具体的问题。

在由不确定情境转变为问题情境之后,我们需要做到的事情是回答这一问题,否则我们与环境之间的交互活动将难以持续下去。但是回答情境中提出的问题并不是依靠我们天马行空的思维,依然是要立足于情境的前提之下才能真正地回答,回答问题情境就是为消除情境中的障碍找到线索。像实验观念论一样,回答问题情境的答案不是去外面找，而是从情境之中寻找线索，杜威认为每一个情境中都有许多可观测的构件，它们设定了问题的回答范围和框架，有些构件作为观察所得的事实条件而成为一种暗示，暗示可能的解答，这就是作为一个观念出现了。每一种观念都可以成为一种暗示，但是并非每一种暗示都是观念，[①]因为最初出现的只是微弱模糊的刺激，它并不能有效提供暗示功能，只有当它能够成功提示出问题解决的手段时才能成为观念。可以看出，在杜威眼中，暗示作为一种外来的刺激因素，它和观念是一体的，是同一个事情的两个方面，一方面指向事实对象，另一方面和心灵能力相关联。由此可以看出近代认识论的问题，经验论把心灵中获得的知觉印象当成观念，忽视了它首先是作为一种暗示在指引着观察活动的进行；唯理论看到了观念对于事实的前提性，脱离了观念的话事实也将不成立，但是唯理论没有看到观念本身和外在的刺激紧密相连，所以不能解决观念如何跟事实相关的问题。

如果一个被暗示的观念直接被接受了，那探究也没法进行下去了，因为它还没有指示出下一步的事实或证据，所以这样的暗示是无法解决问题情境的。所有被暗示的意义都需要进一步考察其与整个情境系统之间的蕴涵关系，而所有的蕴涵关系都可以表达为命题，由此它们实际上是一种推理过程，我们接受一个暗示的意义，就是接受了它蕴含的推理关系和推理结论，所以探究的一个重要阶段就是推理。"通过推理，对假说的起源和发展的掌握并没有结束，然而可以发现出一些问题来。观念在早期表现的特征是不完善和不全面的，推理是意义成熟和完善的产物。"[②]通过推理，我接受了某种意义关系，就代表着我也接受了它与系统种的其他成员之间的关系，而且暗示所表达的意义越来越清晰，它让问题也越来越明确，提示出需要经过什么样的操作才能让观

---

① ［美］杜威：《杜威全集·晚期著作》第 12 卷，邵强进、张留华、高来源等译，华东师范大学出版社，2015 年，第 81 页。

② John Dewey，*How We Think*，Canada：General Publishing Company，1997，p. 94.

念指向问题的解决。另外,探究活动指向事实和观念两个方面,但是观察事实和观念内容是相互联系的,因为观念和事实都是操作性的。观念的操作性是让观念刺激引起进一步的观念,让新的事实内容产生出来,并把所有产生的事实都整合为一个整体,而事实的操作性是让自己相互关联在一起才能形成对观念的检验,它们两者在探究中发挥着自己的特定作用。①

第四节　变革哲学

杜威提出实验观念论的目的,一方面是为了批判传统西方哲学的问题。传统西方哲学的问题直接根源是理智主义传统,把真实发生的世界人为地划分为两个不可跨越的部分,更为深刻的根源是西方社会二元对立结构,传统西方社会都是由贵族与平民的两种对立阶级所构成,前者代表着追求不变的真理和精神,后者代表着与纷繁复杂变化多端的现象领域打交道的行动,前者代表着高贵,是纯粹的理智行为,后者属于被歧视的对象,连带着行动也低于静观的沉思。这种二重对立结构反映在思想中就是传统西方哲学的二元论传统,正因如此,杜威认为批判传统哲学的根源必须深入到最后的社会根源。另一方面是为了揭示认识发生的真实情况,从而指出哲学发展的新方向。新方向当然是要避免传统哲学所出现的那些问题,更为根本的是要彻底放弃传统哲学所持有的立场、路线和价值,首要的就是要抛弃传统哲学的二元论立场,包括现象与本质、意见与真理、主观与客观、事实与价值、感性与理性、绝对与相对等方面,因为二元论都是传统哲学基于对世界的错误理解才产生的结果;然后就是要放弃之前追求源头、根据、本质、实在和

---

① 　徐陶:《杜威探究型哲学思想研究》,社会科学文献出版社,2016年,第179页。

基础等错误的思维方式,因为现实的认知情况证明无法做到这一点,而且现实的认知结果也无法凭借对象的本质或源头来证明真伪,能做到的只能是根据认知结果在实践活动中的效果来确定,实用主义是证明真理现实有效性的唯一方式,所以符合论和融贯论都不能有效证明真理。杜威真正想达到的目的,还是让哲学走出思辨的小圈子,积极地进入现实生活,消除与科学之间的隔阂。哲学和科学不但在终极目的上是一致的,在本质上也应该是一致的,因为科学之所以能走上科学之路是它反映了认知的真实模式即实验观念论,哲学更没有理由不去揭示认识发生的真实情况。哲学更为重要的是抛弃认知与行动之间的二分立场,只有行动才是源始性的活动,因为探究是生命活动模式的本质,而认知只不过是行动中的一部分而已,认知的目的是为了解决行动遇到的障碍,而行动最后的目的是为了让我们能够顺利地与周围环境进行互动,最后帮助我们在世界中获得幸福。

一、与科学联结

杜威在考察哲学发展过程的时候,发现哲学跟科学存在着非常紧密的关系,尤其是它们共享着同样的世界观。更确切地说是科学所揭示的世界对哲学产生世界观的影响,虽然很多哲学家并不承认或者并未意识到,科学在特定历史阶段所展示的世界起一种"范式"的作用,如果科学所揭示的世界并不是真实存在或发生的世界,那必然也会反映在哲学之中,哲学所要到的把握世界的本质任务也无法完成。在西方科学发展史上,很明显地存在古代科学和近代科学之分,尤其体现为它们所理解的世界观之上。古代人所理解的世界是封闭的,这个封闭的世界中心包含很多形式或形相,它们才是这个封闭世界的本质,决定着世界所产生和变化着的各种有形的东西,科学最重要的任务就是揭示这个不变的形相所构成的规律,在这个世界中有固定的中心,地球就是这个宇宙的中心,在地球周围围绕着万事万物。而近代科学所理解的世界完全不同于古代人，近代人所理解的世界是一个开放性的世界，没有一成不变的内部本质，所有的东西都处于运动之中。"近代科学发轫于大胆的天文学者废弃了天上高贵的理想的势力和地下的卑贱的物质的势力的区别的时候。天上地下的物质和势力的差异性被否定了，所肯定了的却是处处运行着的同一法则，自然界处处的物质和变化过程都有同质性。"①

古代科学把世界理解成一个封闭的体系，这也是古代西方哲学家所理解的世界，在哲学中的反映就是古代哲学家认为在这个千变万化的世界中存在着不变的东西和终极原因，即本原、始基、理念、灵魂等，哲学的任务就是去追问和揭示这一不变的部分。而且古代哲学家认为这个世界中的不同部分是存在着等级的，本质程度越高的部分其实在性也更高，含有的本质程度越低其实在性也更低。这就产生了一个从现象到本质的存在序列，无论柏拉图的理念论、亚里士多德的质料形式说，还是普罗提洛的流溢说都是如此。正是这种轻视现象而追求本质的立场导致整个古代哲学都在理智主义立场上绕圈圈，难以进入真实发生的世界。直到近代科学不再把世界理解为一个封闭的体系，而是一个无限开放且没有边界的世界，事物之间并不是因其本质性存在导致彼此之间的差异，而是从一种机械力学的角度来理解，不再从质的角度来理解事物的性质，而是从量的关系来理解，由此导致事物之间只是一种数量关系，可以通过量的方式把整个世界联结起来，不存在本质的、终极的部分，一切都在现象中呈现。杜威认为近代哲学家明显受到近代科学的影响，尤其是近代科学所理解的世界直接反映在近代哲学家们的哲学之中，当时牛顿力学、几何学、生物学和医学等，都直接影响了霍布斯、洛克、笛卡尔、斯宾诺莎、莱布尼茨、康德和黑格尔等人。不过杜威认为近代哲学家并未完全地接受近代科学的影响，或者近代哲

①　杜威：《哲学的改造》，许崇清译，商务印书馆，2013年，第39页。

学没有真正地理解近代科学如何解释世界的,依然是基于一种理智主义传统的二元论来把握世界。

实验观念论之所以能够揭示认知活动的发生过程和认知模式,一个直接的原因就是受近代以来的实验科学影响。以康德先验观念论为代表的近代认识论只认识到了近代科学把认识的范围限制在现象世界,我们所生活的这个世界就是唯一可认识的世界,不存在另一个理念或本质的世界。康德也想理解近代科学是如何成为科学的,或者近代科学的命题如何是普遍有效的,康德的思考立足点还是建立在理智之上,而且这一理智是静观沉思的理性思维,最后康德只能把希望寄托在自然和理智是内在相符合的。毫无疑问,杜威认为近代哲学并未真正地理解近代科学之路,也就不可能真正地揭示认知是如何发生的。杜威认为近代科学走上科学之路并不是找到了所谓的世界的本质,而是在观念指导下的实验性活动,可对世界的理解是把它们转化成数量关系,由此才能对物理对象进行操作,在操作之中发现事物之间和事物内部种的关系,理解一个事物的性质就是理解它在操作活动种的关系,比如理解水的性质就是把它还原为 H_2O 之后,让其在化学实验种的变化关系。正是如此才让近代科学能够把世界都纳入统一的体系之中。

由此,可以看出杜威是认可哲学与科学之间的内在联结,不是说何者依靠另一者,而是它们都承担着理解世界的重任。很多研究者认为杜威过度倚赖科学或科学的方法,甚至有人认为杜威有科学主义的倾向,实际上这些都是对杜威的误解。"牢记杜威关于科学方法的效用告诫是相当重要的,因为我们往往会夸大他对科学的信赖,当然这种误解部分是由杜威自己的某些说法所引起的。"[1]在杜威的理解中,科学和

---

[1]　[美]詹姆斯·坎贝尔:《理解杜威:自然与协作的智慧》,杨柳新译,北京大学出版社,2010 年,第 101 页。

哲学都是把握世界的两种方式,但是它们都是立足于人的生存实践活动,所面对的世界也是与人打交道的世界,脱离人的活动去追问世界的本质是没有意义的,也是做不到的。而人的生存实践活动的模式就是实验性的,或是探究性的,人的全部实践活动都是如此,所以认知活动作为其中之一也应该是实验性的。科学在近代走上革命之路就是正确地表达了作为实验性方式的人类活动,近代科学并没有宣称通过理性的力量而把握了世界的本质或终极原因,而是通过提出某种假说理论,然后通过不断的实验和试错,对假说进行证实、证伪或修正,对世界的描述就越来越有效。而哲学在过去漫长时间里深受科学影响,两者都是理智主义的产物,它们对世界的解释并未出现明显的距离。直至近代之后科学对世界的解释更加有效和贴近现实,而哲学因坚持自己的理智主义路线与科学出现了明显的距离。科学越来越能反映现实世界的发生,也越来越能促进人的生存实践活动,而哲学越来越沦为一种脱离现实和背离科学的思想活动,这并不是哲学所应有的样子,而是应该从科学中获得启发,回到真实发生的世界中去,由此哲学才能更好地履行自己的使命。

二、事实与价值的统一

近代哲学产生以来,人们关于世界的了解程度越来越高,关于经验世界的知识越来越丰富,但是这并未立刻成为人们日常生活中价值的规范性来源,除了因为传统、习俗和文化的深厚影响外,还与近代哲学关于事实和价值的规范性来源有关。近代哲学家都不否认关于经验事实的认知权威来自自然本身,即使存在经验主义和理性主义之争,但是没有人认为自然领域的知识必然性由人自己来保证,都会认为自己所揭示的就是自然本身的知识,它的权威性来自自然本身的自然规律。然而人们在实践生活中所遵循的又是另外一种规范,即价值和目的,这完全是来自自己主观领域,是自由意志的结果,由此形成了事实和价值各自的来源不一样,必然会让人们在日常生活中面临无所适从的问题,康德正是这一立场的信奉者。由此,杜威说:"哲学的中心问题是:由自然科学所产生的关于事物本性的信仰和我们关于价值的信仰之间存在着什么关系(在这里所谓价值一词是指一切被认为在指导行为中具有正当权威的东西)。"①换言之,近代哲学所面临的问题是关于事实的理解未能有效成为行为中的指导规范,导致人们在行为中从认知之外的地方寻求帮助,包括宗教、习俗、习惯等。关键的问题是人们不相信从经验中能找到具有权威性的价值规范,而是从超自然领域寻求它的来源,这必然导致事实与价值的二分问题。

杜威认为问题的关键是传统哲学对价值的理解出现了问题,传统哲学基于二元论的立场,把价值分成两类,一类是永恒的价值,另一类是经验的价值。前者来自超自然的永恒领域,所以它具有至高无上的价值,生活只有依循它才能让生活本身具有自足的价值;而后者来自经验活动的获得,因为经验本身是变动不居、动荡不安的,所以来自经验领域的价值必然也是偶然的、暂时的和不可靠的,如果它有什么作用,那也只能暂时地成为一种享受,不具有重复性和连续性,所以它不能成为行为的指导原则。但是,现实的情况是永恒的价值无法通过认知的方式获得,因为它超出了人的认知能力范围,所以只能通过启示、信仰、冥思、苦想等方式。而由于近代科学革命对超自然领域的侵蚀,永恒价值的存在空间越来越小,反而经验价值的获得越来越容易和多样,这无疑会带来日常生活中的价值混乱和痛苦。杜威说:"在人类对目前生活世界的信仰和他对支配着他的行为的价值和目的的信仰之间如何恢复统一和合作的问题是近代生活中最深刻的一个问题了。"②

杜威认为真正的问题是传统哲学对价值的理解出现了偏差,只把

① [美]杜威:《确定性的寻求》,傅统先译,上海人民出版社,2004年,第258页。
② [美]杜威:《确定性的寻求》,傅统先译,上海人民出版社,2004年,第257页。

价值当成某种暂时享受性的东西。杜威不反对价值作为一种享受,但是关键的问题是价值如何产生的,或者说价值的产生方法将决定价值是否能成为行为的指导。杜威认为我们应该区分价值的两重属性,满足的价值(satisfying)和可满足的价值(satisfactory),前者是直接性的、一次性的、孤立的,对于行为来说并无多少指导价值,而后者表示的是一种价值关系,是对象在一种条件系列中将产生何种效果或作用,它不仅指当下的可满足性,也蕴含对未来的预期和向导,所以它能够为行为提供规范性指导。其中最为重要的是如何让对象或事实的可满足性价值展现出来,在杜威看来这就让方法的作用体现出来了,我们只有在对象在满足某种享受时找到它所依赖的价值关系和条件,就能够找到它的可满足性价值的条件。"我们对于我们所爱好和所享受的事物的直接和原来的经验只是所要达到的价值的可能性;当我们发现了这种享受的出现所依赖的关系时,这种享受就变成了一种价值。"①

杜威认为价值从一种暂时性的享受成为价值,其基础依然是可操作性的关系,我们通过调节它的条件来引导或控制价值的效果和方向。由此,可以看出关于对象的事实判断和价值判断都是基于实验性的操作之上,关于对象的实验性操作不仅仅是获得关于它的事实知识,同时也是获得它的价值。而且,事实和价值并不仅仅是基于同样的操作性方法之上,而且它们是系出同源的,因为它们都是作为源始状态的对象之中,事实和价值只是之后所产生出来的。换句杜威的话说,"副词'真'truly 较诸形容词'真'true 和名词'真'truth 都更为重要。副词表示行为的状态和模样"。② 关于对象的事实判断和价值判断首先的前提是对象所处的状态,这一状态就是它出现在人与世界交互过程中本来的样子,只是我们为了推动我们的探究实践或交互活动而需要把对

---

① [美]杜威:《确定性的寻求》,傅统先译,上海人民出版社,2004 年,第 261 页。
② [美]杜威:《哲学的改造》,许崇清译,商务印书馆,2013 年,第 94 页。

象作为事实来认定或者需要把对象作为某种价值来满足自己的需要，它们的区别只是暂时性的，而非本质性的。所以，在实验观念论的背景之下，不存在事实与价值二分的问题，它们本来就是统一的，只有回到这一事实我们才能真正地做到知行合一。

第七章　杜威实验观念论的当代效应

　　杜威的实验观念论不同于传统哲学中的观念论,尤其不同于德国古典哲学的观念论,反而它所要反对的正是德国观念论。实验观念论拒斥传统观念论的关键之处在于对观念的理解,杜威无法接受观念作为一种事先固定的范畴来钳制观念的对象。因为在杜威看来,观念的对象是不断发生着的经验,更为关键的是我们作为观念的主体也处于经验之中,关于对象的观念既不是由对象来决定的,也不是由认知者来决定的,而是主体与对象的交互过程来决定,所以观念的意义是由一个行动的过程来确定,在此种意义上观念就是一种行动计划。实验观念论的底色是实用主义的,基本上符合皮尔士关于实用主义原则的精神,它强调观念的意义来自观念的使用效果,这不是一种认识的策略或选择,而是一种立场和世界观的反映。在杜威看来,我们在世界上的实践活动才是一切认知行为的前提,并且这种认识活动过程不是一劳永逸的,而是一个不断试探、确认、修正和完善的过程,认知行为的目的也不是把握所谓的实在,而是为了帮助实践活动的顺利进行,所以实验观念论首先是一种实践基础之上的认知方法和程序。杜威实验观念论中的诸多观点和立场对新实用主义哲学的发展影响深远,尤其是实验观念论所表现出来的反基础主义、反静观主义和反所予论等立场,被当代新实用主义哲学家们认可、继承或发扬,在某种程度上也说明杜威的实验观念论符合现代哲学的发展方向。

第一节 反基础主义

杜威的实验观念论是立足认知活动发生过程而形成的,只有基于实际发生的认知过程才能揭示出认识何以可能。杜威提出实验观念论也正是针对传统认识论哲学,杜威通过哲学史和文化学两种视角的剖析,认为传统哲学之所以出现严重的危机,正是因为它未能从实际发生的认知活动来理解世界,而是从一种预设的立场来理解认知活动。这一预设的立场就是认知结果的客观性是由某一基础来保证的,这一基础在哲学史的演变中有不同的内涵,包括本原、实体、物质、印象、心灵、逻辑等,但是都未能达到传统哲学所追求的目标。传统哲学所预设的基础主义立场实质上是为了满足追求确定性的需要,甚至追求确定性成为哲学不断向前发展的内驱力之一,这一确定性的追求在哲学史中的呈现形式便是对客观性的追求,而预设基础主义是保证客观性的必要前提。杜威批判传统哲学预设基础主义的做法,因为它并不是基于实际认识活动的前提之上,而仅仅是为了满足某种预先确立的目标,此种做法必然把实际发生的认知过程静态化,把原本主客统一体分割成对立双方,把认知主体从认知过程中孤立出来等,在杜威看来这些都是基础主义必然出现的问题。实验观念论反对预设某种基础主义,因为它既不存在也不可能,在实际发生的认知过程中,任何出现的事项都是在交互实践过程中暂时出现的,而且任何事项或内容的意义也不是先天确定的,而是由它在交互实践过程中所发挥的作用来确定的,一旦交互实践的情境发生了变化,它的意义也必然发生相应的变化,这便是实验观念论所要表达的基本立场。杜威的这一反基础主义做法被新实用主义哲学家们所认可,并且在杜威的基础之上进一步发展。

一、反本质主义

杜威提出实验观念论并不仅仅是为了批判传统的观念论,而是力图从根本上批判传统观念论背后所预设和倚赖的世界观。如果不能揭示出传统观念论所预设的哲学前提的问题,那传统观念论依然会以其他的形式呈现出来,而真实发生的经验世界和认知活动就无法得到呈现。在杜威看来,传统观念论的动机之一是力图揭示人类把握实在的方式,并且这一实在是先天的、客观的和不变的,它是人类抓住这个世界的基础,也是人类获得确定性的保证,人类只能通过认知的方式来把握到它。杜威说:"人们认为知识是和一个本身固定的实有的领域相联系着的。由于它是永恒不变的,人类的认知在这个领域内是不作任何区别的。人们能够通过思维的领悟和验证的媒介或某种其他的思维器官来接近这个领域。这种思维器官除了只去认知它以外是和实在不发生任何关系的。"①传统西方哲学正是在一条追求实在的道路上不断往前发展,但是传统哲学又认为实在作为世界的本质是不直接显现的,被显现出来的是实在的属性或现象。古代哲学所追问的方式是突破现象去把握背后的实在本身,也认为只有这一实在才是世界本身,古代哲学家未意识到认识者何以能够把握实在本身的问题,因为他们持一种大写的理性观,即认为世界本身的构成就是理性的,人的理性只是大写理性的部分表现,但两者本质上是一体的,所以不存在人的理性能否抓住世界的问题。所以无论古希腊的理智主义哲学还是中世纪的神学认识论,本质上都是以一种大写实在的立场来看待把握实在的问题。古代哲学这样一种不顾认识者能否把握住实在的境况被近代哲学家们所抛弃了,因为把握实在的问题只能站在人类自身的角度来回答,而无法站在宇宙或上帝的视角来呈现,所以我们无法跳脱出人类的思维或认知

---

① [美]杜威:《确定性的寻求》,傅统先译,上海人民出版社,2004年,第19页。

能力范围来把握实在。

　　一旦只能通过认知或思维的方式来把握实在,那立马就出现了认识论的问题,认识者和认识对象之间不可避免地出现了两者如何实现一致的问题,表象成为两者之间的桥梁。正如杜威说:"把认识看作认识者与对象之间的表象关系,就会使人们必然把表象机制看作它构成了认识活动。"①康德的先验观念论是一种典型的表象机制,他把表象当作一个客观的认知结构,虽然它离不开心灵的能动活动,但是康德并不认为心灵把握对象的表象结构是客观中立的,因为它不涉及个体主观的心理因素,而只是基于人类心灵共同的认知结构系统,所以康德在客观的表象结构这一层面上来确立起世界的客观性和实在性。从康德的立场来看,虽然不能把握住实在本身,但是由表象机制所保证的表象世界依然具有实在性。但是康德的这一表象机制毕竟离不开心灵的主观活动,包括知觉、回忆、想象、设想等具体心理活动,所以康德的表象机制的保障力量来自心理活动,这无疑是难以成立的。杜威说:"既然事物可能呈现于感官知觉、回忆、想象、设想之中,既然这四种类型的表象方式中每一种方式的机制都是感官的和大脑的机制,因此认识问题就变成心身问题。"②杜威指出表象不可避免是心理的产物,它必然存在心理因素在其中,不可能存在去除一切主观因素的表象。这实质上也是康德为何承认表象不等于表象的对象,因为表象之中含有主观心理因素,只是康德试图确立一种完全排除心理因素的表象形式,由此来保障表象和知识之间的一致性,杜威的实验观念论揭示出表象主义的路径必然是失败的。

　　杜威的实验观念论批评传统观念论之所以陷入困境,根本原因是对世界理解的起点出现了问题,他们基于一种追求固定实在的前提之

① 　[美]杜威:《杜威文选》,涂纪亮编译,社会科学文献出版社,2006 年,第 93 页。
② 　[美]杜威:《杜威文选》,涂纪亮编译,社会科学文献出版社,2006 年,第 93 页。

下来探讨认识何以可能的问题,表象主义的路径已经暗示了人类不可能达到这一终极实在,因为人类无法穿过表象的帷幕来把握对象本身。在杜威看来,传统哲学对实在这一对象的理解本身就是错误的,因为世界处于一个自然主义的经验过程之中,不存在一成不变的固定实在,任何经验对象都是处于与周围对象的交互过程之中,任何对象的本质也不是由它自己来确定,而是由它与周围环境的作用关系中来确定,所以真正的实在是不断发生的事件。而且,真正要紧的事情不是去追问已经发生的对象是什么,而是探讨已经发生的对象在不断进行着的交互过程中起何种作用。正是在这一意义上,传统哲学所追求的真理或本质是不存在的,即使使用这类词来表述某些对象,那也是为了探究过程中的权宜之计。所以杜威说:"哲学必须放弃所有那样一些抱负,即它要特别关注终极的实在,或者关注那个作为一个完全的(即已完成的)的整体实在,关注那个真实的对象。"①杜威的实验观念论之所以在本质上不同于传统的观念论,因为它不是去探讨世界的本质或终极实在的认识论问题,它所要回答的是人类已经处于与环境的交互过程之中了,人类是如何来实现与周围世界的互动,其中包括人类作为参与者而非旁观者是如何来认识世界的,如何来实现自己的价值目的的等。

新实用主义哲学家们非常认可杜威基于实验观念论对传统哲学的批评,基本都接受了杜威实用主义认识论立场,认识对象的最终根据不是基于所谓的实在或对象本质,而是基于人类的生活实践行为,由人类的行动效果和生活世界来提供认识的标注。普特南说:"杜威认为我们应该放弃构想一个关于世界的绝对观念,与之相对地,我们应该把哲学视为反思人类如何解决在科学中、伦理中、政治中、教育中所遭遇的问题情境。我的哲学发展路径已经从一种类似伯纳德·威廉斯的图景转

---

① [美]杜威:《杜威文选》,涂纪亮编译,社会科学文献出版社,2006年,第94页。

为杜威的图景。"①普特南非常认同杜威反对传统形而上学的立场,实践才是哲学的起点,传统形而上学的实在论立场是无意义的,也是不必要的。罗蒂更是认可杜威实验观念论的立场,赞同杜威不以任何先天的条件和因素构成我们实践的前提,也没有任何先天的实在成为我们实践的目标。罗蒂说:"杜威的贡献是伟大的,不是因为它提供了一种关于自然、经验、文化或其他的发生学特征的精确表述。而是指明了如何从我们过去的理智主义传统中解脱出来,如何把过去作为有益实验的材料对象,而不是把它们作为强加给我们的任务和责任。"②甚至在罗蒂眼中,戴维森虽然不愿意把自己归为实用主义阵营,但实际上他依然受到了杜威实用主义立场的启发,把真理奠定于语言共同体的实践效果。"戴维森的策略在如下建议中得到了很好的概括:我们不要说'真理是符合,一致性,被授权的可断定性,以理想的方式获得辩护的可断定性,在合适的人群的谈话中被接受者,科学终将维持者,解释了科学中向单一理论的汇合或者我们的种种日常信念的成功者'。"③可以说,杜威的实验观念论所呈现的效果不仅仅是对传统观念论的翻转,更加颠覆了传统哲学的世界图景和终极目标,哲学不是服务于过去了的终极实在,而是为了当下和未来不断进行着的实践活动,基于此前提之下的哲学才是和生活切近的。

二、罗蒂对杜威本质主义误解

罗蒂对杜威实验观念论所预设的实践哲学立场表达高度的肯定,他将杜威的这一成就视为哲学回归自己本质的一次尝试,罗蒂还认为

---

① Hilary Putnam, *Renewing Philosophy*, Cambridge: Harvard University Press, 1992. p.2.

② Richard Rorty, *Consequences of Pragmatism*, Minneapolis: University of Minnesota Press, p.87.

③ [美]罗蒂:《实用主义哲学》,林南译,上海译文出版社,2009 年,第 10 页。

海德格尔和维特根斯坦的哲学也是与杜威一样在寻求哲学回归的道路。在此意义上,罗蒂把杜威、海德格尔和维特根斯坦视为 20 世纪的三个哲学英雄。罗蒂敏锐地指出杜威发现了传统哲学走上歧路的关键在于把握世界的起点出现了问题,传统哲学以沉思的方式来认识对象,本质上把浑然一体的世界整体分割成认知者和认知对象,这实质上是柏拉图所开创的灵魂之眼观看理念世界的道路的延续,视觉中心主义就成了西方哲学的底层逻辑。罗蒂说:"杜威和海德格尔一致认为,最初对一种观看性的知识观及其对象的接受,已然规定了接下来的哲学史。"①罗蒂赞赏杜威揭示了传统西方哲学基于此种沉思认知的方式带来的结果就是各种二元论的诞生,人生活于一个充满各种二元对立的世界之中,哲学的前进也是基于种种二元论的预设立场,尤其是认知主义的哲学路线所带来的表象主义和主体主义把经验主观化了,人与世界不断交互的经验过程成为主体的认知结果,康德的经验概念就是典型,杜威认为这样一种主体主义的经验概念把经验和自然对立起来了,最后带来的结果是哲学继续在歧路上游荡。罗蒂还把杜威的论述和海德格尔关于概念"Subiectity"是如何从"作为基底的存在"变成了"主体性"的论述进行了对比,发现两人在对传统西方哲学批判的路径之上是不谋而合的。

但是针对杜威实验观念论的理论内容来说,罗蒂表达出一种批判的态度,认为杜威的实验观念论并未实现他所追求的目标,反而陷入了传统观念论同样的困境之中。正如前文所述,杜威认为一个对象的确定不是由先天的概念来对其进行综合,因为不存在所谓先天的概念,而是由我们与该对象所处的交互过程来确定,换言之,是由该对象在交互过程中的功能和作用来确定的。比如"门"这一概念的内涵既不是由该门的木质材料决定,也不是由门的形式所决定,而是由我们对该门的操

---

① [美]罗蒂:《实用主义哲学》,林南译,上海译文出版社,2009 年,第 50 页。

作活动所决定,是由该门所承担的各种功能和作用,以及它与周围环境的交互关系来决定。罗蒂认为杜威的这一解释路线提供一种替代康德先验观念论的方案,依然是致力于达到一种观念的普遍解释,他说:"杜威则想称作'外部感官方面的事物与诸机体共同参与的种种交互作用'。但他也想让这个听起来无害的自然主义短语具有和康德关于'对象的构造'的论说一样的普遍性,想完成康德的这一论说实施过的那种认识论的壮举。"①但是,罗蒂认为杜威实验观念论的方案并未实现他所追求的目标,甚至在某种程度上背离了经验自然主义的立场,因为杜威把交互过程或交互关系当作认识活动预设的前提,但是它对每次认知活动来说并不是直接显明的,由此它容易成为一种非自然主义的条件。正如罗蒂说:"他(杜威)想让'与环境的交流'和'适应种种境况'这样的短语同时既是自然主义的,又是先验的——成为对人类知觉和知识的尝试性评价,也成为对'实存的诸种普遍性特征'的表达。"②很明显,罗蒂直接批评杜威的实验观念所强调的交互过程成为一种先天意义上的预设条件,因为杜威想把它当作一个普遍性的认知过程和结构,那必然就超出了自然的范围。罗蒂甚至说:"这样,他(杜威)就放大了'交流'和'境况'这样一些观念,最终它们听起来就像'原物质'或者'物自体'一样地神秘。"③不难看出,罗蒂对杜威实验观念论的批评是严厉的,在罗蒂眼中,杜威并未一贯地延续他的经验自然主义路线,而是依然试图超出经验的范围去寻求某种把捉整体经验的方式,在这一点上,罗蒂认为杜威和康德并没有本质性的差异。

罗蒂之所以对杜威的实验观念论表达质疑,是因为实验观念论所预设的对象与周围环境之间的交互模式存在困境,罗蒂提出交互对象肯定是优先于交互作用而存在的,否则无法理解交互作用存在于何处。

---

① [美]罗蒂:《实用主义哲学》,林南译,上海译文出版社,2009 年,第 88 页。
② [美]罗蒂:《实用主义哲学》,林南译,上海译文出版社,2009 年,第 88 页。
③ [美]罗蒂:《实用主义哲学》,林南译,上海译文出版社,2009 年,第 89 页。

既然交互对象优先于交互作用,那么交互对象在发生交互作用之前是具有什么性质呢? 罗蒂认为杜威的实验观念论是难以回答这个问题的,因为实验观念论主张任何对象的性质或意义是由它与环境的交互作用来确定的,脱离交互作用或交互过程的对象是无所谓性质或意义的。罗蒂认为杜威实验观念论的这一解释路径并不是真正的实践认识论,也就是不完全立足于经验自然主义的立场,导致杜威依然想构建一个关于经验过程的形而上学体系,罗蒂认为这是杜威实验观念论的失败之处。罗蒂说:"《经验与自然》中构造起来的体系听起来像是唯心主义的,而且它就心灵-身体问题提出的解放方案似乎是对先验自我的又一次招魂,因为杜威所达到的普遍性层次正是康德的劳作所在的层次,而且两人那里的知识模式也是相同的——通过两种不可知物的合作来构建可知者。"①罗蒂直接认为认知对象与环境的交互过程是不可知的,杜威的理解只是理论上的,而并不是现实在对经验的揭示。罗蒂进一步揭示杜威一直在两种立场中摇摆,一方面想让哲学回归实践哲学的本质,让哲学来成为指导经验交互过程和面向未来生活的智慧之学,另一方面又试图想让哲学变成一种提供认知模式和解释已有经验的可靠方案,导致杜威的实验观念论面临存有传统观念论影子的指控。罗蒂说:"不论好坏,他(杜威)都想要写出一个形而上学体系。终其一生,他都在对哲学的一种诊疗性姿态和另外一种十分不同的姿态——在这种姿态下,哲学就会变成'科学的'和'经验的',去从事一些严肃的、体系的、重要的和建构性的事业——之间摇摆。"②

如果从杜威实验观念论的整个理论来看,罗蒂对杜威的批评或指控是不成立的。虽然罗蒂可以从逻辑上来质疑杜威的实验观念论如何解释交互对象在交互之前是何种性质,但在现实中是不可能把交互对

---

① [美]罗蒂:《实用主义哲学》,林南译,上海译文出版社,2009 年,第 89 页。

② [美]罗蒂:《实用主义哲学》,林南译,上海译文出版社,2009 年,第 71 页。

象从交互过程中抽离出来的,因为经验对象从始至终就出现在与环境的交互过程之中。杜威为此还举过一个例子来说明,他说:"虽然呼吸事实上是既包括有空气又包括有肺的操作的两个方面的一个机能,但是即使我们不能在事实上把肺的活动分隔开来,我们却可以把它暂时分割一下,以便进行研究。所以,当我们总是在认识、爱好、追求和反对事物,而不是在经验观念、情绪和心愿的时候,这种态度本身就可以成为我们注意的一个特别对象,因而形成一个显著的反省经验的题材,虽然不是原始经验的一个显著的题材。"[①]杜威的意思非常明确,我们为了理解和研究某个对象,可以把它从交互过程中抽离出来进行分析,但是这仅限于分析和研究的需要,不代表事实上就可以把它从交互过程中分离出来,就像我们可以把肺从整个呼吸系统中孤立出来分析它的性质和功能,但是不代表肺脱离了整个呼吸系统依然还有这些性质。所以罗蒂的批评是不成立的,他把杜威的实验观念论当作某种固定的认知理论,实际上杜威并不是如此来理解实验观念论的,而是通过实验观念论来揭示处于交互过程中的对象是如何被我们把握到的,而不是把对象当作一个静止不动的直观对象来看待。正如希尔德布兰德(David Hildebrand)所说:"罗蒂并没有意识到杜威的'经验'并不是一个观念论者意义上的抽象行为,而是试图弥合哲学理论和实践事实的努力尝试。"[②]而且,罗蒂的这种误解正是杜威所要批评的对象,杜威实验观念论所强调的交互过程正是经验过程本身,它是实际客观发生着的物理事实,是一个统一的实在整体,只是我们人类理智需要把握对象来形成我们生存的依靠,我们需要不断地把经验过程中出现的事物确定它的意义,由此需要对它进行分析和理解,但是即使如此也只是这个经验过程的一部分,我们并未脱离这个经验的交互过程。而且,我们在

①　[美]杜威:《经验与自然》,傅统先译,中国人民大学出版社,2012年,第12页。

②　David Hildebrand, *Beyond Realism and Anti-Realism*, Nashville:Vanderbit University Press. 2003, p. 106.

理解任何经验过程中的每个对象之前就已经享有了这个经验,换言之,我们在经验过程中不断在体验着,但是过去的认识论哲学只把关于经验过程中的某个对象的认知结果当作经验,而直接忽视了作为更源始的经验整体,由此发展出来的各种理论必然是对真实经验世界的扭曲或误解。

至于罗蒂认为杜威试图通过实验观念论来构筑一种体系性哲学,这完全是对杜威的误解。杜威实验观念论的前提是实际发生着的经验过程,杜威认为这一统一的经验整体是哲学思考的起点,但是反对把哲学当作一个现成的理论体系来钳制不断发生着的经验。正因为如此,杜威才从根本上批判过去的视觉中心主义或静观主义的哲学理论,他认为哲学真正的使命不是去追寻一个臆想的终极实在,而是确立起我们在经验过程中的行动计划,以便我们能够在与环境的交互过程中顺利地实践。正如杜威说:"哲学既不会变成一种对存在所做的沉思性考察,也不会变成对已成为过去、已加以处理的事物进行的分析,而是要变成对未来的种种可能性的展望,以求使生活变得更好,而不是变得更坏。"[①]实验观念论作为面对未来的实践认识论,它不是要把不断发生着的经验过程转化为固定的认识对象,而是把经验过程中不断出现的一个又一个不稳定的情境转化为经验情境,杜威认为这才是真实发生的事实真相。在把有问题的情境转化为确定的情境过程中,需要对情境形成认知或知识,知识是为了让不确定的情境成为控制之下的情境,让交互行动可以顺畅进行下去。正如杜威所说:"认识的问题就是发明如何从事于这种重新安排的方法的问题。这个问题是永无止境,永远向前的;一个有问题的情境解决了,另一个有问题的情境又起而代之了。经常的收获并不是接近于一个具有普遍性的解决,而只是渐次改

---

① 〔美〕杜威:《杜威文选》,涂纪亮编译,社会科学文献出版社,2006 年,第 94 页。

进了方法和丰富了所经验的对象。"①杜威的意思非常明确,实验观念论作为应对问题情境的行动模式,它不是固定和封闭的,不会成为像传统观念论那样的认识论理论,所以罗蒂指控杜威寻求建立哲学体系的说法是站不住脚的。

第二节　反主知主义

杜威的实验观念论反对康德先验观念论等传统观念论的原因,不仅仅是它们建立在各种二元分立的立场之上,无法真实地反映真实发生的认知过程,更重要的是杜威认为传统哲学的路线都错了。换言之,杜威的实验观念论不仅仅反对传统观念论,而是在更大的范围上反对传统一切认识论哲学。杜威认为传统认识论哲学本质上是基于一种视觉中心主义,预设认知主体或心灵以一种旁观者的态度来把握世界,此种立场必然把世界当作不动的视觉对象,用海德格尔的话来说,传统哲学把世界当成了一幅图像,人成为矗立在图像旁的观赏者。杜威批评视觉中心主义的本质就是静观主义,静观主义把不断发生交互过程的经验世界静态化,认知成为把握这一静态世界的唯一方式。一旦认知成为把握世界的方式,追求普遍的客观事实成为我们与世界打交道的首要任务,但是杜威认为我们是作为经验世界的有机体,我们首先享有这个世界,我们不断地和周围环境处于交互过程中。在这一交互过程中我们既需要把某一发生的事件当作事实来认知,同时也需要把这一事件当作可以实现其他目的的方法或手段,换言之,我们需要把它当作价值来享受。所以,杜威实验观念论要实现的目标不是提供替代传统观念论的一种方案,而是要颠覆传统强调认知为中心的哲学探究道路,

---

① ［美］杜威:《确定性的寻求》,傅统先译,上海人民出版社,2004 年,第 299 页。

杜威把这一立场称为主知主义。杜威的实验观念论试图揭示我们与周围环境的交互过程,所以它不只是处理认知问题,同时也处理价值问题,因为在杜威看来事实与价值之间不存在二分的问题,只是在逻辑上或研究的需要才把某一方面孤立出来。杜威的实验观念论从发生学的角度揭示了事实与价值的源始性统一,这一做法受到了当代新实用主义哲学家的高度认同,其中以普特南为代表。

一、反事实与价值二分

杜威在诊断传统哲学危机时,认为最为严重的危机是传统哲学无法弥合事实与价值的分离,他说:"在人类对目前生活世界的信仰和他对支配着他的行为的价值与目的的信仰之间如何恢复统一和合作的问题是近代生活中最深刻的一个问题了。"[①]近代哲学家们常见的做法就是把事实与价值区分开来,尤其是休谟提出了"是"与"应当"之间不可跨越的观点以来,如果再试图把事实与价值联结起来,那必然会被指控为陷入自然主义的谬误。之所以会出现两者之间的截然分立,是因为它们被认为是属于两种异质的范畴,事实被当作以客观发生的实情为依据和衡量标准,而价值则是与人类的内心状态相关,或者说,价值是人类主观评价后的结果,事实本身无所谓价值与否。杜威把过去哲学看待价值问题的态度总结为两种:"一种理论,为了保持价值判断的客观性,便把这种价值判断和经验与自然分隔开了;而另一种理论,为了保留价值判断的具体和人生的意义,又把这种价值判断归结成单纯是对我们的感情的陈述。"[②]杜威说的第一种态度就是价值先天论,比如基督教所宣扬的价值,它跟人类经验过程没有关系;第二种态度变成价值主观论,这便是多数哲学家所持有的立场,价值是主观心理状态产生

---

① [美]杜威:《确定性的寻求》,傅统先译,上海人民出版社,2004年,第257页。
② [美]杜威:《确定性的寻求》,傅统先译,上海人民出版社,2004年,第266页。

的。毫无疑问，杜威是反对这两种立场的，认为他们都没有真正地理解价值的本质，直接原因就是没有理解价值是如何发生的。

杜威认为事实与价值是不可分割的，因为它们本来就是源自一体。根据杜威的实验观念论立场，我们首先享有这个世界，我们作为参与者时刻与周围的环境在互动着，实践是我们与世界发生关系的前提和推力，在这一实践过程中，我们需要各种手段或工具来满足我们顺利进行实践的过程，这些手段和工具就是在交互过程中不断出现的各种事件。任何发生的事件都处于一个关联网络之中，所以任何事件都和其他事件处于一个互相满足对方的需求网络之中，我们首先需要确认该事件满足了其他事件的什么需求，便就是把它当作事实来看待。一旦事实确认之后，它便成为我们可用来满足某种交互需求的条件，便把它当作价值来看待，其中关键的区分在于它们两者是已发生还是可发生的状态之别，价值判断是一种对它在某种条件之下可满足要求的判断。杜威说："事实上，这就是一个判断，说这个事物'将起作用'。其中包含有一种预测；它设想到一个未来，在这个未来中，这个事物将继续有用；它将起作用。它也断言这个事物将主动地产生某种后果；它将起作用。说它已满足了要求，这是一个关于事实的命题的内容；说它可以满足要求，这是一个判断、一种估价、一种鉴定。它指明所采取的一种态度，力争持续下来，保持安全的态度。"[①]杜威的观点很明确，价值不是某种主观情感的满足与否的评价，而是在一个客观的交互关系网络中，某一对象可否满足某种需要，这是完全客观发生的状态，所以它也可以说是事实，因此事实与价值本质上是同一的。杜威还举例来说明事实和价值本是同出一源的，我们许多词语后面所加的后缀，如"-able"（可以的）、"-worthy"（值得的）、"-ful"（充足的），等等，都是表达一种基于实践前提下的事实与价值的统一。

---

① ［美］杜威:《确定性的寻求》，傅统先译，上海人民出版社，2004年，第263页。

从杜威关于价值的论述可以看出，价值的实现需要在条件系列之中，对条件的控制是价值产生的重要前提，同时也需要根据条件所产生的后果来评估价值的大小，这便也是杜威实验观念论所要处理的问题之一，也是杜威与传统哲学理解价值问题的差异所在。杜威说："原来人们根据是否符合先在对象的情况来构成他们关于价值的观念和判断，而我们现在要在对事物产生的后果的认识的指导之下来构成可享受的对象；这个变化是从回顾过去变为瞻望未来的一个转变。"①正是因为价值的产生需要条件的配合，所以我们可以以实验的方式来调控条件来产生更大满足的价值，所以杜威的立场实质上认为价值是可以创造的，但不是传统哲学所理解的主观任意评价，而是创造和控制条件前提下产生的价值事实。伯克（Kenneth Burke）在评论杜威关于价值问题的处理方式时说杜威把价值置于实验方法之上，不是为了去发现价值，而是为了建立新的价值，这一价值既不依赖于权威，也不依赖于任何先天绝对的善，而是基于试验方法。② 杜威通过基于实验观念论的方式揭示了事实和价值的同源性，一方面是为了批评传统哲学关于事实与价值之分的错误做法，另一方面也是证明实验观念论不是一种认知理论，而是一种揭示和指导我们与世界打交道的实践过程，事实和价值都是任何交互行为不可或缺的两种维度。

普特南非常认可杜威消除事实与价值二分的做法，他在《语词与生活》中说："（杜威）实用主义的观点表明事实和价值之间是不存在基本的二元对立的，并且在某种意义上来说，实践是哲学的前提。"③普特南在杜威消除事实与价值二元分立的做法中找到了共鸣，因为他早先所

---

① ［美］杜威：《确定性的寻求》，傅统先译，上海人民出版社，2004 年，第 274 页。

② Kenneth Burke，"Intelligence as a Good"，in *The Philosophy of Literary Form*：*Studies in Symbolic Action*，Berkeley：University of California Press，1973，p.386.

③ Hilary Putnam，*Words and Life*，ed by James Conant，Cambridge：Harvard University Press，1994，p.152.

提出的内在实在论也是持一种实用主义立场。普特南认为我们共同的社会行为形成了我们共同的概念框架,而任何指称含义的确定只能在概念框架之内才得以可能,不存在由外部对象本身来确定指称的含义,由此可以看出普特南对语言指称问题的解决方式是一种实用主义的立场。普特南认为事实与价值是内在一致的,因为两者之间所谓的客观与主观之分,归根结底都是基于文化共同体内部的可接受标准,换言之,它们都是基于实践基础之上产生的,不存在脱离人类实践的客观性。普特南以科学与伦理学之分来作为典型的事实与价值之分的例子,按照一般的理解,科学理论表达的都是客观事实,是具有充分的客观性,与伦理学所讨论的价值具有本质差别。但是,普特南认为科学理论之所以被认为是客观的知识,真正的原因不是它表述了所谓的客观事实,而是它符合我们理性的可接受性标准,无论科学理论所包含的事实陈述还是科学理论的接受或证明,无不如此才能被我们认定为客观的理论。[①] 只有科学理论符合了我们理性的可接受性标准,我们才会认为一个科学理论表现出"融贯""适切""简单""实用"等优点,而这些优点又是和我们的文化价值是分不开的,所以,科学理论的客观性标准来自价值。同样,伦理学也可以是客观的,因为伦理学所仰赖的"善"并不只是主观的,因为在一个文化共同体内部,关于"善"的行为和物理事实都具有同样的客观性,所以价值的另一面也是事实。

二、普特南对杜威真理观的质疑

普特南非常认可杜威实验观念论所表达的哲学立场,尤其是杜威哲学所表达的人与世界之间的关系。杜威认为我们不是作为旁观者来静观这个世界,世界也不是作为我们的对立面来被我们所直观,真实的情况是我们作为世界之内的参与者,我们参与着这个世界的运动和变

---

① 　陈亚军:《实用主义:从皮尔士到普特南》,湖南教育出版社,1999年,第284页。

化,我们无法跳脱出参与者的视角来俯视整个世界,就像我们无法拎起自己脱离地面一样。杜威认为传统哲学所持的静观主义立场实质上是一种上帝视角下的认知幻想,人类不可能站在上帝的视角来看我们所寓居的这个世界。普特南认可杜威对传统哲学的上帝视角的批判,赞同哲学的出发点应该是以行动者为中心和世界变动的立场,也就是以实践为哲学的出发点。① 普特南说:"那些批评我的人都试图确立某种基础,但是对杜威来说不存在基础。我们只能从我们所在之处出发。我们所在之处既包括我们的遭遇和享受,也包括我们的评价活动。评价活动既来自我们的共同体,也出自我们自身。"②可以看出,普特南赞同杜威关于我们与世界之间首先是一种享有的关系,而不是一种认知的关系,我们进行哲学思考的起点只能是实践。正是我们时刻处于与世界之间的交互过程中,我们不可能跳脱出这个交互过程来把握所谓的世界本身或世界整体,传统哲学所追问的世界背后的实在是不可实现的,从休谟到康德的近代哲学家们都已直接或间接地指出这一点。不过,近代哲学家无法跳脱出静观主义的视角,所以至多只能把我们所寓居的这个世界进行划界,分成可认识的部分和不可认识的部分,但这实质上已宣布了世界实在本体的褪去。由此,不难理解杜威和普特南都坚定地反对形而上学实在论了。

普特南欣赏杜威实验观念论把认识论的问题转变为探究的问题,我们与世界的基础性关系是探究关系,认知关系也只是探究关系的外在形式之一。杜威之所以要使用"探究"而不是"认识"来表述我们关于世界的知识或信念的获得,是因为认识论的方式容易把我们与世界之间不断发生的交互关系片面化和静态化,而我们每个时刻所处的周围

---

① David Hildebrand, "Putnam, Pragmatism, and Dewey", *Transactions of the Charles S. Peirce Society*, 2000, Vol. 36, No. 1, p.122.

② Hilary Putnam, *Words and Life*, ed by James Conant, Cambridge: Harvard University Press, 1994, p.201.

环境都是一个情境,它是由各种事件和条件构成的交互整体,我们要顺利地与环境之间完成交互过程就需要对每个情境中的条件都有充分的利用,但实际的情况是我们并不能保证在每个情境都能直接地利用各种条件或工具,此种情况的情境对我们来说就是有问题的情境,我们需要对这一问题情境进行处理,处理的方式包括认知、评价、操作、试验、打量、改造等各种方式,杜威都把它们囊括在探究之中。普特南高度赞赏杜威的这一思想,他说:"依我之见,杜威伟大的贡献在于坚持认为我们既不拥有一种'掌握一切'的理论,也不需要这种理论,同时强调我们真正需要的是洞见到人类如何处理各种问题情境。"[1]换言之,普特南认可杜威把认识的基础置于情境之中,这也是普特南的内在实在论或自然实在论的立场。但是普特南不认可杜威对真理问题的处理,普特南认为真理的存在和真理的可接受性是两个问题,他认为杜威混淆了两者之间的差别。

如前文所述,杜威的实验观念论把真理问题转换为经验情境中的操作问题,传统哲学所追求的先天意义上的真理是不存在的,所谓的"真"只能在探究情境中来表达,杜威认为情境之中形成的认知可称为断言,断言的形成需要根据情境之中的各种条件来保障,所以真理就是有保障的可断言性。而普特南不认可杜威的真理观,把杜威的真理观称为"半真理"。[2]普特南说:"把一种可获得的真理概念(半真理)和一种不可获得但认为是'绝对真理'的概念对立起来,这种分野是明显有问题的。杜威消除这一困难的方式是:拒斥'绝对真理'的概念而确立半真理的概念(又命名为'有保障的可断言性')。不过杜威这种做法属于另一种方式的高昂代价,它失去了一种真正值得的区分(这是詹姆斯认可的),即表达一个基于各种证据之上有保障地断言的陈述,和表达

---

[1] Hilary Putnam, *Realism and Reason*, Cambridge University Press, 1985, p.187.

[2] Hilary Putnam, *Words and Life*, ed. by James Conant, Cambridge: Harvard University Press, 1994, p.202.

真本身(即无时态)。"①普特南的意思很明确,他认为杜威的"有保障的可断言性"不能作为真理的表述,它只能作为陈述或接受真理暂时的条件。普特南认为真理必须是无时态的,因为它是基于我们理性的本质,与我们所处的情境或文化共同体没有关系,他说:"我所提供的图景不是康德先验观念论式的,但无疑是与它相关的。这一图景便是真理只能来自理想的理性可接受性。所有我要追问的是什么被认为是有保障的'真',这一保障是基于经验和理智,而此理智为人类提供了'理性和感性的本质'。"②普特南的这一观点表明他在真理问题上更接近传统的理智主义立场,但跟传统的理智主义真理观又有本质的区别,关键在于普特南把真理的客观性和真理的可接受性两者区分开来了。普特南认为真理的客观性是普遍存在的,不依赖人类的主观性,而真理的可接受性只能存在于人类的文化共同体内部,它具有相对于同一个文化共同体的共同标准,超出这个标准可能真理的理论就不能被接受了。

很明显,普特南认为真理的标准来自我们人类的理性,而非来自经验情境,经验情境只能解决真理的可接受性标准问题,而不能解决真理的客观性问题,由此不难理解普特南为何不接受杜威实验观念论所持的真理观。普特南在真理观上的立场似乎与他所持的实用主义立场有些不一致,他反对语义外在论而坚持认为语义指称问题只能在文化共同体的实践中来确定,而现在在真理问题上又不再认同实用主义的真理观,普特南的这一摇摆的原因跟他的伦理关怀相关。普特南在真理观问题上不再认同杜威的立场,其根本原因是反对相对主义的盛行,而且普特南认为反对形而上学实在论并不意味着要走向相对主义。他说:"像罗蒂式的相对主义者那样,普特南式的内在实在论者倾向认为

---

① Hilary Putnam, *Realism with a Human Face*, Cambridge: Harvard University Press, 1992, p.221.

② Hilary Putnam, *Realism with a Human Face*, Cambridge: Harvard University Press, 1992, p.41.

指称来自语境内部,这表明我们承认有更好和更坏的'语境'。'更好'和'更坏'可能依赖于我们的历史情境和我们的目的,不存在上帝视角的真理概念。但是回答一个问题的'正确'(或至少'更好')受到两个方面的限制:(1)正确性不是主观的。谈论人类关切的大部分问题什么是更好什么是更坏,这不仅仅是在谈论一种意见;(2)正确性超出了可辩护范围。我的观点是真理等同于理想的可辩护性,而不是基于现有证据的辩护。"①普特南把真理规定为理想的可辩护性,这与杜威实验观念论所达到的"有保障的可断言性"是不一样的,普特南对真理的这一规定是为了阻止相对主义。但问题是普特南所坚持的普遍主义真理观能否得到辩护呢?普特南认为是可以辩护的,我们对很多陈述不能辨别真假,但是并不意味着没有真假,比如"凯撒在渡过卢比孔河那天颤抖了",判断该语句对错的文化共同体不存在了,但是不代表没有真假,至少凯撒本人能够证实它,就像我不去质疑"我刚才颤抖了一下"的真假性质。② 所以,普特南认为任何陈述内容本身是有正确性的,而且这一正确性不是主观的,但是这一正确性能否得到揭示是受限于文化共同体的。

如果从普特南关于真理问题中两个方面的区分来看,似乎他对杜威的批评有几分道理,毕竟杜威确实把一个陈述语句的真放置在一个具体的语境中来检验,由该语境中现有的条件来保障这一断言的真假,像普特南所举的例子"凯撒在渡过卢比孔河那天颤抖了",杜威的实验观念论的处理方式不同于普特南直接聚焦语义的根据问题,而是会问这个断言的语境是什么。如果"凯撒在渡过卢比孔河那天颤抖了"是作为语句内容发生的语境,那当然是可以判断真假的,即凯撒当天在卢比孔河的时候所呈现的条件能否保障"凯撒在渡过卢比孔河那天颤抖了"

---

① Hilary Putnam, *Realism with a Human Face*, Cambridge: Harvard University Press, 1992, p.114.

② 陈亚军:《实用主义:从皮尔士到普特南》,湖南教育出版社,1999年,第294页。

这一断言的正确性。如果我们今天谈论"凯撒在渡过卢比孔河那天颤抖了"这一陈述,谈论的语境已经不再是语句内容本身发生的场景,而是我们今天谈论它的场景,那这一断言就无所谓真假,而它只是作为一个工具或条件来被我们用来达到其他目的,比如用来否定某人宣称"凯撒在渡过卢比孔河那天英勇无比","凯撒在渡过卢比孔河那天颤抖了"作为一个工具就是有效的。所以,杜威实验观念论所达到的"有保障的可断言性"不是为了解决语义的真假问题,而是为了解决交互行动中的障碍和问题,对任何经验内容的断言只是当下性的,是根据现有的条件所作的判断,随着探究行动的持续下去,现有的断言可能随着情境条件的变化而发生改变,这既是认知过程的真实情况,也是人类科学探究中表现的现实。杜威说:"在科学探究中,被认为已被设定或成为知识标注的设定是这样的:它可以作为进一步探究的源泉;它不是以不能在进一步探究中被修正这样的方式被设定的。"①所以普特南对杜威真理观的批评是不适切的,因为两人本质上所强调的内容和追求的目标是不一样的。

第三节　反"所予神话"

杜威实验观念论对传统哲学的批判是全方位的,其中一个方面便是对传统哲学的认知模式展开了彻底的批判。杜威认为传统认识论完全误解或扭曲了真实的认知过程,把认知当作主体对被给予对象的把握,换言之,传统哲学认为认知对象不是主体所产生,也不以主体意志为转移,一旦认知对象在主体面前呈现,那这一呈现就是主体必须去全

---

① ［美］杜威:《杜威全集·晚期著作》第 12 卷,邵强进、张留华、高来源等译,华东师范大学出版社,2015 年,第 8 页。

面把握的对象。无论近代的经验主义还是唯理论哲学，都认为世界给予我们的感官材料是客观的，我们的任务是去反映这一客观的感官材料，并整理成为普遍的知识。它们之间的差别只是在客观感官材料的反映能否成为普遍知识的问题上存在分歧，经验论哲学家认为这是可能的，最后休谟的怀疑论证明这是做不到的，而唯理论哲学家认为不能从感官材料中获得普遍知识，只能把"我思"作为普遍知识的保障，但是无法跨越内在的"我思"与外在客观世界之间的鸿沟。康德的先验观念论虽然在很大程度上解决了近代哲学面临的困境，但是依然把认知对象当作被给予的，因为作为认知对象的感性材料是物自体刺激主体产生的，主体并不能主导感性材料是否产生。所以康德说人在自然领域是没有自由的，因为理论理性在面对自然对象的时候必须遵循自然因果律，即使认知主体能提供一套认知形式，但是认知材料对象必须由世界所给予。杜威认为传统认识论都是不对的，我们从来就不是被动地在等着世界给予我们认知材料，我们都是主动地去把探究实践需要的材料挑选出来。反对所予论是杜威实验观念论的重要立场，杜威的这一立场与新实用主义的匹兹堡学派对"所予神话"的批判有不谋而合的默契，两者之间存在着诸多有意思的异同之点，不过布兰顿对杜威实验观念论陷入"所予神话"的质疑是需要被澄清的，毕竟杜威是主张反对所予论的。

一、杜威与塞拉斯"所予神话"的异同

自从匹兹堡学派的代表人物塞拉斯批评传统哲学陷入"所予神话"以来，当代哲学界不少学者都认可塞拉斯的论断，并且沿着塞拉斯的论域不断提出了各种版本的批判"所予神话"，其中以匹兹堡学派的麦克道威尔和布兰顿最为瞩目。"所予神话"为何会引起如此广泛的共鸣，是因为它精准地抓住了传统哲学的病根所在，无论近代的经验论、唯理论，还是德国观念论，都默认了感觉材料是来自外在世界的所予，认知

的形成是由认知主体对感觉材料形成一个规范性判断,塞拉斯认为这完全就是一个错误的观念。在塞拉斯看来,传统哲学尤其近代哲学的知识观由两个条件构成:一是任何知识的基础必须是直接的,不依赖其他认知状态,不能从认知推论中获得;二是知识基础必须能够成为其他认知的支撑,而满足这两个条件的只有感觉所予。[①] 在塞拉斯看来,传统哲学的这种看法是完全错误的,因为这两个条件是互相排斥的,因为感觉所予如果作为非命题化的感觉材料,那它就不能为其他知识提供证成,如果它是命题化的感觉材料,那它就不可能是直接获得且非推论的。塞拉斯为了说明两者之间的差异还举了一个例子,即"看到某个红色的东西"不等于"看到某个东西是红色的"。塞拉斯认为前者中的感觉材料是一种殊相,是作为我们内在片段的感觉所予,后者则是一个规范性判断,两者的根本差别在于它们所存在的空间是不一样的,前者作为直接的感觉所予,它只属于自然空间,是我们直接获得的对象意识,后者属于理性空间,它的成立需要提供理由,前者是一种心理觉知,后者属于认知,所以两者属于性质不同的两类命题,前者不能构成后者的基础和支撑。

塞拉斯对"所予神话"的批判是犀利且精准的,而且直接挑战了传统哲学的思维模式,这无疑是现代哲学的重要进展。虽然塞拉斯对"所予论"的批判是闻名遐迩的,但是对"所予论"展开批判的并不是始于塞拉斯,在塞拉斯之前已有哲学家开始了这一工作,其中杜威的实验观念论毫无疑问是代表之一,而且是一种极具启发性的"所予神话"批判版本。如前文所述,杜威认为传统哲学对经验的看法完全是有问题的,因为它没有站在作为不断发生交互作用的动态经验立场上来看待经验。杜威认为传统哲学眼中的经验被当作知识的最初成分,有些经验是属于精神和主观的,并且和已发生的过去联系在一起,甚至被认为是由某

---

① 陈亚军:《匹兹堡学派对"所予神话"的瓦解》,载《学术月刊》2023 年第 1 期,第 21 页。

些实体构成,其暗示经验的联结性和连续性来自经验之外的领域。[①]
杜威完全不认可传统哲学对经验的看法,尤其把经验和知识画等号的
做法,杜威认为经验是有机体在物理和社会环境中交互作用的过程和
产物,经验的关键形式是实验的,它会去改变所有的所予,它的重要特
征是一种筹划,不断前往未知的领域,并且杜威认为经验概念是充满推
论的,没有任何经验内容是脱离推论的。[②] 可以看出,杜威关于经验的
看法和塞拉斯存在一致之处,它们都认为经验是规范性的,它的形成是
在一个推论网络之中完成的,他们都批判传统哲学把所予的经验材料
当作知识的基础的做法,认为这是犯了自然主义谬误。

杜威的实验观念论正是预设了作为交互作用的经验概念,我们与
环境之间的互动是综合性的,认知只是其中的一种方式,而且不是最初
始的方式。但是认知活动也会在交互过程中产生,它是通过反思性的
探究活动来完成,我们在认知活动中,需要对某个聚焦对象形成认知,
但是杜威坚决反对这一对象是被给予的,任何成为我们认知对象的材
料都是处于一个推论的网络之中呈现出来。换言之,某物要能成为认
知对象就必须在问题情境之中承担某种作为解决问题的标志或证据,
而且认知对象的证据功能不是由它自己决定的,也不是由认知主体决
定的,而是在一个相互使用的手段-目的网络中被决定的。杜威说:"如
果一开始不把这些有关的性质成为'素材'或'所予'(given),而称为
'被采取'(taken),整个的认识论可能会完全不同。我们并不是说,素
材并不是存在的,并不是最后所予的性质——它们是非认知经验中所
占有的整个题材。但是作为素材,它们是从刺激认知的这个整个原来
的题材中所选择出来的;它们是为了一个目的而被鉴别出来的;这个目

---

① John Dewey, "The Need for a Recovery of Philosophy", McDermott ed., *The Philosophy of John Dewey*, Chicago: The University of Chicago Press, 1973, p.61.

② John Dewey, "The Need for a Recovery of Philosophy", McDermott ed., *The Philosophy of John Dewey*, Chicago: The University of Chicago Press, 1973, p.61.

的即为明确问题提供标志或证据,从而为解决这个问题提供线索。"①
杜威的意思非常明确,真正被我们认知的对象不是被给予我们的,我们
并不是像康德先验观念论那样在被动等待感性杂多被给予,而是我们
主动"抓取"某个素材作为我们的认知对象。更为关键的是这个被抓取
的素材不是随意和任意的,它必须在一个为解决我们交互过程中障碍
这一目的线索中呈现出来,否则即使随意抓取一个素材也构成不了我
们的认知对象,因为任何素材或观念的意义的确定不是由该对象自己
来确定的,而是必须在一个使用关系的网络中来实现,否则我们只是获
得某个感知片段,就如塞拉斯对近代认识论所批判的那样。并且,杜威
直接把被我们抓取的素材称为原始存在命题,他说:"在认知中首先要
做的事情是要从一堆呈现出来的性质中选择那些不同于其他的性质而
可以说明问题的性质的东西。因为它们是有意选择出来的,是专门的
特别操作所鉴别出来的,它们便成为素材了;我们把它们称为是可以感
觉的只是因为感觉器官在产生它们时所起的作用。然后我们可以把对
它们的陈述公式化,使它们成为原始存在命题的题材。"②

不过,虽然杜威和塞拉斯在批判"所予神话"的原因和路径上存在
诸多一致之处,如认为知觉报告和知识的基础是两回事,认知是概念能
力主动规范的结果,经验处于一个推论的网络之中,等等。但是,杜威
和塞拉斯的"所予神话"批判存在诸多的不同之处。首先,杜威和塞拉
斯关于经验的理解还是不一样的,塞拉斯认为所有的经验都是概念化
的,不存在概念化之外的经验,但是杜威认为不仅存在概念化的经验,
还存在非概念化的经验,因为杜威不仅把经验当作一个动词,而且还把
它当作一个桥梁,是联结我们与自然世界之间的桥梁。杜威认为世界
之中存在"精神物理"的经验,它还不是作为认知内容的经验,但是这并

---

① [美]杜威:《确定性的寻求》,傅统先译,上海人民出版社,2004年,第177页。
② [美]杜威:《确定性的寻求》,傅统先译,上海人民出版社,2004年,第178页。

不影响杜威认为经验处于推论之中,因为杜威所理解的推论与塞拉斯不一样,杜威的推论网络是一种手段-使用-目的网络,这是在生存论意义上有机体的交互模式,而塞拉斯的推论网络就是我们的理由空间。其次,正是因为杜威和塞拉斯关于推论理解的差异,由此引申出他们关于语言在经验中的地位差异。"虽然杜威和塞拉斯理解的命题存在许多差异,但是最为醒目的是语言在他们两者理论中的地位差异,塞拉斯认为所有的觉识都是语言的事情,……相较而言,杜威则可以被认为是一种知觉理论的实在论者。"[①]最后,在杜威的实验观念论中,经验一旦进入反思性的探究活动中,它便具有明晰的认知含义;而塞拉斯则不同意这种直接的认知含义,因为塞拉斯认为我们的感觉材料是如何证明对一个外在对象的经验是可能的,塞拉斯认为这个问题不是一眼明了的,而是需要去证明的。

二、布兰顿批评杜威陷入"所予论"

当今匹兹堡学派代表人物布兰顿继承了塞拉斯关于"所予神话"批判的问题域,不过他对塞拉斯批判"所予神话"的路径提出了修正,他认为塞拉斯坚持科学实在论是不必要的,因为塞拉斯认为我们的感觉材料分成命题化和非命题化两部分,而且塞拉斯坚持非命题化部分的感觉材料是客观存在的,也是科学实在论的基本主张。而布兰顿认为塞拉斯把感觉所予分成两部分是不必要的,因为非命题化的感觉材料作为内在感觉不是哲学谈论的对象,因为它并没有进入我们的推论网络之中来,换言之,作为非推论的观察报告并不能作为知识的基础。布兰顿不否认我们有观察报告,但是观察报告不是由感觉直接获得的,而是由于两种能力共同作用的结果,即区别于刺激的能力和进行"给予-索

---

① Daniel Enrique Kalpokas, "Dewey, Sellars and The Given", *Pragmatism Today* Vol. 3, Issue 1, 2012, p.83.

取理由"游戏的能力,前一种能力是我们基于生理能力之上且运用概念的结果,比如"这是红的"是有概念内容的,后一种能力是在概念网络中给"红"确定一个位置,以便可以进一步推论。① 正是因为在推理的基础之上,一个知觉报告才构成我们知识的基础,我们不是仅仅获得一个"红"的知觉,而是能够利用"这是红的"进行推论,比如推论出"红色是一种颜色","红色是在一个光谱区间",等等。由此布兰顿进一步指出,进行推论活动的前提是掌握一套推论规则,也就是说一个知觉报告的发生是遵守规则的结果。而遵守规则不是普遍必然的,而是在一个文化共同体中发生的,由此可以看出布兰顿从推论语用学来批判"所予神话"的底色是实用主义的。

布兰顿很认同自己作为实用主义阵营的一员,并且对古典实用主义深有研究,包括杜威哲学。但是在关于"所予神话"批判的问题上,布兰顿认为杜威并没有解决这个问题,反而以另外一种方式陷入了"所予神话"。布兰顿说:"工具论实用主义理解观念的方式之一是:能够理解信念真理的规范性评断,等同于评断所持信念在何种程度上有助于欲求的满足,无论美国古典实用主义者是否认可这一路径。信念只有当它作为得到所欲之物的工具时才是真的。"②在布兰顿看来,以杜威为代表的工具论实用主义者强调一个可以直接理解的欲求满足感概念是优先于概念的任何内容特征的,所以关于事物状态的信念是由它保障欲求满足感的实现来决定的。布兰顿认为杜威实际上把概念的满足感当作了认识论的基础,这实际上陷入了塞拉斯所批判的"所予神话"。布兰顿说:"根据对塞拉斯'所予神话'的承认,在这个(工具论实用主义的)故事中,具有满足感的中心概念被要求扮演两种角色,一方面并不认为需要理解此种状态中的概念,也不需要把它从驱动行动的不满足

---

① 陈亚军:《匹兹堡学派对"所予神话"的瓦解》,载《学术月刊》2023 年第 1 期,第 27 页。
② Robert Brandom, *Perspectives on Pragmatism*, Mass: Harvard University Press, 2011, p.72.

感中区隔开来,另一方面,在那种状态中人又被认为知道某些事情,也就是说它提供了证成或反驳一个真信念的证据。在这两种角色中,欲求满足感就是一种典型的所予,也就是塞拉斯所说的神话。"①布兰顿直接指控杜威陷入了所予神话,认为杜威关于观念的获得方式和观念意义的证成基础都陷入了所予神话,因为布兰顿认为杜威获得信念的起点是欲求的满足感,布兰顿认为这种欲求满足感只是一种无意识性质的粗糙感觉,它不具有规范的意义,也就不能充当知识的基础。

布兰顿对杜威的批评并不是毫无依据的,杜威确实认为存在一种直接获得的感知状态,他把它称为熟习性知识(acquaintance-knowledge),它是和间接性知识(knowledge-about)相对的,间接性知识是由概念结构和事实素材相结合的结果,能够用命题来表达,能够进行推论;而熟习性知识"具有一种在间接性知识中所缺乏的直接性和亲密性,……它使得可以预期某人所熟悉的那个人或对象的行为,以便让具有此种熟悉的某人事先准备好正确的公开行为方式"。② 很明显,杜威认为除了我们所具有的能够进行推论的知识外,还有一种直接与情感和感触相关的知识,这是杜威的经验自然主义立场所蕴含的结论,因为杜威认为我们与自然之间是连续的,不存在自然与规范之间的断裂。但是不代表杜威就认为直接性的熟习性知识能够构成知识的基础,他说:"熟习性知识常常不是有根据的断定意义上的知识。但是,与此种亲知相伴的熟习性,经常妨碍我们注意到在获得结论中具有第一重要的东西。"③杜威的意思很明确,虽然我们能够获得熟习性知识,但它不能构成断言的证据,杜威认为真正的知识是断言性的,能够用命题来表

① Robert Brandom, *Perspectives on Pragmatism*, Mass: Harvard University Press, 2011, p.73.
② [美]杜威:《杜威全集·晚期著作》第 12 卷,邵强进、张留华、高来源等译,华东师范大学出版社,2015 年,第 113 页。
③ [美]杜威:《杜威全集·晚期著作》第 12 卷,邵强进、张留华、高来源等译,华东师范大学出版社,2015 年,第 113 页。

达,而熟习性知识不能够表达为命题。

布兰顿所说的作为欲求满足感的概念明显属于杜威所说的熟习性知识。布兰顿还举了一个例子来说明他所理解的直接性的满足欲求的观念。他说,在一种实现欲求满足的状态中,动物都能体验到身上的痒,也能直接体验到痒被消除的感觉,他认为人在理解一个概念的意义之前也是像动物那样能直接体验到痒和去痒的感觉。[①] 很明显,布兰顿误解了杜威的本意,杜威完全反对直接性的素养能成为知识的基础,因为它不具有概念内容。杜威所说的熟习性知识是基于一种情感、感知和心理等综合运用的结果,它是一种当下直接的感知。这种感知有点类似匹兹堡学派所讲的知觉报告,但是又不同于塞拉斯所说的知觉报告,因为塞拉斯是从科学实在论立场把知觉报告视为心理活动,和基于概念作用的知识是截然分明的。而杜威的熟习性知识虽然也不具有概念内容,不能在概念的网络中推论,但是杜威认为这种熟习性知识依然可以视为概念内容的先导,他用领悟(apprehension)来表示熟习性知识,用理解(understand)来表示概念性知识[②],认为领悟是理解的前奏。杜威说:"若是没有对于某个观念的意义内容的直接领会或理解,任何对于新发明的理智追求,任何用以发现某个譬如关于原子本性的想法,是否可以由事实证实的受控探究,都不可能进行。"[③]杜威明确指出知识的形成不是立马实现的,而是需要事先的领悟,这是直接发生的。他说:"我直接看见或注意到,'这'是一台打字机,'那'是一本书,其他那个是暖气管,如此等等。这一类的直接'知识',我称之为领悟,

---

① Robert Brandom, *Perspectives on Pragmatism*, Mass: Harvard University Press, 2011, p.73.

② [美]杜威:《杜威全集·晚期著作》第 12 卷,邵强进、张留华、高来源等译,华东师范大学出版社,2015 年,第 106 页。

③ [美]杜威:《杜威全集·晚期著作》第 12 卷,邵强进、张留华、高来源等译,华东师范大学出版社,2015 年,第 107 页。

它是理智上的捕捉或领会,不带任何质疑。"①杜威也提醒别人不要误以为它所说的领悟或熟习性知识就是一般意义上的知识,这两者是截然分明的,一般意义上的知识是在推论中形成的断言,所以他说:"事实上有了直接领悟,这并不能从逻辑上保证那个被直接领悟的对象或事件就是'案情事实'中被认为明显的部分。认为它就是最终所达到的那个断定的证据,这毫无根据。"②

在此可以看出,不但布兰顿误解了杜威的实验观念论所要表达的意思和追求的目标,反过来杜威关于两种知识的区分可以为布兰顿的"所予神话"批判方案所面临的批评提供帮助。众所周知,布兰顿批判"所予神话"的方式受到了麦克道威尔的批评,因为布兰顿把直觉报告和知识信念都纳入了推论网络之中,来自世界那一方且作用于心理的所予材料被布兰顿拒斥了,麦克道威尔认为布兰顿的方案彻底抛弃了经验维度,会面临我们的信念与世界之间的空转,麦克道威尔不能接受布兰顿的推论语用学的方案。为此,麦克道威尔提出了他自己的解决方式,他认为我们的直观包含两个方面,一方面是作为自然终点的感性图像模式,它是我们在经验中立马呈现出来的东西,它是非推论的结果,比如我立马能非推论地看见一只北美红雀,它在直观中直接呈现,是推论概念的基础,另一方面才是与可感物相关联的概念能力。麦克道威尔的解决方式是试图在感性可感物中找到概念活动的引导要素,由此保障概念活动和世界之间的连续性。而杜威关于熟习性知识或领悟活动的理解正好也是为概念推论活动提供先导,让知识确实是来自具体的经验情境之中,由此可以说明杜威实验观念论在当代哲学问题的讨论中依然具有重要价值和启示意义。

---

① ［美］杜威:《杜威全集·晚期著作》第12卷,邵强进、张留华、高来源等译,华东师范大学出版社,2015年,第107页。
② ［美］杜威:《杜威全集·晚期著作》第12卷,邵强进、张留华、高来源等译,华东师范大学出版社,2015年,第107页。

结　语

如果说西方哲学从近代到现代出现了一次实践转向的话,那杜威哲学正是这种实践转向的代表之一。实践转向不是因为传统理智主义出了问题才开始转向另一条道路,而是因为现代哲学不再在传统哲学的框架之内来思考哲学的出路,是通过一种生存论的方式来重新理解哲学的起源和使命。哲学最初的使命是为了帮助人类更好地与世界打交道,以便利于人类的生存实践,而理智主义的方式是人类最能把握和确信的手段。因为人类在生产和科技水平极低的情况之下无法通过制作工具来便于人类与自然打交道,人类只能通过不断地加深对自然的认识来调节自己的观念和思想,所以一方面需要寻求自然背后的始基,另一方面需要增进对自我的认识,整个哲学的使命变成了理性认识自己的任务。所以西方理智主义传统的形成有它自己的人类学背景和历史根据,但是不能因此就认定哲学的方向和定义就是在传统理智主义之内,因为这只是哲学发展的一种可能性而已。但是传统西方哲学一直在这一框架之内来思考人与世界之间的关系,所带来的结果必然是在理智内部的不断深入,最后以理智内部的结构来代替外部世界本身的结构,理智成为世界存在的依据。这种理智主义传统最后以黑格尔绝对观念论的形成作为顶峰,因为黑格尔的绝对主义已经通过理性自身结构和运动囊括了整个世界本身,没有存在于理性之外的东西,世界在此也被终结了。毫无疑问,黑格尔主义的这种绝对性使得哲学与现实世界存在巨大的鸿沟，人类似乎被这种逻辑结构所决定的。在杜威看来，理智主义的这种决定论的结果是它无法接受的，因为现实的情况和现代科学的成果告诉我们，人类社会并没有一个先在的结构或者目的在决定我们，现实的情况是我们在与世界的交互中不断地调节自身的行为和方向，而这种调节的水平受工具水平和教化程度的影响，所以人类正是以这样的一种实验性的行动方式不断往前的。

杜威的实验观念论正是杜威试图颠覆传统理智主义的一种尝试，它不是思辨传统的继续，也不是认知主义的翻版，而是通过一种生存论意义上的发生学分析来揭示人类与世界最初的实践关系。人类与自然之间的源始关系不是认知性的，而是实践性的，是人类为了自己的生存而时时刻刻与自然之间处于一种交互的状态，所以行动是人类与自然一切关系的前提。所以杜威无法接受认知的优先性立场，传统理智主义正是这种知识主义的辩护者。人类生存于自然之中，如何保证和恢复生命与自然的连续性是知识的最初目的，也是哲学的使命，认知的发生也是因为人与自然连续性的中断或者障碍才出现的，所以认知的目的也是为了解决人类生存障碍中的问题。杜威的实验观念论正是立足于这样的一种生存论认知立场来批判传统哲学的，实验观念论的焦点不在于知识，而在于认知，前者是作为静态的结果，后者是一种基于行动之上的过程，所以实验观念论不是为了追问观念如何把握世界的问题，而是探求认知行动是如何发生和起作用的，当然它也不否认观念的中介作用，但是这一中介是行动意义上的，而不是实在的影像。正是因为实验观念论不是追问实在本身，而是追问认知作为一种行动是如何通过方法和工具来使行动获得成功的，所以传统哲学所追求的确定性在杜威这里被瓦解掉了。人类追求确定性本来只是一种心理上的需要，但是西方理智主义传统却把它当作是世界本身的一种根本属性，由此也不得不让世界以理智主义接受的面貌呈现，但是近代科学的兴起和成功无情地摧毁了西方理智主义传统的这种愿景，康德哲学只不过是在尽最大努力试图调和两者之间的冲突，最后的结果依然是使哲学与科学之间的距离越来越远。

正是因为实验观念论探究的是认知发生的过程，所以对方法论的强调和工具的重视是它的内在需求，这一方法论便是实验主义的方法。杜威并不是一味地反对追求确定性，而是戳穿传统理智主义对先天确定性的幻想，因为不存在这种固定不变的先天实在，一切事物都处于运动之中，但是我们依然可能追求可控意义上的确定性，这便是规范性。这种规范性既可以在认知领域形成，也可以在伦理领域获得，只是因为行动的目的不同而产生不同的领域，并不是事先就存在认识和道德的二分。杜威也正是试图通过这种实验主义方法来构建统一的规范性基础，因为理智主义传统都把认识和行动当作两个不同的领域，各自遵守不同的规范，由此便出现了认知和行动之间规范性的断裂。康德的先验观念论便是这种规范性断裂的典型，他的范畴只能是认知领域的规范，一旦跨入行动领域便会出现二律背反的问题，康德也不得不通过划分领域的方法来避免这种二律背反问题的出现，但也因此出现了杜威所批判的那种问题，人在不同领域的规范出现断裂，会让人变得无所适从，不可能有助于行动的自由。这也是康德一直致力于想解决的问题，但是因其基本立场和前提预设，康德在其哲学体系之内是很难解决这一问题的。杜威的实验观念论不是专门探究知识的问题，而是探究实验主义的方法在认知行动时如何形成和运用它的规范的，它的基础在于认知行动的过程，这一过程不是认知活动中某一因素所能决定的，而是各种因素共同作用的结果。所以，规范的基础不再像传统理智主义那样立足于理性之上，或者心灵之中，而是立于人与世界的交互过程之中，有这个过程来不断地调节规范的合理性。

杜威实验观念论的一大使命就是恢复哲学与科学之间的联结，康德的先验观念论也标榜着让哲学走上科学的道路，实现哲学与科学的联结。但是在杜威看来，康德所做的工作并没有达到这一目的，因为近代科学的成功之道不在于它能够揭示实在的特性,也不是因为它符合心灵的先天认知形式,而在于它所使用的实验方法,科学从来不是为了致力于追求实在的确定性,而是为了在变化中发现变化之间的关系,并且通过方法来控制变化,使变化的结果成为主体所预期的。杜威对科学的这一解读不仅是因为科学本身的成功,而且是杜威在实验科学中看到了认知实际发生的过程。在杜威看来,实验科学的认知过程就是实验性认知行动的典型代表,或者说科学探究是一般探究活动的典型,它源自生命的探究活动。所以哲学为追问生存实践的探究方式,不应该与科学之间发生分裂,而且现代实验科学的成功也为哲学的追问指明了方向。实验观念论既是对一般认知活动的解读,同时也是对现代实验科学的解读,两者之间不存在断裂,最为关键的是两者之间都是基于共同的基础,即生命探究的实验性特征。由此也可以看出杜威所追求的目标之一便是重新界定哲学与科学的关系,哲学和科学不是谁高谁低的关系,也不是谁服务于谁的问题,哲学不再是像康德所认为的那样只为科学的前提和基础进行追问,而是和科学一样进入日常生活之中,共同对纷繁复杂的变化寻求控制的方法和规范,哲学需要在日常生活中为人的行为和价值提供指导。

不过,杜威虽然试图通过发生学的分析能够把传统理智主义的哲学所扭曲的知行关系恢复过来,并以实验观念论的路径来重新定位认识论的基础,但是杜威以这样的简单的知行二分的路径来批判传统哲学也略显粗糙,因为很多传统哲学的问题并非完全如杜威所批判的那样。杜威以康德的先验观念论作为他批判的靶子,因为在他看来康德哲学正是传统知行二分路线的集大成者,认知和实践的二分在康德哲学体系中是泾渭分明的。不过康德的先验观念论并不完全是一种人为的假设理论,康德也是站在一种认知发生的立场上来分析认知的结构和形成,他的分析不是为了追问在认知过程中如何获得真理,而是追问我们在从事认知活动的时候什么东西保证了我们所获得的认知结果具有普遍必然性。康德所追问的是认知的前提性条件和基础，这种条件包括客观的和主观的，客观的就是外在刺激所获得的感性材料，主观的就是主体自身的先天认知形式，康德从逻辑的角度来分析认知的形成是站得住脚的。但是康德的问题是没有站在一种运动变化的角度来看待认知的问题，虽然康德对认知结构的分析是有道理的，但是对认知主客观的条件的认识却经不起检验，因为感性材料不会无缘无故地被给予，现实的情况是因为生存实践过程的需要而把某些东西提取出来作为认知材料的。而且，也不存在像固定不变的认知形式，因为人的心灵作为一种能力机制也是随着环境演化的，所以康德的先验观念论会面临一些困难，但是康德对认知何以可能的先验分析的路径是可取的，这种基础性的追问也正是哲学的基本使命之一。不过，杜威认为因为康德先验观念论所预设的世界观和自然观是有问题的，所以康德的先验道路是走不通的，这种批评不无几分道理，但是康德的先天追问的方式是没有问题的。所以，杜威和康德所做的动作并不是完全冲突的，康德所致力于的是认知活动的前提性追问，而杜威努力的方向是认知活动的过程和结果的追问，两者的探究工作合成了一个完整的认知活动图景。所以，有杜威研究者认为杜威对康德哲学的批判乃至传统哲学的批判有过度解读之嫌，这种批评也不无道理，关键是杜威试图通过批判前人的哲学来为自己改造哲学的计划提供合法性基础，这种做法在哲学史中不乏先例。

杜威的实验观念论面临的问题之一就是相对主义和科学主义的指控，因为杜威把传统认识论的实在基础去除了，认知变成了没有固定实在保证的活动，所以就会出现如何证明真理性知识的可靠性标准的问题。这也是实践哲学面临的一个问题，它既不可能支持符合论真理观，也不可能支持融贯论真理观，因为两者都是脱离了实践场景和情境的认知方式。杜威的实验观念论坚持的是认知的情境主义维度，它不可能认为可以脱离情境来谈论认知的真理性，因为认知的发生只能在实践过程之中,所以脱离情境来谈论认知的真理性基础是没有意义的,因为任何认知的发生都是处于情境之中的。而且,既然实践关系作为人与世界一切关系的基础,那认知的结果只能在实践关系的网络中来认定,认知的结果是否为真需要看它在实践的关系网络中处于何种地位和作用,也就是需要通过这种实践的效果来检验认知的结果,所以相对主义的指控是不成立的。至于科学主义的问题,杜威从来就不承认这一批评,因为在他看来科学和哲学之间不存在截然不同的区分,两者都是人类探究活动的一种方式而已,而且都是基于实验性的探究之上,所以把科学作为哲学的榜样并不是科学主义,而是科学精神的体现。现代科学探究给人类社会带来并不是条条框框的限制和机械般的规律,而恰恰是自由探讨和勇于打破陈规的精神,所以科学精神中蕴含着人文精神,杜威也看到了科学的这种人文精神对人类社会生活的促进作用,所以科学主义的批评是站不住脚的。

参考文献

英文文献

［1］Alvin S. Haag. Some German Influences in American Philosophical Thought from 1800 to 1850［D］. Ph. D. dissertation，Boston University，1939.

［2］American Pragmatism：The Conflict of Narratives. in H. J. Saatkamp，edited，Rorty and Pragmatism［M］. Nashville：Vanderbilt University Press，1995.

［3］Andrew Bowie. Introduction to German Philosophy：from Kant to Habermas ［M］. Cambridge：Polity Press，2003.

［4］Antje Gimmler. Pragmatic aspects of Hegel's thought［C］，in The Pragmatic Turn in Philosophy：Contemporary Engagements between Analytic and Continental Thought［M］. Edited by William Egginton and Mike Sandbothe. Albany：State University of New York Press，2004.

［5］Bertrand Russell. Dewey's New Logic［C］. in Paul Arthur Schillpp and Lewis Edwin Hahn，ed. The Philosophy of John Dewey［M］. Carbondale：Southern Illinois University ，1939.

［6］Boisvert Raymond. John Dewey：Rethinking our time［M］. Albany：State University of New York Press，1998.

［7］Casey Haskins and David Seiple. Dewey Reconfigured：Essays on Deweyan-Pragmatism［M］. New York：State University of New York Press，1999.

［8］D. C. Hester and R. B. Talisse. Essays in Experimental Logic［M］. Carbondale：Southern Illinois University Press，2007.

［9］Daniel Enrique Kalpokas. Dewey, Sellars and The Given［J］. Pragmatism Today Vol. 3, Issue 1, 2012.

［10］David L. Hildebrand. Beyond Realism and Antirealism：John Dewey and the Neopragmatists［M］. Nashville：Vanderbilt University Press，2003.

［11］Deron Boyles. John Dewey's Imaginative Vision of Teaching：Combining Theory and Practice［M］. Myers Education Press，2002.

［12］Eckart Foerster and Yitzhak Melamed edited. Spinoza and German Idealism ［M］. London：Cambridge University Press，2012.

［13］Frederick C. Beiser. The Fate of Reason：German Philosophy from Kant to Fichte［M］. Cambridge：Harvard University Press，1987.

［14］Hans Seigfried. Dewey's critique of Kant's Copernican revolution revisited ［J］. Kant-Studien，1993, Jan 1.

［15］Henry E. Allison. Kant's Transcendental Idealism：An Interpretation and Defense［M］. New Haven：Yale University Press，2004.

［16］Hilary Putnam. Pragmatism as a Way of Life：The Lasting Legacy of William James and John Dewey［M］. Belknap Press：An Imprint of Harvard University Press，2017.

［17］Hilary Putnam. Realism and Reason［M］. Cambridge University Press，1985.

［18］Hilary Putnam. Realism with a Human Face［M］. Cambridge：Harvard University Press，1992.

［19］Hilary Putnam. Renewing Philosophy［M］. Cambridge：Harvard University Press，1992.

［20］Hilary Putnam. Words and Life［M］. ed., by James Conant, Cambridge：Harvard University Press，1994.

［21］Hook Sidney. John Dewey：an intellectual portrait［M］. Amherst, New York：Prometheus Books，1995.

[22] Hugh McDonald. John Dewey and Environmental Philosophy [M]. Albany: Sate University of New York Press, 2004.

[23] J. McDermott. The Philosophy of John Dewey[M]. Chicago: University of Chicago Press, 1981.

[24] Jackson. John Dewey and Philosophic Method[M]. New York: Teacher's College Press, 2001.

[25] James Allan Good. A search for unity in diversity: the "permanent Hegelian deposit" in the philosophy of John Dewey[M]. Houston: Bell & Howell Information and Learning Company, 2001.

[26] James Scott Johnston. Dewey's Critique of Kant[J]. TRANSACTIONS OF THE CHARLES S. PEIRCE SOCIETY, 2006, 42(4).

[27] Jerome A. Popp. Evolution's First Philosopher: John Dewey and the Continuity of Nature[M]. Albany: State University of New York Press, 2008.

[28] John Dewey. "The Need for a Recovery of Philosophy"[J]. McDermott ed., The Philosophy of John Dewey, Chicago: The University of Chicago Press, 1973.

[29] John Dewey. How We Think[M]. Canada: General Publishing Company, 1997.

[30] John Dewey. On Some Current Conceptions of the Term "Self"[C]. in John Dewey: The Middle Works, 1899 – 1924. Vol.8[M]. edited by Jo Ann Boydston. Carbondale: Southern Illinois University Press, 1979.

[31] John Dewey. Principles of Instrumental Logic: John Dewey's Lectures in Ethics and Political Ethics, 1895 – 1896[M]. Edited by Donald F. Koch. Carbondale: Southern Illinois University Press, 1998.

[32] John Dewey. The Early Works, 1893 – 1894. Vol.4[M].edited by Jo Ann Boydston. Carbondale: Southern Illinois University Press, 1971.

[33] John Dewey. The Late Works, 1925 – 1953. Vol.1[M]. edited by Joseph Ratner.Carbondale: Southern Illinois University Press, 1981.

[34] John Dewey. The Late Works, 1934. Vol.10[M]. edited by Jo Ann Boyd-

ston. Carbondale: Southern Illinois University Press, 1987.

[35] John Dewey. The Middle Works, 1899–1924. Vol.3[M]. edited by Jo Ann Boydston. Carbondale: Southern Illinois University Press, 1977.

[36] John Dewey. The Middle Works, 1907–1909. Vol.4[M]. edited by Jo Ann Boydston. Carbondale: Southern Illinois University Press, 1977.

[37] John Dewey. The Middle Works, 1915. Vol.8[M]. edited by Jo Ann Boydston. Carbondale: Southern Illinois University Press, 1979.

[38] John Dewey. The Middle Works, 1916. Vol.9[M]. edited by Jo Ann Boydston. Carbondale: Southern Illinois University Press, 1980.

[39] John Dewey. The Middle Works, 1921–1922. Vol.13[M]. edited by Jo Ann Boydston. Carbondale: Southern Illinois University Press, 1983.

[40] John Dewey. The Middle Works, 1922. Vol.14[M]. edited by Jo Ann Boydston. Carbondale: Southern Illinois University Press, 1983.

[41] John Patrick Diggins. The Promise of Pragmatism: Modernism and the Crisis of Knowledge and Authority[M]. Chicago: University of Chicago Press, 1994.

[42] John R. Shook and James A. Good. John Dewey's Philosophy of Spirit, With the 1897 Lecture On Hegel[M]. New York: Fordham University Press, 2010.

[43] John Shook. Dewey's empirical theory of knowledge and reality[M]. Nashville: Vanderbilt University Press, 2000.

[44] Joseph Blau. Kant in America[M]. The Journal of Philosophy, 1954, 51(26).

[45] Joseph L. Blau. Kant in America: Brownson's Critique of the Critique of Pure Reason[J]. The Journal of Philosophy, Dec. 23, 1954, Vol. 51, No. 26.

[46] Joseph Margolis. Reinventing Pragmatism-American Philosophy at End of Twentieth Century[M]. Cornell University Press, 2002.

[47] Kenneth Burke. "Intelligence as a Good"[J]. in The Philosophy of Literary

Form: Studies in Symbolic Action, Berkeley: University of California Press, 1973.

[48] Larry A. Hickman and Thomas M. Alexander. The Essential Dewey, Volume 1: Pragmatism, Education, Democracy [M]. Bloomington: Indiana University Press, 1998.

[49] Larry A. Hickman. Dewey's Hegel: A Search for Unity in Diversity, or Diversity as the Growth of Unity? [J]. TRANSACTIONS OF THE CHARLES S. PEIRCE SOCIETY, 2008, 44(4).

[50] Larry A. Hickman. Pragmatism as Post-Postmodernism: Lessons from John Dewey[M]. Fordham University Press, 2018.

[51] Larry Hickman. The Correspondence of John Dewey[M]. Charlottesville, VA: InteLex Corporation, 2002.

[52] Louis Menand. The Metaphysical Club[M]. New York: Farrar, Straus and Giroux, 2001.

[53] Matthew Festenstein. Pragmatism and Political Theory: From Dewey to Rorty [M]. Chicago: Chicago University Press, 1999.

[54] Michael Belok. The Philosophy of John Dewey [M]. Meerut: Anu Books, 2001.

[55] Morris Eames. Experience and Value: Essays on John Dewey and Pragmatic Naturalism[M]. Carbondale: Southern Illinois University Press, 2003.

[56] Mounce, H.O. The two pragmatisms: From Peirce to Rorty[M]. London: Routledge, 1997.

[57] Murphy, J. P. Pragmatism: From Peirce to Davidson[M]. Colo: Westview Press, Boulder, 1990.

[58] Peter T. Manicas. Rescuing Dewey: Essays in Pragmatic Naturalism[M]. Lexington Books, 2008.

[59] Philip W. Jackson. John Dewey and the Philosopher's Task[M]. Teachers College Press, 2002.

[60] Putnam, H. Pragmatism: An Open Question[M]. Oxford: Blackwell, 1995.

［61］Putnam, H. The Many Faces of Realism［M］. La Salle：Open Court，1987.

［62］Putnam, H. The Collapse of the Fact/Value Dichotomy［M］. Cambridge：Harvard University Press，2002.

［63］Raymond Boisvert. Dewey's Metaphysics：Form and Being in the Philosophy of John Dewey［M］. Fordham University Press，2018.

［64］Raymond D. Boisvert, Dewey, Subjective Idealism, and Metaphysics［J］. Transactions of the Charles S. Peirce Society，1982，18(3).

［65］Raymond D. Boisvert. Dewey's Metaphysics［M］. New York ：Fordham University Press，1988.

［66］Rex Li. Rediscovering John Dewey：How His Psychology Transforms Our Education［M］. Palgrave Macmillan，2020.

［67］Richard Bernstein. John Dewey［M］. New York：Washington Square Press，1966.

［68］Richard Bernstein. The pragmatic turn［M］. Cambridge ：Polity Press，2010.

［69］Richard Rorty. Consequences of Pragmatism［M］. Minneapolis：University of Minnesota Press，1994.

［70］Richard Rorty. Contingency, Irony, and Solidarity［M］. Cambridge：Cambridge University Press，1989.

［71］Richard Rorty. Philosophy and the Mirror of Nature［M］. Princeton：Princeton University Press，1979.

［72］Robert Brandom. Perspectives on Pragmatism ［M］. Mass：Harvard University Press，2011.

［73］Robert E. Dewey. The Philosophy of John Dewey：A critical exposition of his method, metaphysics and theory of knowledge［M］. New York：Springer Sciences＋Business Media B. V. Press，1977.

［74］S. Thayer. Meaning and Action：A Critical History of Pragmatism［M］. Indianapolis：Bobbs Merrill Press，1968.

［75］Sami Pihlström. Naturalizing the Transcendental：A pragmatic View［M］. Amherst, New York：Prometheus/Humanity Books Press，2003.

［76］Sidney Hook. John Dewey：An Intellectual Portrait［M］. Buffalo：Prometheus Press，1995.

［77］Sidney Hook. The Metaphysics of Pragmatism［M］. Buffalo：Prometheus Press，1995.

［78］Smith，J. E. The Spirit of American Philosophy［M］. New York：Oxford University Press，1963.

［79］Stephen Carden. Virtue Ethics：Dewey and Macintyre［M］. Continuum International Publishing Group，New York，2006.

［80］Svend Brinkmann. John Dewey：Science for a Changing World［M］. Routledge，2017.

［81］Terry Pinkard. German Philosophy 1760－1860：The Legacy of Idealism［M］. New York：Cambridge University Press，2002.

［82］Thomas Dalton. Becoming John Dewey：Dilemmas of a Philosopher and Naturalist［M］. Bloomington：Indiana University Press，2002.

［83］Tracy Ann P. Llanera. The Copernican revolution in pragmatism? Dewey on philosophy and science［J］. KRITIK ，2009，3(2).

［84］Victor Kestenbaum. John Dewey and the Transcendent［M］. The University of Chicago Press，2002.

［85］Waks，L. Experimentalism and the flow of experience［J］. Educational Theory，1998，47(1).

［86］William Egginton and Mike Sandbothe edited. The Pragmatic Turn in Philosophy：Contemporary Engagements between Analytic and Continental Thought［M］. New York：State University of New York Press，2004.

［87］William J. Gavin. In Dewey's Wake：Unfinished Work of Pragmatic Reconstruction［M］. Albany：State University of New York Press，2002.

中文文献

［1］布里奇曼. 布里奇曼文选［M］. 杜丽燕，余灵灵，编，余灵灵，杨富芳，译. 北京：

社会科学文献出版社,2009.

[2] 陈可依.从知性观角度看杜威对确定性的寻求[J].学理论,2005(1),70-71.

[3] 陈亚军.超越经验主义和理性主义[M].南京:江苏人民出版社,2014.

[4] 陈亚军.杜威心灵哲学的意义和效应[J].复旦学报(社会科学版),2006(1)42-48.

[5] 陈亚军.匹兹堡学派对"所予神话"的瓦解[J].学术月刊,2023(1),20-30.

[6] 陈亚军.实用主义:从皮尔士到布兰顿[M].南京:江苏人民出版社,2020.

[7] 陈亚军.实用主义:从皮尔士到普特南[M].长沙:湖南教育出版社,1999.

[8] 迪特·亨利希.在康德与黑格尔之间[M].乐小军,译.北京:商务印书馆,2013.

[9] 杜威.杜威全集·早期著作:第一卷[M].张国清,等,译.上海:华东师范大学出版社,2010.

[10] 杜威.杜威全集·早期著作:第三卷[M].吴新文,邵强进,等,译.上海:华东师范大学出版社,2010.

[11] 杜威.杜威全集·早期著作:第四卷[M].王新生,刘平,译.上海:华东师范大学出版社,2004.

[12] 杜威.杜威全集·中期著作:第八卷[M].何克勇,译,欧阳谦,校.上海:华东师范大学出版社,2012.

[13] 杜威.杜威全集·中期著作:第十四卷[M].罗跃军,译.上海:华东师范大学出版社,2012.

[14] 杜威.杜威全集·晚期著作:第十二卷[M].邵强进,张留华,高来源,等,译.上海:华东师范大学出版社,2015.

[15] 杜威.杜威文选[M].涂纪亮,编译.北京:社会科学文献出版社,2006.

[16] 杜威.经验与自然[M].傅统先,译.北京:中国人民大学出版社,2012.

[17] 杜威.确定性的寻求[M].傅统先,译.上海:上海人民出版社,2004.

[18] 杜威.哲学的改造[M].许崇清,译.北京:商务印书馆,2013.

[19] 杜威哲学的现代意义[M].刘放桐,主编.上海:复旦大学出版社,2017.

[20] 高来源.实践范式下的杜威哲学:人在经验世界中的超越[M].北京:人民出版社,2016.

［21］海德格尔.存在与时间［M］.陈嘉映,王庆节,译.北京:生活·读书·新知三联书店,2006.

［22］赫费.康德的《纯粹理性批判》:现代哲学的基石［M］.郭大为,译.北京:人民出版社,2008.

［23］黑格尔.哲学史讲演录:第四卷［M］.贺麟,王太庆,译.上海:上海人民出版社,2013.

［24］简·杜威.杜威传［M］.单中惠,编译.合肥:安徽教育出版社,1987.

［25］康德.纯粹理性批判［M］.邓晓芒,译,杨祖陶,校.北京:人民出版社,2004.

［26］康德.道德形而上学原理［M］.苗力田,译.上海:上海人民出版社,2010.

［27］科林伍德.自然的观念［M］.吴国盛,译.北京:北京大学出版社,2006.

［28］拉里·希克曼.杜威的实用主义技术［M］.韩连庆,译.北京:北京大学出版社,2010.

［29］拉里·希克曼.永远年轻的杜威:希克曼教授讲杜威［M］.王成兵,主编,林建武,陈磊,林航,等,译.北京:中国政法大学出版社,2015.

［30］拉里·希克曼.阅读杜威:为后现代做的阐释［M］.徐陶,等,译.北京:北京大学出版社,2010.

［31］李泽厚.批判哲学的批判［M］.北京:商务印书馆,1984.

［32］理查德·罗蒂.实用主义哲学［M］.林南,译.上海:上海译文出版社,2009.

［33］理查德·普林.约翰杜威［M］.吴建,张韵菲,译.哈尔滨:黑龙江教育出版社,2016.

［34］刘华初.实用主义的基础:杜威的经验自然主义研究［M］.北京:人民出版社,2012.

［35］刘宽红.杜威实用社会知识论及其现代价值研究［M］.北京:光明日报出版社,2015.

［36］洛克.人类理解论［M］.关文运,译.北京:商务印书馆,2012.

［37］皮尔斯.皮尔斯文选［M］.涂纪亮,周兆平,译.北京:社会科学文献出版社,2006.

［38］斯蒂文·洛克菲勒.杜威:宗教信仰与民主人本主义［M］.赵秀福,译.北京:北京大学出版社,2010.

[39] 孙宁.匹兹堡学派研究:塞拉斯、麦克道威尔、布兰顿[M].上海:复旦大学出版社,2018.

[40] 涂纪亮.从古典实用主义到新实用主义[M].北京:人民出版社,2006.

[41] 涂纪亮.美国哲学史:第一卷[M].石家庄:河北教育出版社,2000.

[42] 王成兵.当代美国学者看杜威[M].北京:中国社会科学出版社,2015.

[43] 文德尔班.哲学史教程:下卷[M].罗达仁,译.北京:商务印书馆,2013.

[44] 休谟.人类理解研究[M].关文运,译.北京:商务印书馆,2010.

[45] 徐陶.当代语境中的杜威哲学[M].长沙:湖南大学出版社,2016.

[46] 徐陶.杜威探究型哲学思想研究[M].北京:社会科学文献出版社,2016.

[47] 亚历山大·托马斯.杜威的艺术、经验与自然[M].谷红岩,译.北京:北京大学出版社,2010.

[48] 余灵灵.操作主义及其现代意义[J].博览群书,2007(7)50-57.

[49] 郁振华.沉思传统与实践转向:以《确定性的追求》为中心的探索[J].哲学研究,2017(7),107-115.

[50] 詹姆斯.实用主义[M].陈羽纶,孙瑞禾,译.北京:商务印书馆,1994.

[51] 詹姆斯·坎贝尔.理解杜威:自然与协作的智慧[M].杨柳新,译.北京:北京大学出版社,2010.

[52] 张立成.杜威的心灵哲学[M].北京:中国社会科学出版社,2011.

[53] 张学义.实验哲学:一场新的哲学变革[J].哲学动态,2011(11):74-79.

[54] 张云.如何寻求确定性:杜威哲学的指向[J].理论界,2004(6),129-130.

[55] 张云鹏,杨淑琴.哲学:知与行的向度——杜威对确定性的寻求[J].学术研究,2005(10),22-27.

后　记

　　本书以杜威哲学作为主题，这与笔者的学习经历有关。笔者在读博之前都是对德国古典哲学尤其康德哲学感兴趣，曾一度打算在德国古典哲学领域继续深耕下去。在遇到笔者的博士生导师刘放桐教授之后，先前的计划有所变化。刘老师从来不干涉学生的博士论文选题方向，他对我一直学习德国古典哲学的计划很支持，同时也提出了一个建议供我考虑，他刚好有一个感兴趣但未能深究的问题，需要有康德哲学基础才能研究。这个问题就是杜威说康德并未实现他所说的哥白尼式革命，杜威认为自己才真正实现了哲学史上的哥白尼式革命，杜威的这个主张能否得到辩护？众所周知，刘老师是国内研究美国古典实用主义哲学的奠基者，尤其在研究杜威哲学方面闻名遐迩。而在此之前，笔者并未接触过美国实用主义哲学，跟其他未专门学习过美国实用主义哲学的人一样，甚至对实用主义哲学有些先入为主的偏见。刘老师建议笔者先读读杜威的《确定性的寻求》，看看是否能对实用主义哲学产生兴趣。正是读了此书之后，笔者原来关于实用主义哲学的偏见完全消失了，觉得很有意思、很深刻、很重要，笔者连续地把杜威其他一些重要著作也陆续读完了，逐渐对刘老师提出的那个问题有了一些想法。

　　杜威在国内知识界并不陌生，甚至可以说非常有名气，他跟20世纪中国历史进程有一些时隐时现的关联，这主要是通过他几位知名的中国学生胡适、陶行知、蒋梦麟、张伯苓等的引介作用,让杜威的思想在20世纪上半叶的中国流传开来,后来也因种种原因,杜威的思想声誉在国内逐渐转为负面。直到改革开放后,以笔者博士导师刘放桐先生为代表的学者重新研究和评价实用主义哲学,国内学界对杜威哲学乃至美国实用主义哲学才逐渐关注起来,并给予越来越积极的评价。但是,外界关于杜威哲学的了解和理解程度,与杜威哲学体系的广度和思想的深度相比,仍然是云泥之别。如果真正去阅读和理解杜威的思想,就会发现杜威有很强的哲学史意识,他也很自觉地把自己定位为西方哲学史发展进程中的人物,所以他要改造哲学。虽然杜威的哲学思想发展经历了不同的阶段,似乎不同时期的思想主题或问题域存在差异,但是其内在依然存在某种一致的问题关切,那就是:传统理智主义哲学被拒斥之后,规范的权威性基础应该立于何处? 杜威认为传统西方哲学所孜孜追求的确定性问题也是这一问题的表现形式。无论他早期的心理学方法,中期的经验自然主义,还是后期的实验观念论,都是对这一问题的探索。但是目前多数研究停留于对杜威哲学体系零碎的研究,如教育思想、美学、政治哲学、伦理学、认识论、行动哲学、思维方法、心理学等。虽然杜威本人是立志于反传统体系哲学的,坚持从发生学的立场来思考哲学问题,但是杜威的整个思考历程不自觉地呈现出体系性特征,由此才形成他的庞大哲学思想体系,其根本原因还是杜威从某个基本的立场出发来重新思考传统哲学中的各个问题域,包括本体论、认识论、方法论、自然哲学、政治哲学、美学、伦理学、教育哲学等。

本书所阐释的杜威实验观念论是其晚期思想的集中表达,使用观念论一词很容易被误解为传统意义上的观念论,笔者的导师也曾经建议我慎用这一术语。但是笔者反复阅读杜威的著作,尤其杜威晚期代表作《确定性的寻求》一书,杜威说自己的计划是探究一种与现代科学相容的观念论,相容的基础在于它们都是实验性,而且杜威也说实验性的经验处处都依赖于观念与目的。① 所以用实验观念论来表达杜威要实现的哥白尼式革命是贴切的,它最大的贡献在于解决了杜威长久以来面临的困惑:规范的权威性基础来自何处? 面对我们与世界之间不断在进行的交互活动,不存在任何固定不变的事物来充当我们建立各种规范的根基,我们只能在这个春去秋来、花开花落的世界中确立起我们各种规范的基础。这一任务的完成不可能依赖静观式的认知方式,而只能诉诸我们不断尝试解决各种问题情境的探究行动,所以实验观念论是这一解决路径的表达形式。杜威的实验观念论不是传统意义上的知识观念论,而是一种处理不断产生经验的行动观念论,它的底色是实用主义的,即观念的含义只能在使用效果的意义网络中来确定。这是一个探究的过程,也是一个推论的过程,一方面解释了知识的形成过程,另一方面也呈现了行动的展开过程,所以杜威的实验观念论彻底消除了传统哲学中的知行二分问题。杜威实验观念论中所蕴含的洞见和贡献,是完全配得上他所宣称的哥白尼式革命这一荣誉,而且杜威实验观念论对当代哲学,尤其是当代新实用主义的相关问题讨论是极有参考价值的。不过稍微有点遗憾的是,当前的实用主义哲学研究界还未充分重视起杜威的这一贡献,只有少数哲学家有零星的讨论,不过我相信会有更多的研究者发现杜威所做的贡献。

　　本书是以笔者的博士论文为基础,在此需要感谢许多人。首先是我的博士生导师刘放桐先生,他不仅在切实问题上对我悉心指导、关怀和帮助,而且刘老师谦逊、从容、豁达的为人做事风格和开明、真诚、笃志的精神理念深深地感染了我,在刘老师身上看到了老一辈中国学人的风骨和风采。其次感谢我的父母,如果不是他们长久以来对我无条件地支持,笔者的人生可能是另外一条轨迹,不可能现在从事着自己所追求的事业。再次需要感谢我的妻子倪朦女士,她是在我艰难的读博

---

① ［美］杜威:《确定性的寻求》,傅统先译,上海人民出版社,2004年,第138页。

时刻与我相遇、相知、相伴和相守,是她的鼓励和支持让我无所顾虑地继续前行。最后要感谢在复旦大学读博期间给予笔者帮助的多位老师,包括陈亚军老师、孙宁老师、林晖老师、张汝伦老师、张庆熊老师、陈佳老师、杨睿之老师等,需要感谢的人太多,无法一一致谢。

人生道阻且长,幸有哲学为伴;惟有向死而生,不负日月星河。

2023 年 6 月 4 日星期日　写于湖南师范大学景德楼